Comentários AO CÓDIGO DE ÉTICA e DISCIPLINA DA OAB

Paulo Roberto de Gouvêa Medina

Comentários AO CÓDIGO DE ÉTICA e DISCIPLINA DA OAB

Análise do Código de 2015, pelo relator do anteprojeto e da sistematização final do texto

2ª Edição, revista, ampliada e atualizada,
incluindo o Provimento nº 205/2021, sobre publicidade profissional

GZ
EDITORA

Rio de Janeiro
2022

2ª edição – 2022

Diagramação: *Olga Martins*

CIP – Brasil. Catalogação-na-fonte.
Sindicato Nacional dos Editores de Livros, RJ.

M443c

Medina, Paulo Roberto de Gouvêa

Comentários ao código de ética e disciplina da OAB: análise do código de 2015, pelo relator do anteprojeto e da sistematização final do texto / Paulo Roberto de Gouvêa Medina. - 2. ed., rev. ampl. e atual. - Rio de Janeiro: GZ, 2022.

242p.; 24 cm.

Inclui bibliografia e índice
ISBN 978-65-5813-050-5

1. Ordem dos Advogados do Brasil - Estatutos. 2. Advogados - Estatuto legal, leis, etc. - Brasil. 3. Ética jurídica - Brasil. I. Título.

22-78171

CDU: 347.965.8

Gabriela Faray Ferreira Lopes - Bibliotecária - CRB-7/6643

GZ EDITORA

e-mail: contato@editoragz.com.br
www.editoragz.com.br

Estrada do Capuava, nº 1325 - Box Q - CEP 06715-410
Bairro Barro Branco - Município de Cotia - SP
Tel.: (0XX21) 99585-0737 / 99755-0737

Impresso no Brasil
Printed in Brazil

À memória de
EVANDRO LINS E SILVA –
padrão de advogado

A três instituições que tenho a honra de integrar:

ORDEM DOS ADVOGADOS DO BRASIL

INSTITUTO DOS ADVOGADOS BRASILEIROS

INSTITUTO DOS ADVOGADOS DE MINAS GERAIS

Nota da Editora: o Acordo Ortográfico foi aplicado integralmente nesta obra.

PREFÁCIO

Professor Paulo Roberto de Gouvêa Medina é o pai do novo Código de Ética do Advogado. O "Código Medina" inova profundamente na regulação da ética profissional. Paulo Medina é detentor da medalha Rui Barbosa, tornando-se vitalício membro do Conselho Federal da entidade, com direito a voz em todas as sessões, mercê de sua exemplar dedicação ao direito, seja na academia, na práxis e nos institutos – sobretudo, na Ordem dos Advogados do Brasil.

Devido ao brilhantismo que imprimiu à sua participação nas discussões sobre o antigo código, quando no exercício de seu primeiro mandato como Conselheiro Federal, o então decano do Conselho Federal foi mais uma vez conclamado pela Ordem dos Advogados do Brasil para tomar parte dos trabalhos de confecção do novo diploma de ética da classe. Dessa vez, já no alto do seu sétimo mandato eletivo, foi responsável pela elaboração do anteprojeto, por sua relatoria junto à Comissão Especial e pela redação final e sistematização do projeto aprovado.

Conselheiro Federal da Ordem dos Advogados do Brasil por uma vida – são mais de vinte anos de dedicação à entidade ao longo de sete mandatos eletivos –, as contribuições do Professor Medina à classe são tantas e tamanhas que é ousado destacá-las em sua totalidade. Com a retidão e excelência que lhe são próprias, atuou junto ao plenário, às turmas, ao órgão especial e à comissão nacional de ensino jurídico, na qualidade de Presidente. Ainda, em razão de sua firmeza e de sua isenção, foi Presidente do Colégio Eleitoral nas duas últimas eleições para a Diretoria da OAB Nacional.

No ano de 2014, o Professor Medina foi agraciado com a Medalha Rui Barbosa pelo Conselho Federal da OAB, em reconhecimento à sua excelência na prática da advocacia, sempre velando pela retidão e cordialidade. Unindo-se ao seleto rol dos advogados homenageados com esta que é a maior honraria do Conselho Federal, entre os quais consta o advogado a quem a presente obra é dedicada, Evandro Lins e Silva.

Assim como não havia jurista mais autorizado a elaborar, relatar e sistematizar o novel diploma de ética, não havia outro mais autorizado do que Paulo Roberto de Gouvêa Medina para comentá-lo. Abordando o novo Código de Ética artigo por artigo, o Medalha Rui Barbosa introduz e desenvolve exaustivamente todas as inovações trazidas pelo novo regramento, cuja preocupação maior é atualizar as práticas da advocacia em consonância com as novas demandas profissionais e as novas expectativas sociais de forma a manter intacto o compromisso que todo advogado presta ao ingressar nos quadros da Ordem dos Advogados do Brasil: "*prometo exercer a advocacia com dignidade e independência, observar a ética, os deveres e prerrogativas profissionais (...)*".

A ética é fundamental para a valorização da advocacia e o respeito da classe. Não é mero conselho ou recomendação para o bom desempenho da profissão. Os deveres instituídos pelo Código de Ética e Disciplina consubstanciam-se em normas cogentes que vinculam todos os advogados no exercício de seu mister, sob pena de cometimento de infração disciplinar passível de sanção.

É certo que as condutas e os valores considerados "éticos" não são atemporais, estando devidamente inseridos em seu contexto histórico. Após vinte anos de vigência do Código anterior, decidiu o Conselho Federal da OAB por modernizar as normativas éticas que regem o exercício da profissão, bem como fortalecer o compromisso indissociável do advogado para com os valores democráticos e os direitos do seu constituinte.

Trata-se de promover o delicado equilíbrio entre o enfrentamento dos desafios surgidos da modernidade e a afirmação dos valores intrínsecos à advocacia, sem sacrificar a ética que deve orientar a prática deste que é um múnus público e uma função indispensável à administração da Justiça, nos termos do artigo 133 da Constituição Federal de 1988. O novo Código de Ética conclama o advogado a ser fiel à verdade para assim servir tanto à justiça, valendo-se dos instrumentos processuais com lealdade e boa-fé, quanto ao seu constituinte, representando seus legítimos interesses com independência e altivez.

Entre as novidades do novo diploma, tem-se o incentivo aos meios extrajudiciais de resolução dos litígios, ao advogado determinando-se o estímulo a qualquer tempo da conciliação e da mediação entre os litigantes e vedando a cobrança de honorários diferentes em decorrência da resolução da lide por meio judicial ou extrajudicial. No que couberem, as normas do novo Código de Ética aplicam-se aos advogados que atuam como árbitros, mediadores e conciliadores. Sendo o único profissional cuja conduta nesse ramo encontra regramentos éticos, tem-se mais uma razão para preferir seu exercício por um advogado.

Também de modo inovador, o novo Código traz um indispensável capítulo sobre conduta dos dirigentes da Ordem dos Advogados do Brasil, que deverão exercer os seus cargos e funções na Instituição e na representação da classe em estrita observância com as novas regras. Trata-se de medida essencial à manutenção da credibilidade da OAB perante a sociedade civil, afirmando sua independência e a retidão quando chamada a posicionar-se sobre os rumos do nosso País.

O novel diploma de ética disciplina sobre a advocacia *pro bono*, chancelando o exercício solidário da advocacia para instituições sociais e pessoas necessitadas, sem descuidar para que essa prática nobre não seja desvirtuada para a captação ilícita de clientes ou para a justificação do desmonte das defensorias públicas. O Código, ademais, consagra um capítulo específico para os advogados públicos, garantindo sua independência técnica e suas prerrogativas funcionais.

Em suma, é um Código moderno, alinhado às exigências do presente momento sem descuidar do histórico compromisso da classe para com a promoção e a consolidação do Estado democrático de direito.

Não fosse suficiente brindar-nos somente com este novo Código, Paulo Roberto de Gouvêa Medina oferece à advocacia e sociedade brasileiras a presente obra, cujas páginas dedicam-se pontualmente à abordagem e à análise de todos os 80 artigos do novo Código de Ética, perfazendo uma interpretação sistemática das normas que não se furta de apresentar as críticas e as ponderações necessárias. Ao fazê-lo, o autor enriquece a leitura no que traz as posições adotadas por ele enquanto Relator ou pela Comissão Especial.

Antes de partir para os comentários dos dispositivos do novo diploma, o autor teve o cuidado de debruçar-se sobre a ética como categoria própria da filosofia, conferindo-lhe contornos profissionais mais bem definidos e concretos. Após, já definidos os pressupostos teóricos, é esmiuçada a relação umbilical entre ética e advocacia, traçando o histórico das normas da Ordem dos Advogados do Brasil que disciplinam a conduta ética do advogado no exercício de sua profissão.

Ao término das lições, vem à mente a conhecida declaração do ensaísta francês Joseph Joubert: "a palavra empolga e o exemplo ensina". Nas páginas seguintes, o leitor encontrará ambos: as palavras e o exemplo do Professor Paulo Roberto de Gouvêa Medina.

Marcus Vinicius Furtado Coêlho
Membro Honorário Vitalício do Conselho Federal
da Ordem dos Advogados do Brasil.
Presidente Nacional da OAB no triênio 2013/2016.

APRESENTAÇÃO

A leitura das obras do Professor Paulo Roberto de Gouvêa Medina revela satisfação intelectual e um convite ao pensamento. A precisão da linguagem e o seu reconhecido saber jurídico são de grande proveito para o leitor, o qual, além de informar-se sobre a matéria discutida, é reiteradamente instigado a exercitar a reflexão.

Advogado exemplar, sete vezes eleito Conselheiro Federal da OAB, o autor, outrora Decano do Conselho Federal, participou ativamente de importantes momentos na história da advocacia pátria. No processo de composição do novo *Código de Ética e Disciplina da Ordem dos Advogados do Brasil (CED)* foi o relator originário e para sua sistematização final.

Conforme ensina Aristóteles, em sua *Ética a Nicômaco*, "cada qual julga bem as coisas que conhece, e dessas coisas é ele bom juiz". Ora, ninguém conhece o novo *CED* melhor do que o Professor Paulo Medina. Em certo sentido, este livro é um complemento ao trabalho realizado na elaboração do diploma, ainda que, conforme o próprio autor afirma, não tenha a pretensão de estabelecer uma interpretação definitiva e autoritária dos dispositivos abordados.

A obra que agora se apresenta é contribuição inestimável ao exercício da advocacia no País. Nunca é demais lembrar que o artigo 33 do *Estatuto da Advocacia e da Ordem dos Advogados do Brasil* (Lei n. 8.906/1994) determina que "O advogado obriga-se a cumprir rigorosamente os deveres consignados no Código de Ética e Disciplina". Portanto, não é apenas por nobres considerações de natureza axiológica que se deve observar o *CED*, mas também por determinação legal.

Com efeito, a importância do advogado para a sociedade torna imprescindível que ele obedeça aos mais elevados preceitos éticos, a fim de preservar a reputação e a dignidade da profissão. É ele o intermediador entre o cidadão e o sistema judiciário estabelecido em nosso ordenamento jurídico; é por meio dele que a Justiça pode efetivar-se. Por conseguinte, o respeito ao *Código* é uma obrigação devida à OAB, à classe e a toda a sociedade. Não há Justiça sem Advocacia; não pode haver Advocacia sem ética.

O modo como o novo *CED* foi elaborado é, por si, um grande incentivo ao cumprimento de suas disposições. Sua gênese foi marcada por ampla e democrática participação, diante da consulta pública de alcance nacional feita por meio do sítio eletrônico da OAB. Assim, além de Conselhos Seccionais, institutos de advocacia e centros de estudos, as advogadas e os advogados de todo o Brasil puderam aportar suas contribuições, somando esforços para que se chegasse a um texto expressando a voz de toda a classe.

São muitos os méritos do *Código* anterior; todavia, para que mantenham a máxima relevância, as normas devem buscar o aperfeiçoamento contínuo e as atualizações necessárias. As inovações, assim, são abordadas de modo irretocável nesta obra, que busca chamar atenção para as mudanças trazidas pelo novo *CED*, facilitando a assimilação dos preceitos e encorajando a reflexão. Vê-se, ao longo do texto, que se trata da contribuição de um verdadeiro mestre, capaz de antecipar os questionamentos do leitor mais atento e de esclarecer os aspectos mais sutis da matéria.

Ademais, em lugar de valer-se da citação fácil ou apenas de erudição, Professor Paulo Medina dialoga com juristas, homens públicos e pensadores, cujas ideias efetivamente contribuem para aclarar o assunto ou trazer ponderações que tornam mais complexa e sofisticada a exposição. Para isso também concorrem as comparações com o exemplo de outros países, como França e Portugal, e as referências históricas que enriquecem a obra, entre as quais a menção a Luiz Gama, figura emblemática da luta da advocacia brasileira contra a escravidão. Quando se tem em mente que uma das funções essenciais do *Código de Ética e Disciplina da OAB* é contribuir para que os advogados reflitam acerca da nobreza e da seriedade do ofício que desempenham, nada melhor do que evocar o exemplo daqueles que honraram a profissão de modo íntegro e destemido.

A maneira generosa e produtiva como o autor utiliza seu amplo conhecimento ensina-nos aquela que talvez seja a mais preciosa lição: a de que o saber não precisa ter um fim em si mesmo; ao contrário, deve ser instrumento de análise, compreensão e, em última instância, de transformação da realidade.

Como já assinalado, o novo *CED* é obra coletiva, e é justamente por isso que o especial trabalho de seu relator é tão admirável. Apenas uma consciência privilegiada, que une a sabedoria à vasta experiência, poderia sistematizar harmonicamente o expressivo conjunto de contribuições advindas das mais diversas fontes da advocacia brasileira.

O Conselho Federal da OAB reconheceu o valor do jurista Paulo Roberto de Gouvêa Medina tendo-lhe outorgado, em 2014, a comenda máxima, a mais alta honraria da Entidade: a Medalha Rui Barbosa. Com esta obra, outros aprendizes poderão atestar a dimensão da sua cultura e o vigor do seu pensamento.

Claudio Pacheco Prates Lamachia
Presidente do Conselho Federal da OAB.

NOTA DO AUTOR À 2ª EDIÇÃO

A segunda edição dos *Comentários ao Código de Ética e Disciplina* vem acrescida de novo item, no Capítulo VIII, que trata da *Publicidade Profissional*. Fez-se necessário esse acréscimo em razão do Provimento n. 205/2021, do Conselho Federal da OAB, que regulamenta a matéria, na conformidade do que preceitua o art. 47 do aludido Código.

Em 08 (oito) tópicos do referido item, procurei examinar o citado Provimento, comentando suas principais disposições e interpretando a orientação seguida pela regulamentação do tema, consoante as diretrizes traçadas pelo Código de Ética, a que deve ajustar-se sua aplicação. A relevância do assunto no contexto do Código levou-me a analisá-lo amplamente, complementando, dessa forma, os comentários aduzidos aos artigos pertinentes do Código.

A esse acréscimo não se reduziu, porém, a revisão do texto para esta nova edição. Outros capítulos foram objeto de novas considerações, particularmente no que se refere aos temas do *sigilo profissional* e dos *honorários profissionais*. Além disso, todo o livro foi atentamente revisto, com o escopo de aprimorá-lo e atualizá-lo. Cumpre destacar, a esse respeito, que dois novos artigos foram incorporados ao Código, por Resolução do Conselho Federal – os arts. 47-A e 58-A --, os quais são, nesta edição, objeto dos comentários pertinentes. Outros dispositivos do Código sofreram pequenas alterações, figurando nesta edição com a redação atualizada.

Contei, nesse trabalho, como em outros análogos, com a colaboração valiosa de meu filho e colega, Eduardo Borges de Mattos Medina (Mestre em Direito), não só na leitura do texto final, como nos subsídios que me proporcionou, em acurada pesquisa sobre o tema da publicidade. Quero assinalar, a propósito desse mesmo tema, a importância da contribuição por mim recebida dos eminentes colegas com quem tive oportunidade de participar, no Instituto dos Advogados de Minas Gerais, da Comissão Especial constituída pelo Presidente Felipe Martins Filho para exame do projeto de Provimento que resultou na nova regulamentação da publicidade profissional. No capítulo respectivo, são referidos os nomes desses colegas, todos eles conceituados advogados, dois dos quais ex-Presidentes do tradicional Instituto e dois outros professores da vetusta Faculdade de Direito da UFMG. Foi uma honra para mim presidir comissão de tão alto nível, digna das tradições jurídicas de que se orgulha Minas Gerais.

A presente edição vem a lume com o selo da Editora GZ, dirigida pelo meu estimado amigo Guilherme Pinto Zincone, com quem tive, assim, o ensejo de voltar a editar um trabalho jurídico, retomando contatos iniciados quando do lançamento do meu primeiro livro, *Direito Processual Constitucional*, em 2002.

Espero que esta nova edição corresponda ao interesse dos leitores e possa contribuir para que o anseio constante dos advogados brasileiros no sentido de elevar o prestígio da classe, por meio de uma conduta retilínea, continue a ter, no Código de Ética e Disciplina da OAB, um padrão de referência.

O autor
Maio de 2022.

NOTA DO AUTOR À 1ª EDIÇÃO

Entendi do meu dever, em vista do papel que me coube na elaboração do novo *Código de Ética e Disciplina da OAB*, oferecer à comunidade jurídica os presentes comentários ao respectivo texto. Não o faço movido pela veleidade de explicá-lo ou imbuído do espírito professoral de orientar-lhe a aplicação. Nem muito menos aspiro a tornar estes comentários fonte de interpretação oficial ou algo semelhante a uma exegese autêntica das suas disposições. Meu intuito é o de, simplesmente, contribuir para a boa execução do Código, como se esta fosse a etapa final da missão que assumi como relator originário da matéria e responsável pela sistematização final do texto.

Pareceu-me, com efeito, que, tendo participado ativamente desse trabalho, desde o esboço do anteprojeto até a aprovação do projeto definitivo, em plenário, no Conselho Federal da Ordem dos Advogados do Brasil, poderia acrescentar à tarefa cumprida uma espécie de testemunho sobre o sentido que se pretendeu dar aos preceitos do novo Código de Ética ou à maneira como, agora, o vejo, na condição de um dos que trabalharam na sua elaboração. Se me faltam engenho e arte para obra de tal envergadura, sobram-me disposição e boa vontade para, ainda neste plano, concorrer com o meu trabalho em prol da classe. É como se, depois de haver servido, durante a construção do edifício legislativo, como mestre de obras, agora me coubesse atuar como modesto guia dos visitantes, no primeiro contato com a construção erguida, mostrando-lhes os diferentes pavimentos que correspondem aos seus capítulos, sempre com a ressalva (implícita, aliás, na minha modesta figura), de que não sou o dono do conjunto arquitetônico.

Tive o privilégio de atuar na elaboração dos dois últimos Códigos de Ética e Disciplina da OAB. Em dezembro de 1994 e janeiro de 1995, na gestão do Presidente José Roberto Batochio – correspondente ao primeiro de sete mandatos que exerceria como Conselheiro Federal da OAB – acompanhei a discussão do projeto daquele que seria o nosso segundo Código, intervindo nos debates, apresentando emendas e propondo a inserção, no referido documento, do preâmbulo que, com algumas achegas dos meus ilustres pares, a ele acabou incorporando-se. Recebi, então, de um eminente colega – o saudoso Ministro Evandro Lins e Silva, à época, Conselheiro Federal pelo Estado do Piauí – sugestão no sentido de que traduzisse as emendas que cogitava de propor num substitutivo que lhes desse a conveniente organicidade. A confiança demonstrada por Mestre Evandro foi, para mim, muito significativa e, sem me envaidecer, incentivou-me a dedicar ao estudo do assunto algumas horas do meu tempo. Esse estudo me foi benéfico, sob vários aspectos, mas, sobretudo, porque me proporcionou o cabedal de que me serviria, vinte e um anos depois, quando me coube, por escolha dos colegas da Comissão Especial constituída para esse fim, assumir o encargo da relatoria do projeto de novo Código. É em reconhecimento ao incentivo que me deu, naquela época, o pranteado Evandro Lins e Silva que dedico à sua memória os comentários que ora apresento.

Singular coincidência fez com que, duas décadas depois, outro ilustre advogado do mesmo estado de Evandro – o Piauí, tão altaneiro por sua localização setentrional quanto por suas ricas tradições históricas –, ocupando a presidência nacional da OAB, me distinguisse com a indicação para compor a Comissão Especial já aludida. A Marcus Vinicius Furtado Coelho, jovem e valoroso *bâtonnier* da nossa classe, fiquei a dever essa honrosa designação, que procurei cumprir com denodo e entusiasmo.

Os comentários obedecem ao feitio comum a trabalhos do gênero, analisando artigo por artigo as disposições do Código. Seguindo a ordem deste, os artigos correspondentes a cada capítulo são reproduzidos, em negrito, antes dos respectivos comentários. Em vista da extensão de determinados capítulos e da diversidade das disposições contidas nos artigos pertinentes, a matéria neles versada é dividida em itens numerados. Atendendo à mesma circunstância, há artigos, igualmente, desdobrados em itens, para efeito dos comentários. Encontrar-se-ão, ainda, em alguns capítulos, considerações de caráter introdutório, distribuídas em itens, numerados, quando forem mais de um. No item correspondente ao procedimento ético-disciplinar (Título II, Capítulo I, item 3), inseriram-se, ademais, epígrafes, sem numeração, que não indicam propriamente a divisão do texto, mas, simplesmente, destacam os atos principais do referido procedimento, facilitando o acompanhamento das fases em que se desdobra. O estilo dos comentários não se confunde com o das glosas ou o das breves anotações, à margem do texto. Ao revés, tem sempre em vista o conjunto do Código, de modo que não se perca a visão sistemática das suas disposições.

Como é natural em trabalhos produzidos por quem participou da elaboração da norma analisada, os comentários procuram, em alguns pontos, defender posições adotadas pelo relator ou pela Comissão que integrou. Em outros, relativamente a disposições decorrentes de emendas ao texto originário, encontrar-se-á simples exegese, que poderá não ser a melhor. Não faltarão também reparos a umas poucas disposições do Código, que não correspondem, exatamente, aos anseios do relator.

Rui Barbosa dizia que toda obra legislativa é obra de transação. Não foi diferente o que se passou com o novo Código de Ética e Disciplina. O texto final não estará isento, por certo, de reparos. No entanto, era ainda Rui quem, recordando a lição de São Paulo, dizia que *a lei é boa quando interpretada com retidão* – e o intérprete, com a sua argúcia e os seus bons propósitos, será sempre capaz de melhorar a lei ou tornar-lhe mais fácil a aplicação.

É animado por este pensamento e ao influxo destes propósitos que ofereço aos advogados e às advogadas, aos estudantes de Direito, aos bacharéis que se candidatem ao Exame de Ordem, aos estudiosos da matéria e ao meio jurídico, em geral, os presentes comentários ao Código de Ética e Disciplina da OAB.

Vem este livro a lume com o selo da tradicional Editora Forense, integrante do Grupo Editorial Nacional. Manifesto a honra que esta circunstância me proporciona. Registro, ademais, a importância da colaboração de meu filho Eduardo Borges de Mattos Medina, Advogado e Mestre em Direito, na revisão do texto e em proveitosas sugestões.

Junho de 2016

SUMÁRIO

INTRODUÇÃO

A ADVOCACIA, A ÉTICA PROFISSIONAL E O CÓDIGO QUE A DISCIPLINA

1. A ADVOCACIA E A ÉTICA DO ADVOGADO

A advocacia, como profissão liberal, deve subordinar-se a determinadas normas de conduta, que lhe disciplinem o exercício, de forma consentânea com a sua finalidade, assegurando a existência de confiança e respeito nas relações estabelecidas entre os profissionais que a exercem e as pessoas com as quais se relacionem. Tais normas de conduta correspondem à ética da advocacia, isto é, ao conjunto de princípios e regras de natureza moral que regem a atividade do advogado. Esta não pode dissociar-se de certos padrões de comportamento que dão dignidade ao trabalho profissional e procuram uniformizar a disciplina da classe a que pertence, tendo em vista o interesse social que o envolve e a responsabilidade atribuída ao advogado perante os seus concidadãos. Se fosse possível dispensar o estabelecimento das referidas normas de conduta, confiando em que cada profissional saberia agir de acordo com os valores morais inerentes à sua formação como homem, a advocacia reduzir-se-ia a uma congérie de trabalhadores autônomos, atuando sem coesão, sem espírito de classe e sem compromisso com a sociedade.

Ora, isso não seria condizente com a natureza de uma profissão liberal, como a advocacia. Aliás, a necessidade de adotarem-se normas éticas destinadas a disciplinar a conduta de cada categoria de profissional liberal ressalta, claramente, quando se tem presente a distinção ontológica que a própria lei estabelece entre a atividade empresarial e as profissões consideradas liberais. O Código Civil, no art. 966, depois de definir *empresário* como aquele que *exerce profissionalmente atividade econômica organizada para a produção ou a circulação de bens ou de serviços*, exclui dessa categoria *quem exerce profissão intelectual, de natureza científica, literária ou artística, ainda com o concurso de auxiliares ou colaboradores, salvo se o exercício da profissão constituir elemento de empresa*. Dessa forma, enfatiza-se a desvinculação que deve existir entre o profissional liberal e a vida mercantil e distinguem-se os fatores dominantes em uma e outra – na primeira predominando as criações do espírito humano, na segunda prevalecendo a organização de uma atividade econômica dirigida a objetivo de lucro.

Não quer isso dizer que a atividade empresarial se dissocie da ética. Ao revés. Como salienta o ilustre professor da Faculdade de Direito de Coimbra Diogo Leite Campos, *"A atividade empresarial é eticamente fundada e orientada, quando se cria emprego, se proporciona habitação, alimentação, vestuário e educação, detendo os bens como quem os administra"*[1]. Por isso mesmo, como, entre nós, anota o Prof. Arnoldo Wald, *"A Revolução Tecnológica depende, para o seu sucesso, de uma renovação do Direito e do fortalecimento do elemento ético na vida econômica do país e do mundo. Caso contrário, o homem estará cada vez mais a serviço da riqueza, quando a riqueza é que deveria estar a serviço do homem"*[2].

Todavia, se, para o empresário, a ética é um fanal a orientar os seus negócios, para o profissional liberal ela assume dimensão maior, tornando-se uma âncora a prendê-lo a determinados padrões de comportamento, que emanam da fonte criadora do seu trabalho – o espírito humano.

Ademais, do profissional liberal exigem-se atributos de competência, independência e probidade, que se refletem na conduta profissional e constituem o penhor da confiança que os usuários dos seus serviços – os clientes – nele hão de depositar. A sociedade passa a ter, assim, o direito de exigir que a conduta profissional seja pautada por normas éticas uniformes e que a infração dessas normas determine a responsabilidade do profissional perante o órgão competente para exercer o controle de seus serviços.

No caso particular da advocacia, a todas essas circunstâncias acresce o sentido transcendente de sua atividade, o qual lhe dá o caráter de um múnus ou de verdadeira missão social.

A Constituição brasileira insere a advocacia entre as *funções essenciais à Justiça* e declara o advogado *indispensável à sua administração* (Const., art. 133). Trata-se de norma inovadora, seguida, já agora, pela Constituição da República Portuguesa, que, no texto resultante da revisão de 1997, igualmente proclama o advogado como *elemento essencial à administração da justiça* (art. 208º).

Na linha do citado dispositivo constitucional, o Estatuto da Advocacia e da Ordem dos Advogados do Brasil (Lei nº 8.906, de 04 de julho de 1994)

---

1 Ética, Direito e Ética Empresarial. *Ética no Direito e na Economia*, obra coletiva sob a coordenação de Ives Gandra Martins. São Paulo: Editora Pioneira, 1999, p. 216.

2 A crescente importância da Ética nos contratos e nos negócios societários. *Ética no Direito e na Economia*, cit., p. 37, nº 74.

preceitua: *No seu ministério privado, o advogado presta serviço público e exerce função social* (art. 2º, § 1º).

Não há nada de insólito ou de extraordinário nessa posição que o ordenamento jurídico brasileiro, assim como o de Portugal, confere ao advogado. Em outros países, como a França, o mesmo papel lhe é atribuído. O Prof. Jean-Jacques Taisne põe ênfase na seguinte assertiva: "*la profession d'avocat n'est pas seulement un métier; c'est avant tout un état*"[3]. Recordando palavras do antigo bâtonnier dos advogados franceses, Damien, o professor citado acrescenta: "*l'avocat exerce un ministère, une mission et non un métier*"[4].

Missão social convizinha do serviço público, a advocacia só pode ser exercida segundo rigorosos padrões éticos.

Com este escopo é que se adota um Código de Ética para a advocacia. Outras atividades e carreiras passaram a contar, ultimamente, com o seu Código de Ética. O Decreto nº 1.171, de 22 de junho de 1994, adotou o Código de Ética do Servidor Público Civil do Poder Executivo Federal. Subsequentemente, o Decreto nº 4.081, de 11 de janeiro de 2002 instituiu o Código de Conduta Ética dos Agentes Políticos em exercício na Presidência e na Vice-Presidência da República. O Conselho Nacional de Justiça aprovou, em 6 de agosto de 2008, o Código de Ética da Magistratura Nacional. Nos considerandos deste último, destaca-se a circunstância de constituir o referido Código *"instrumento essencial para os juízes incrementarem a confiança da sociedade em sua autoridade moral"*, além de traduzir a sua aprovação *"compromisso institucional com a excelência na prestação do serviço público de distribuir Justiça"*. Ou seja, o Código da Magistratura atende, *mutatis mutandis*, aos mesmos objetivos visados pelos códigos de ética das profissões liberais.

2. ÉTICA: CONCEITO E DIVISÃO

Convém recordar o conceito de ética e ter em vista sua divisão, a fim de melhor compreender o sentido do Código que, a seguir, se examinará.

João Maurício Adeodato teceu sobre o tema importantes considerações, mostrando a origem etimológica da palavra *ética* e as variações que

---

3 Em vernáculo: *"a profissão do advogado não é somente um ofício; é um múnus"*. *La déontologie de l'avocat*. 8ª edição. Paris: Dalloz, 2013, p. 6.

4 Em vernáculo: *"o advogado exerce um ministério, uma missão e não um ofício"* (ob. e p. cits).

o seu conceito tem sofrido, para concluir no sentido da subsistência de seu sentido essencial na prática das relações humanas. Diz o ilustre professor da Faculdade do Recife:

> *"A tradição do termo ética é milenar. Com a expressão ethos os gregos antigos queriam significar aquela dimensão da vida humana sobre que incidem normas, **nomoi**, normas destinadas a fornecer parâmetros para decidir entre opções de conduta futura igualmente possíveis e mutuamente contraditórias. O conceito de ética sofreu profundas modificações desde então e tem quase tantas definições quantas são os autores que o examinam. Sua aplicabilidade prática, porém, permanece fiel ao sentido original de hábito, uso, costume, direito. De uma perspectiva pragmática, as normas éticas preenchem a mesma função vital: reduzem a imensa complexidade das relações humanas e ajudam o ser humano a decidir sobre como agir."*[5]

A ética é, como desde logo se vê, a *"ciência da conduta"*[6]. Tem por objeto a moral[7] – forma de agir em consonância com os valores éticos. A *"vida ética é fundada em valores que supõem a liberdade de escolha e criam deveres de conduta"* – frisa Fábio Konder Comparato[8].

O conceito de ética aparece, às vezes, confundido com o de moral, variando também as concepções quanto à maneira de distinguir uma categoria de outra ou quanto à forma como elas se correlacionam. Luís Washington Vita, por exemplo, considera que a ética tem por fim *"o estudo filosófico da moral"*[9]. Émile Durkheim salienta que *"O objeto da ética é acima de tudo estabelecer os princípios gerais dos quais os fatos morais são apenas aplicações particulares"*[10]. Para Miguel Reale, *"a ética tem por fim determinar os 'valores fundantes' do comportamento humano, ao passo que a moral se referiria mais à posição subjetiva perante esses valores, ou à maneira como eles se apresentam objetivamente como regras ou mandamentos. Sob*

---

5 *Ética e Retórica*. São Paulo: Saraiva, 2002, pp. 139/140.

6 Cf. Nicola Abbagnano, *Dicionário de Filosofia*. 2ª edição. São Paulo: Editora Mestre Jou, 1982, verbete *ética.*

7 Cf. Nicola Abbagnano, ob. cit., verbete *moral.*

8 *Ética* – Direito, Moral e Religião no Mundo Moderno. São Paulo: Companhia das Letras, 2006, p. 505.

9 *Compêndio de Filosofia*. 2ª edição. São Paulo: Edições Melhoramentos, 1955, p. 101, § 107.

10 *Ética e sociologia da moral*, tradução de Paulo Castanheira, do original *La science positive de la morale en Allemagne*. São Paulo: Landy Livraria Editora e Distribuidora Ltda, 2003, p. 59.

esse ângulo – acrescenta o jusfilósofo brasileiro –, *a moral representaria a realização da ética 'em concreto', em nossa experiência de todos os dias"*[11].

Realmente, a ética é a sistematização dos princípios morais com vistas a regular o comportamento humano. Mas, é importante notar que a moral, em si, pertence aos domínios da consciência[12]. A ética é a *"moral prática"*[13], ou seja, a conduta regrada pelos valores que a ética sistematiza. Daí falar-se na moralidade de um comportamento ou de uma ação. Quando a conduta considerada se dá num campo de atividade peculiar a determinada forma de trabalho, tem-se a *ética profissional*.

Norberto Bobbio assim conceitua a *ética profissional:*

> *"Entende-se por ética profissional o conjunto das regras de conduta às quais se devem considerar submetidas as pessoas que desempenham uma atividade específica, e que geralmente diferem do conjunto de normas da moral comum por excesso ou falta, ou seja, porque impõem aos membros da corporação obrigações mais rígidas ou os eximem de dizer a verdade no caso do médico diante de portador de uma doença incurável. Nada impede de chamar as éticas profissionais de 'morais singulares', no mesmo sentido em que se fala de direitos específicos na teoria jurídica ..."*[14]

A ética profissional compõe-se de deveres e direitos. A primeira parte constitui, propriamente, a *deontologia – ciência dos deveres*; a segunda compõe a *diceologia – ciência dos direitos*[15].

Seja por força de uma praxe consagrada, seja por um fenômeno de metonímia, a expressão *deontologia jurídica* costuma ser empregada, de forma

---

11 Variações sobre ética e moral. In: *O Estado de S. Paulo,* edição de 13/10/2001, *apud* Wilhelmus Godefridus Hermans, *Ética* – Ensaio sociofilosófico. Brasília: Editora OAB, 2004, pp. 78/79, nº 8.2. O autor de cujo livro extraiu-se a citação compartilha com o Prof. Miguel Reale dessa concepção.

12 Lafayette Rodrigues Pereira, na célebre polêmica com Sílvio Romero, referia-se à moral como *"a ciência dos deveres da consciência", "a ciência do imperativo categórico"* (*Vindiciae* [segunda parte] – *"O Sr. Sílvio Romero Crítico e Philosofo"*. 3ª edição. Rio de Janeiro: Livraria José Olympio Editora, 1940, p. 95). Para Miguel Reale, a Moral é a *"expressão normativa dos valores da subjetividade"*, isto é, a *"fonte primordial de toda a vida ética"* (*Variações,* 3. São Paulo: Migalhas, 2010, pp. 181/182).

13 Ruy de Azevedo Sodré, *O Advogado, seu Estatuto e a Ética Profissional.* 2ª edição. São Paulo: Editora Revista dos Tribunais, 1967, p. 3, nº 1.

14 Norberto Bobbio, *O Filósofo e o Político* – Antologia. Tradução de César Benjamin e Vera Ribeiro. Rio de Janeiro: Contraponto, 2013, p. 165.

15 Cf. Ruy de Azevedo Sodré, *ob. cit.*, p. 3, nº 1.

abrangente, para denominar a disciplina *ética profissional*, nos cursos jurídicos[16]. *Deontologia Jurídica* seria, a rigor, a *"Parte da ética profissional, que trata dos deveres morais do advogado"*[17]. Assinale-se que essa denominação parece ser, hoje, de uso corrente nos países europeus. O Conselho das ordens de advogados europeus – le Conseil des barraux européens – aprovou, em 1988, o *Código de deontologia dos advogados europeus – le Code de déontologie des avocats européens* –, atualmente em vigor[18].

A elaboração e o estudo do Código de Ética da Advocacia inserem-se nos quadrantes da Ética Profissional ou Deontologia Jurídica. Ver-se-á, a seguir, que é da tradição da nossa cultura jurídica o título *Código de Ética*, a despeito de preferir-se, geralmente, no que concerne à disciplina correspondente, a denominação *Deontologia Jurídica*.

3. O ESTUDO DA ÉTICA PROFISSIONAL

Compete a cada universidade ou faculdade autônoma definir o currículo do curso de Direito, obedecidas as diretrizes nacionais instituídas pelo Conselho Nacional de Educação. Decorrem estas da Resolução nº 05, de 17 de dezembro de 2018, expedida por aquele órgão, as quais fixam os conteúdos curriculares do curso jurídico, distribuindo-os em três *planos* – o de *formação geral*, o de *formação técnico-jurídica* e o de *formação prático-profissional*. No primeiro, inserem-se *conteúdos essenciais de Ética*; no terceiro, que compreende o Núcleo de Práticas Jurídicas, mantido pela instituição de ensino, não pode faltar, naturalmente, a orientação ética, ministrada segundo os princípios e regras da Deontologia Jurídica.

Significa isso dizer que, a par dos estudos de Ética geral, o curso deve propiciar ao estudante sólida formação ético-profissional. Tal só será possível mediante o estudo e a aplicação do Código de Ética e Disciplina da Advocacia. A flexibilidade das diretrizes curriculares para os cursos jurídicos permite a cada faculdade criar, no seu currículo pleno, disciplina de Ética Profissional ou Deontologia Jurídica. No desenvolvimento das atividades do Núcleo de Práticas Jurídicas, cuidar-se-á de dar aos estudantes oportunida-

---

16 Veja-se, a esse respeito, Elcias Ferreira da Costa, *Deontologia Jurídica* – ética das profissões jurídicas. Rio de Janeiro: Forense, 1996, p. 4.

17 Cf. Pedro Nunes, *Dicionário de Tecnologia Jurídica*. 4ª edição. Rio de Janeiro: Livraria Freitas Bastos S. A., s/d, volume I, verbete *Deontologia Jurídica*.

18 Cf. Jean-Jacques Taisne, ob. cit., p. 5.

de de aplicar o Código de Ética, seja em processos reais, seja em processos simulados.

Como já temos, reiteradamente, assinalado, o curso jurídico, embora se destine a formar bacharéis em Direito, deve oferecer formação profissional voltada para a advocacia, uma vez que o exercício dessa profissão representa, ao menos, o primeiro estágio de atuação do graduado em Ciências Jurídicas[19]. Incumbe aos professores, notadamente nas disciplinas de direito processual, mas também naquelas que se ocupam dos vários ramos do direito material, induzir os alunos a *pensar como um advogado*. É esse, aliás, o método, em geral, seguido nas faculdades dos Estados Unidos da América. Isso implica, necessariamente, dar formação ética, à luz do Código de Ética de que ora nos ocupamos.

É importante acentuar que um dos conteúdos do Exame de Ordem aplicado pela Ordem dos Advogados do Brasil é o que contempla o Código de Ética e Disciplina, como preveem os Provimentos do Conselho Federal da OAB que regulamentam o referido exame, especialmente o Provimento nº 144/2011 (cf. art. 11, § 4º), com as alterações decorrentes do Provimento nº 156/2013.

De outra parte, há, hoje, uma política de educação continuada para a advocacia, empreendimento a que se vêm dedicando, com denodo, a Escola Nacional de Advocacia do Conselho Federal da OAB, coadjuvada por suas congêneres, no âmbito das Seccionais da entidade. E, na programação das atividades correspondentes, o estudo do Código de Ética e Disciplina ocupa lugar de destaque.

4. A OAB E A DISCIPLINA DA ADVOCACIA: PODER DE POLÍCIA DA PROFISSÃO; NORMAS DO ESTATUTO DA ADVOCACIA E DA OAB SOBRE A MATÉRIA

A Ordem dos Advogados do Brasil tem, entre as suas missões, a de *promover, com exclusividade, a representação, a defesa, a seleção e a disciplina dos advogados em toda a República Federativa do Brasil*. Assim preceitua a Lei nº 8.906, de 4 de julho de 1994, que dispõe sobre o Estatuto da Advocacia e da Ordem dos Advogados do Brasil, ao definir uma das finalidades precípuas da OAB, no seu art. 44, II.

---

19 Cf. nosso *Ensino Jurídico, Literatura e Ética*. 2ª edição. Brasília: Conselho Federal da OAB, 2014, p. 101 – O Ensino Jurídico na Perspectiva do Advogado.

A atribuição aqui destacada resulta do *poder de polícia* sobre a profissão, que o Estado confere à OAB, no âmbito da advocacia[20]. Lembrava o *bâtonnier* Nehemias Gueiros que a Ordem não é *"apenas uma associação profissional, mas uma corporação criada pelo Estado, que lhe delegou o seu poder de polícia, para que a disciplina se fizesse pelos seus próprios membros, fazendo dela, ao mesmo tempo, órgão de classe e órgão de Estado."*[21]. Daí o cuidado que a OAB dispensa à Ética do Advogado, cujas disposições básicas se encontram, hoje, na citada Lei nº 8.906/1994, arts. 31 a 33. Prevê este último dispositivo a edição do Código de Ética e Disciplina e indica o objeto que este terá. A mesma lei atribui ao Conselho Federal da OAB competência para *editar e alterar o Código de Ética e Disciplina*.

Observa Paulo Lôbo, nos seus *Comentários ao Estatuto da Advocacia e da OAB:*

> *"A Lei nº 8.906/94 evitou a duplicidade de tratamento legal dos deveres éticos, remetendo-os inteiramente ao Código de Ética e Disciplina editado pelo CFOAB. A duplicidade de tratamento, havida entre o anterior Estatuto e o Código de Ética, foi a principal razão para o quase desconhecimento do antigo Código de Ética Profissional no seio dos advogados, com parca aplicação pela própria OAB."*[22]

É, ainda, do citado autor a advertência para a circunstância de que a ética profissional, quando objeto de regulamentação legal, obriga *"a todos os profissionais"*[23].

Dir-se-ia que a condensação das normas éticas atinentes a determinada profissão em regulamento ou código, expedido na conformidade de lei que o preveja, torna as referidas normas imperativas, de tal modo que elas não exprimem, apenas, uma conduta recomendável, mas, fundamen-

---

20 Cf. Diogo de Figueiredo Moreira Neto, *Curso de Direito Administrativo*. 11ª edição. Rio de Janeiro: Forense, 1996, p. 309, nº 6. Odete Medauar, *Direito Administrativo Moderno*. 7ª edição. São Paulo: Revista dos Tribunais, p. 361, nº 15.8. José dos Santos Carvalho Filho, *Manual de Direito Administrativo*. 26ª edição. São Paulo: ATLAS, 2013, p. 84, X.

21 Nehemias Gueiros, Discursos de posse no cargo de Presidente da Ordem dos Advogados do Brasil, pronunciado em 11-8-1956. In: *A Advocacia e o seu Estatuto*. Rio de Janeiro: Livraria Freitas Bastos S. A., 1964, p. 53, nº 3.

22 *Comentários ao Estatuto da Advocacia e da OAB*. 6ª edição. São Paulo: Saraiva, 2011, p. 192.

23 Ob. cit., p. 183.

talmente, uma norma jurídica a cumprir. O descumprimento dessas normas sujeitará o profissional infrator às sanções que, nelas, se prevejam.

Ressalta destas considerações, portanto, a importância do Código de Ética e Disciplina, não só do ponto de vista pedagógico, mas também sob o prisma do Direito, seja pela sua abrangência, seja pela sua imperatividade.

5. OS CÓDIGOS DE ÉTICA DA ADVOCACIA: HISTÓRICO

Criada em 1930, no bojo do Decreto nº 19.408, de 18 de novembro de 1930 (art. 17), que reorganizou a Corte de Apelação do Distrito Federal, a Ordem dos Advogados do Brasil regeu-se, originariamente, pelo Regulamento expedido com o Decreto nº 20.784, de 14 de dezembro de 1931. Às disposições do referido Regulamento seguiram-se outras normas, igualmente aprovadas por Decretos, durante o Governo Provisório oriundo da Revolução de 1930. Em 20 de fevereiro de 1933, expediu-se, por meio do Decreto nº 22.478, daquela data, a Consolidação dos Dispositivos Regulamentares da OAB, cujo art. 84 atribuía ao Conselho Federal da entidade competência para *votar e alterar o código da ética profissional, ouvidos os Conselhos das seções e as diretorias das subseções* (inciso III).

A 25 de julho de 1934, o Conselho Federal aprovou o Código de Ética Profissional, para entrar em vigor a 15 de novembro de 1934. Subscreviam o primeiro Código de Ética o Presidente do Conselho Federal, Levy Carneiro, o Secretário-Geral, Attílio Vivacqua, os Presidentes das Seções do Amazonas, de Pernambuco e de Santa Catarina, bem como os Conselheiros Federais das representações do Distrito Federal, de São Paulo, do Amazonas, da Bahia, de Alagoas, do Pará e Acre, do Espírito Santo, do Rio Grande do Norte, do Mato Grosso, do Paraná, de Sergipe, do Estado do Rio de Janeiro, de Minas Gerais e do Ceará.

Alguns dos subscritores tornar-se-iam, depois, figuras nacionalmente conhecidas nos meios jurídico e político do país, como o próprio Presidente, Levy Carneiro (já então, grande advogado), que foi deputado constituinte, em 1934, na representação classista que integrou a Assembleia Nacional Constituinte; o secretário-geral, Attílio Vivacqua, que seria senador pelo Espírito Santo; Nereu Ramos, Vice-Presidente da República, Presidente da Câmara dos Deputados, Vice-Presidente do Senado, tendo assumido, nessa condição, a Presidência da República, na crise política de 1955; Philadelpho Azevedo, então Conselheiro pelo Distrito Federal, que seria, mais tarde, Ministro do Supremo Tribunal Federal; Demóstenes Madureira de Pinho, representante da Bahia, eminente Professor de Direito; Haroldo Valadão, que representava o Paraná e veio a ser Professor de Direito, Consultor-Geral e Procurador-Geral da República, além de ter presidido a Ordem; Pedro Aleixo, também Professor de Direito, então representante de Minas Gerais, que, nos anos vindouros, seria Presidente da Câmara dos Deputados, deputado em várias legislaturas e Vice-Presidente da República.

O Código de Ética de 1934 teve por modelo projeto emanado do Instituto dos Advogados de São Paulo, cujo principal autor fora o Prof. Francisco Morato[24].

O referido Código traz a seguinte ementa:

> *Este Código acrescenta, às normas gerais de Ética, as que o advogado deve especialmente observar.*

O Código tinha, assim, caráter complementar em relação às disposições do Regulamento da Advocacia, que elencava, no seu art. 26, os deveres do advogado e consagrava, na matéria, o direito consuetudinário, ao dispor, no art. 107, que *enquanto não se votar o Código de ética profissional, prevalecerão em cada seção as praxes reconhecidas pelo Conselho local*. Tais praxes foram respeitadas pelo Código de ética profissional, incluindo-se, segundo se nota, nas *normas gerais* a que alude a sua ementa.

O Código de 1934, em vez de observar a forma usual das leis – estilo adotado pelos Códigos subsequentes –, preferiu regular de maneira mais singela a matéria de que trata, distribuindo-a em doze Seções, numeradas em algarismos romanos:

> I. Deveres Fundamentais; II. Primeiras Relações com o Cliente – Aceitação da Causa; III. Exercício da Advocacia; IV. Relações Pessoais com o Cliente; V. Relações em Juízo; VI. Exercício de Cargos Públicos – Relações com a Administração; VII. Desistência do Mandato; VIII. Honorários; IX. Observância do Código; X. Extensão do Código; XI. Modificações do Código; XII. Vigência do Código.

O estilo do Código prima pela concisão. Suas disposições são sempre claras e precisas. E, de um modo geral, guardam atualidade, embora, natu-

---

24 V., a esse respeito, Newton J. de Sisti, Ética Profissional do Advogado. In: *Ética, Disciplina e Processo*, coedição do Instituto dos Advogados do Paraná, OAB Paraná e Instituto dos Advogados Brasileiros, sob a coordenação de Carlos Fernando Corrêa de Castro. Florianópolis: Editora Conceito Editorial, 2007, pp. 12/13, nº 2.

ralmente, requeressem complementação, para sintonizar-se com as exigências dos novos tempos ou com o novo panorama da advocacia brasileira.

O primeiro Código de ética profissional da advocacia vigorou até o advento do Código promulgado em 13 de fevereiro de 1995, que entrou em vigor na data de sua publicação, a 1º de março de 1995 (Cf. Diário da Justiça, Seção I).

Nesse interregno, o antigo Regulamento da Ordem dos Advogados do Brasil, de 1933, foi substituído pelo primeiro Estatuto, consubstanciado na Lei nº 4.215, de 27 de abril de 1963 e este, por sua vez, depois de trinta e um anos de vigência, veio a ser sucedido pelo atual Estatuto da Advocacia e da OAB, decorrente da Lei nº 8.906, de 4 de julho de 1994.

O Estatuto de 1963 ocupava-se, amplamente, das normas deontológicas, uma vez que o seu art. 87 trazia extenso rol de deveres do advogado. Daí a observação de Paulo Lôbo, citada no item antecedente, quanto à existência de certa duplicidade de fontes normativas da conduta ética, sob o império daquele Estatuto.

Em 1994, na gestão do Presidente José Roberto Batochio, à frente do Conselho Federal da OAB, verificou-se que era indispensável adotar um novo Código de Ética, não tanto em razão do problema apontado, mas porque, sessenta e um anos decorridos, as normas de conduta do advogado precisavam adequar-se ao novo cenário da advocacia brasileira e sintonizar-se com as disposições do Estatuto que, naquele ano, fora promulgado. Estas, na verdade, delinearam um novo sistema de controle da conduta ética, que estava a exigir implementação por via de um Código de Ética e Disciplina, com dimensão mais ampla que a do Código então vigente. O Capítulo VII do Título I do Estatuto trata, em três artigos, *Da Ética do Advogado*.

Por meio da Portaria nº 018/94, de 4 de julho de 1994, o Presidente Batochio designou o Prof. Modesto Carvalhosa, da Faculdade de Direito da Universidade de São Paulo, para elaborar o anteprojeto do Código, constituindo, ao mesmo tempo, Comissão Revisora deste, constituída pelos Conselheiros Federais Licínio Leal Barbosa, de Goiás, como Presidente e Alfredo de Assis Gonçalves Neto, do Paraná (depois substituído pelo Conselheiro José Cid Campelo, do mesmo Estado), Nilzardo Carneiro Leão, de Pernambuco e Sérgio Ferraz, da representação do Acre, como Membros. Foi designado secretário o Dr. Robson Baroni, de São Paulo, que acumulou essa função com a de sub-relator. Foram realizadas *"inúmeras consultas"* às *"Comissões de Ética e Disciplina das Seccionais"*, daí resultando importantes contribuições.

Submetido à apreciação do Conselho Pleno, em uma sessão extraordinária (em dezembro de 1994) e duas sessões ordinárias (13 e 14 de fevereiro de 1995)[25], o projeto do Código foi aprovado, com várias alterações. O autor destes comentários, já integrando, então, o Conselho Federal, na representação de Minas Gerais, ao reabrir-se o prazo para apresentação de propostas, por parte dos Conselheiros Federais, no intervalo entre a primeira e as duas sessões subsequentes, redigiu e propôs o texto que passou a figurar como preâmbulo do Código, depois de acolhido, com pequenas mudanças de expressões, pela Comissão Revisora e aprovado, na votação final, pelo Plenário. O referido preâmbulo, condensando as ideias centrais do Código, permitiu retirar do projeto muito do que nele sobejava, tornando o texto mais conciso, como convém à boa técnica legislativa.

O segundo Código de Ética e Disciplina, na esteira das disposições estatutárias emanadas da Lei nº 8.906/1994, regulou, de forma mais ampla que o anterior, a conduta profissional, sobretudo no que diz respeito à publicidade, além de dispor sobre as atribuições dos Tribunais de Ética (tornados, já então, de existência obrigatória) e estabelecer o processo ético-disciplinar. Foi, sem dúvida, o referido Código um marco na disciplina da conduta ética dos advogados. Com ele, completou-se a estrutura normativa da profissão, que tivera no Estatuto de 1994 o seu alicerce. Sua aprovação se deu ainda no mandato do Presidente José Roberto Batochio, que o promulgou.

Menos de vinte anos depois, sentiu-se, no Conselho Federal da OAB, a necessidade de proceder a ampla revisão do Código de Ética e Disciplina. Não que este se mostrasse aquém de sua finalidade. Ao revés, tratava-se de um Código à altura do seu tempo e que atendera, até então, plenamente às exigências da disciplina da advocacia, uma vez que incorporava, com a sabedoria própria dos legisladores prudentes, normas adequadas à disciplina da conduta ética, na área da profissão. Mas, a evolução dos fatos sociais não foge à dinâmica da nossa época e novos imperativos surgiram – e com tal força – que se fez mister criar um novo sistema normativo para a ética dos advogados. Dois aspectos, especialmente, motivaram a revisão do Código anterior e acabaram concorrendo para a sua substituição por um novo Código: a disciplina da publicidade profissional e a regulamentação do processo ético-disciplinar. O primeiro ponto surgiu por imposição do novo feitio que a advocacia foi tomando nos últimos anos, sobretudo nos grandes centros, assim como das novas opções que as modernas formas de comu-

25 Cf. *Jornal do Conselho Federal da OAB,* nº 40/1995, p. 14.

nicação eletrônica ofereciam para a divulgação dos serviços profissionais; o segundo resultou do aumento sensível de processos submetidos ao julgamento dos órgãos competentes da OAB, que mostrava a necessidade de adotar-se, para esse fim, um processo mais ágil, além de facilitar-se a instrução processual, possibilitando-se que os Tribunais de Ética tivessem competência ampliada para esse fim. A par disso, as novas relações estabelecidas entre advogados e clientes ou entre grandes escritórios e advogados autônomos recomendavam a adoção de uma disciplina específica para a contratação dos serviços e a estipulação dos honorários profissionais. A extensão das normas éticas às eleições corporativas e ao exercício de mandatos nos órgãos da OAB ou na representação da classe em diferentes colegiados, assim como a definição de compromisso solene para com os ideais da advocacia por parte dos indicados pela Ordem para os lugares dos Tribunais reservados aos advogados (o chamado "quinto constitucional", nos tribunais de segundo grau e no Tribunal Superior do Trabalho, e o terço da composição do Superior Tribunal de Justiça, que deve ser preenchido por advogados e membros do Ministério Público) era outra matéria que estava a reclamar tratamento, no Código de Ética. E, na medida em que o trabalho de revisão avançou, percebeu-se a conveniência de regular também, no novo complexo normativo da conduta ética, o exercício da advocacia pública, bem como o da advocacia *pro bono*. Estes e outros temas relevantes para a ética do advogado, por si sós, justificavam o advento de um novo Código de Ética e Disciplina. Além do mais, era preciso ter em vista a iminente adoção, no âmbito da OAB, do processo disciplinar eletrônico, à semelhança do que vem acontecendo com o processo judicial – embora sem correr os mesmos riscos de precipitação que cercaram o advento deste último..

Foi, certamente, ao influxo desse pensamento que a Diretoria do Conselho Federal, sob o comando do Presidente Marcus Vinicius Furtado Coelho, achou o momento azado e propício para a reformulação das normas que compõem o nosso ordenamento ético.

Dessa forma, pela Portaria nº 116/2013, de 20 de maio de 2013, o Presidente Marcus Vinicius criou *Comissão Especial para Estudo da Atualização do Código de Ética e Disciplina da OAB*, designando para compô-la os seguintes Conselheiros Federais: Cláudio Stábile Ribeiro, da representação de Mato Grosso, Secretário-Geral Adjunto e Corregedor-Geral, como Presidente; Carlos Roberto de Siqueira Castro, do Rio de Janeiro, Elton Sadi Fülber, de Rondônia, José Danilo Corrêa Mota, do Ceará, José Lúcio Glomb, do Paraná e Paulo Roberto de Gouvêa Medina, de Minas Gerais, como Membros. Reunindo-se, logo após, a Comissão houve por bem escolher este último como relator dos trabalhos a ser desenvolvidos.

O relator, em janeiro de 2014, apresentou a primeira versão do anteprojeto, acompanhada de exposição de motivos, tendo sido os respectivos textos divulgados, pela internet, para receber sugestões da classe. Como explicado na referida exposição, o trabalho de atualização tomou vulto maior, dele resultando, na verdade, um novo Código, com o posterior acolhimento do método adotado pela Comissão Especial e pelo Plenário do Conselho Federal. Esse novo Código, todavia, tomou como paradigma o Código então em vigor, dando-lhe, assim, outra roupagem, à luz de novas concepções. Substituiu-o, sem superá-lo, mantendo viva a sua linha de orientação.

Foram apresentadas, nessa primeira etapa, 343 (trezentas e quarenta e três) propostas por advogados de todo o País. Seguiram-se as discussões do assunto no âmbito das Seccionais da OAB e do Colégio de Presidentes de Seccionais, de que resultaram outras várias propostas. Houve proposições emanadas de Tribunais de Ética e Disciplina. Algumas Subseções também formularam sugestões. Tradicionais entidades de classe, de natureza cultural ou corporativa, igualmente ofereceram suas contribuições críticas ou propositivas. Assim, o Instituto dos Advogados Brasileiros, o Instituto dos Advogados de São Paulo, o Centro de Estudos das Sociedades de Advogados, a Associação dos Advogados de São Paulo, a Associação Nacional dos Procuradores de Estado, o Instituto de Defesa do Direito de Defesa, o Movimento de Defesa da Advocacia e o Instituto *pro bono*.

O relator participou de debates em torno do anteprojeto e expôs as linhas gerais do documento em eventos realizados em São Paulo, Teresina, Aracaju, Palmas, Porto Seguro-BA, Dourados-MT, Brusque-SC e Porto Alegre, deste último debate tendo participado também o Presidente da Comissão. O tema foi, ainda, objeto de análise na XXII Conferência Nacional dos Advogados, realizada no Rio de Janeiro, em outubro de 2014, em painel de que participaram, juntamente com outros advogados, o Presidente da Comissão Especial e o relator.

A Comissão Especial realizou várias reuniões, em Brasília, tendo examinado todas as propostas apresentadas. Para tanto, cada membro da Comissão, excetuado o relator, atuou como sub-relator temático dessas propostas, as quais lhes foram distribuídas conforme o assunto sobre o qual versavam.

Finalmente, o texto, já sob a forma de projeto, foi encaminhado ao Pleno do Conselho Federal, onde atuou como relator, mediante distribuição realizada por sorteio, o Conselheiro Humberto Henrique Costa Fernandes do Rêgo, integrante da representação do Rio Grande do Norte. O Conselho Federal promoveu, para exame e discussão do projeto, quatro sessões extraordinárias, que se realizaram aos domingos, entre os meses de abril e agosto. A redação final do Código foi examinada em duas sessões ordinárias, nos meses subsequentes, concluindo-se o trabalho, com a aprovação definitiva do texto, na sessão de 19 de outubro de 2015. Por meio da Resolução nº 02/2015, foi determinada a publicação do Código. Esta se deu no *Diário Oficial da União* de 04 de novembro de 2015 (Seção I, pp. 77-80).

6. AS NORMAS DO CÓDIGO DE ÉTICA: NATUREZA JURÍDICA

As normas morais são, pela sua natureza, normas desprovidas de sanção. Ou antes, como observa Alessandro Groppali, *"a sua infração dá lugar, por um lado, à reprovação pública e ao menosprezo, e, por outro, a um remorso íntimo"*[26]. Nisso reside, aliás, o traço distintivo mais saliente entre tais normas e as normas jurídicas. Estas *"se distinguem de todas as outras normas pela sua característica própria de serem suscetíveis de uma aplicação coercitiva nos casos de violação"*[27].

As normas morais expressas em códigos de ética profissionais assumem, no entanto, caráter de normas jurídicas, exatamente porque sua violação sujeita o infrator a uma sanção.

No caso do Código de Ética e Disciplina da Advocacia, a lei que rege o exercício da profissão – Lei nº 8.906/1994 – prevê sanção para os casos de infrações éticas. Preceitua a citada Lei no art. 36, *caput* e inciso II:

> *"A censura é aplicável nos casos de: [...]*
>
> *II – violação a preceito do Código de Ética e Disciplina.".*

Fica, assim, evidente (como, aliás, já se assinalou antes), que as normas contidas no Código de Ética e Disciplina, sem prejuízo do seu conteúdo moral, são normas jurídicas. Nem por isso, entretanto, será menor a importância de que se que se forme, entre os seus destinatários, uma consciência ética, que não só as assimile, naturalmente, como as valorize

---

26 Alessandro Groppali, *Introdução ao Estudo do Direito,* tradução de Manuel de Alarcão. Coimbra: Coimbra Editora L. DA, 1978, p. 34.

27 Cf. Alessandro Groppali, ob. cit., p. 35.

e engrandeça. Tenha-se presente, a esse respeito, a advertência de Fábio Konder Comparato:

> *"A norma ética, por mais excelente que seja, não tem real vigor ou vigência (como veremos adiante) se não estiver viva na consciência dos homens, ou seja, se não corresponder a uma disposição individual e coletiva de viver eticamente."*[28]

A doutrina distingue, no Estatuto da Advocacia e da Ordem dos Advogados do Brasil, dois tipos de infração: o das *infrações éticas* e o das *infrações disciplinares*. Acham-se estas tipificadas no art. 34 do referido Estatuto (Lei nº 8.906/1994). Aquelas estão definidas no Código de Ética e Disciplina.

Sérgio Ferraz, com a sua autoridade de eminente jurista e antigo membro da Segunda Câmara do Conselho Federal da OAB, por vários anos, chama a atenção para a distinção que deve ser feita entre *infrações disciplinares* e *infrações éticas*, observando que estas estão sujeitas, estritamente, a um tipo de sanção – a *censura* –, *"independentemente de se tratar, ou não, de situação de reincidência ou de primariedade"*[29]. A reiteração de falta caracterizada, simplesmente, como infração ética, não configura reincidência, por conseguinte, salvo quando essa falta é também tipificada como infração disciplinar.

Carlos Fernando Correa de Castro, ex-Presidente do Tribunal de Ética do Estado do Paraná, de saudosa memória, considerando a maior abrangência das normas éticas e os imperativos que delas decorrem para o advogado, seja na sua atividade profissional, seja na vida privada, pondera: *"as infrações disciplinares referem-se apenas ao profissional do direito; enquanto as infrações éticas dirigem-se ao advogado também como cidadão e pessoa humana."*[30].

A ponderação do ilustre advogado paranaense encontra plena ressonância, como se verá, a seguir, no preâmbulo do Código de Ética e Disciplina, que, na mesma linha de orientação, concebe as normas éticas como regras

---

28 *Ética* – Direito, Moral e Religião no Mundo Moderno, cit., p. 497.

29 Regras Deontológicas. In: *Ética na Advocacia*, coedição Forense-OAB. Rio de Janeiro: Editora Forense, 2000, p. 10, nº 4.2

30 Infrações Disciplinares e Infrações Éticas. In: *Ética, Disciplina e Processo,* coedição do Instituto dos Advogados do Paraná, OAB Paraná e Instituto dos Advogados Brasileiros, cit., p. 121.

de conduta a que o profissional se subordina, de forma indissociável, seja como advogado, seja como pessoa.

Tendo esse alcance, as normas éticas transcendem, em alguns casos, à própria regulamentação que lhes dá o Código de Ética, para situar-se no plano dos deveres da consciência. Por conseguinte, não basta ao advogado observar as disposições do Código, cumprindo-lhe, ademais, atender a certas exigências das regras morais, que formam sua consciência ética.

O conhecido brocardo latino nos ensina que *non omne quod licet, honestum est* (ou, em vernáculo, *nem tudo que é lícito é honesto*). Pode-se acrescentar que nem tudo que se exime da censura de um código de ética constitui prática moralmente aceitável. Não raro, razões de foro íntimo levarão o advogado a ser mais rigoroso consigo mesmo do que pretendem as normas da sua corporação, evitando certas condutas que não se coadunam com o feitio moral dos homens de bem. Tome-se como exemplo a atitude do doutrinador ou do jurisconsulto que recusa a causa, por coerência intelectual, ao perceber que teria de empregar, na sua defesa, estratégia contrária à orientação que professa em seus livros ou sustentou em parecer. Não há nenhuma disposição no Código de Ética a esse respeito. Mas o profissional consciente dos seus deveres éticos haverá de adotar, em tal caso, atitude que o exima da reprovação alheia e que, antes de tudo, o deixe em paz consigo mesmo. E assim em muitas outras hipóteses em que a preservação da coerência seja um imperativo para o profissional. Lembremo-nos do conselho de Rui Barbosa, na Oração aos Moços: *"Não proceder, nas consultas, senão com imparcialidade real do juiz nas sentenças."*[31]. É outra recomendação do gênero, que nem pelo fato de escapar à disciplina do Código de Ética tornar-se-á de somenos importância para a conduta do profissional, na advocacia consultiva.

Prado Kelly, eminente advogado e homem público, que presidiu a OAB Nacional, recordando a trajetória, na profissão, de outro expoente da advocacia, o Prof. Waldemar Ferreira, louvava o comportamento deste, no particular, ressaltando: *"tão exato nas opções era Waldemar Ferreira e tão leal ao seu ensino que não lhe surpreenderíeis, em centena de memoriais, uma retratação ou uma apostasia.". O grande bâtonnier* dos advogados brasileiros, projetando no plano da ética as considerações que fez a esse respeito, escreveu, antecedentemente:

31 *Oração aos Moços*, edição comemorativa dos 150 anos de Rui Barbosa. Rio de Janeiro: Edições Casa de Rui Barbosa, 1999, p. 47.

> *"Bem sabemos que a probidade, exigida à nossa classe, não comporta gradação nem qualificativos: ou é integral, à observação de qualquer ângulo, ou jamais terá existido. Mas onde se reveste de apresentação mais nobre há de ser na coerência entre o que o jurista sustenta nos pleitos e o que leciona nas Faculdades."*[32].

Por outro lado, há normas do Código de Ética em que sobreleva o caráter pedagógico, revelando um teor, antes de tudo, de recomendação. Tenha-se presente, a título exemplificativo, a disposição, já antes referida, que se contém no § 1º do art. 8º. Trata-se de uma exortação aos advogados públicos no sentido de que contribuam para *a solução ou redução de litigiosidade, sempre que possível.* Só numa situação excepcional – sem dúvida, difícil de ocorrer –, quando o advogado público, ao revés de seguir esse mandamento, tomar atitude ostensiva de incentivo à litigiosidade, a despeito, mesmo, da existência de súmula contrária à tese da administração, será possível identificar na sua conduta infração ética.

Em remate destas considerações, cabe invocar a advertência de um jurista francês que Maurice Garçon relembra, em *O Advogado e a Moral: "Não basta que o inscrito na Ordem dos Advogados seja probo, é preciso que seja inatacável, um verdadeiro modelo de virtudes na vida pública e privada"*[33]. Isso recomenda ao advogado, diante de certas situações, a reflexão íntima a que nos referimos, a consulta à própria consciência, cujos ditames serão para ele, em tais horas, o imperativo categórico a que alude Kant[34].

7. O CÓDIGO DE ÉTICA E O PRINCÍPIO DA LEGALIDADE

A lei de regência da advocacia – Lei nº 8.906/1994 (Estatuto da Advocacia e da Ordem dos Advogados do Brasil – confere ao Conselho Federal da OAB competência para *editar e alterar... o Código de Ética e Disciplina* (art. 54, V). Os Códigos de Ética são normas de natureza regula-

---

32 *Missão do Advogado.* Rio de Janeiro: Forense, 1977, p. 188.

33 *O Advogado e a Moral,* tradução de A. S. Madeira Pinto. Lisboa: Armênio Amado, Editor, Sucessor, 1963, p. 24.

34 Eis a lição de Kant: *"O princípio supremo da doutrina dos costumes é, portanto: age com base em uma máxima que pode também ter validade como uma lei universal. Qualquer máxima que não seja assim qualificada é contrária à moral."* (Immanuel Kant, *A Metafísica dos Costumes.* São Paulo: Folha de S. Paulo, 2010, p. 48, Introdução à Metafísica dos Costumes).

mentar, que, não emanando do Legislativo, não se revestem do caráter de normas jurídicas formais. São leis, no sentido material.

O Estatuto da Advocacia e da Ordem dos Advogados do Brasil traça, no parágrafo único do art. 33, os lineamentos do Código de Ética, dispondo, no *caput, que*

> *O advogado obriga-se a cumprir rigorosamente os deveres consignados no Código de Ética e Disciplina.*

O próprio sentido das normas contidas no Código de Ética – assim preordenadas pela lei fundamental da advocacia – faz com que elas sejam, em grande parte, normas proibitivas, isto é, normas que impõem restrições de condutas. O Código de Ética que não contemplasse normas dessa categoria ou que não pudesse editá-las em razão do seu caráter de lei apenas sob o aspecto material, perderia inteiramente o seu sentido.

Não há que objetar, pois, ao fato de o Código de Ética e Disciplina da OAB estabelecer certas proibições, como aquelas que concernem às restrições impostas à publicidade imoderada ou ao saque de duplicatas ou qualquer outro título de crédito de natureza mercantil, ao argumento de que tais proibições feririam o princípio da legalidade insculpido no art. 5º, II, da Constituição da República.

Calha, a esse respeito, a advertência de Carlos Maximiliano:

> *"Competência não se presume; entretanto, uma vez assegurada, entende-se conferida com a amplitude necessária para o exercício do poder ou desempenho da função a que se refere a lei."*[35].

Ver-se-á, a seguir, pela leitura destes comentários, que o Código de Ética e Disciplina editado pelo Conselho Federal da Ordem dos Advogados do Brasil, em 2015, emana de fonte legislativa legítima e atém-se ao seu objeto, estabelecendo normas de conduta que valorizam a dignidade da profissão. Tais normas não fogem ao *princípio da legalidade*, cingem-se, ao contrário, aos limites da lei, apenas desenvolvendo princípios que, nesta, já se acham ínsitos. Seus limites circunscrevem-se, em suma, ao objeto que a lei lhes indica, isto é, à disciplina da conduta ética.

---

35 *Hermenêutica e Aplicação do Direito*, sétima edição. Rio de Janeiro: Livraria Freitas Bastos S. A., 1961, p. 330, nº 323.

8. ÉTICA E TÉCNICA DA ADVOCACIA

A *arte da advocacia* há de contar com a técnica adequada. Um mestre da profissão, J. Guimarães Menegale, bem observou que, *"como função criadora*, a arte supõe uma técnica, ou certo número de processos", que, compondo um complexo harmônico, tende *"a produzir certos resultados julgados úteis"* ao exercício da profissão, com proficiência e habilidade[36].

Os princípios éticos são pressupostos da boa técnica da advocacia. Esta orienta o profissional no sentido de ordenar sua argumentação, de modo a convencer o julgador de que o cliente tem razão. O convencimento do juiz ou tribunal é o escopo visado pelo trabalho do advogado. Tal haverá de ser feito segundo os cânones da ética.

O advogado, do ponto de vista da técnica processual, deve comportar-se como um didata, procurando ser claro e objetivo, lógico e conciso, mostrando-se seguro quanto ao conteúdo e escorreito na linguagem empregada. Mas, antes de tudo, haverá de pautar-se pelos princípios que estruturam o seu Código de Ética e pelos deveres da mesma natureza que emanam da lei.

O Código de Processo Civil enuncia, no art. 77, os *deveres das partes e de seus procuradores*. Em essência, estabelece:

> *São deveres das partes e de seus procuradores* (assim como das demais pessoas que atuam no processo):
>
> * expor os fatos em juízo conforme a verdade;
>
> * não formular pretensão ou apresentar defesa quando cientes de que são destituídas de fundamento;
>
> * não produzir provas e não praticar atos inúteis ou desnecessários à declaração ou à defesa do direito;
>
> * cumprir com exatidão as decisões jurisdicionais, de natureza provisória ou final, e não criar embaraços à sua efetivação;
>
> * não praticar inovação ilegal no estado de fato de bem ou direito litigioso[37].

---

36 J. Guimarães Menegale, *A Advocacia como Arte* – Consciência profissional e amadorismo. Exposição apresentada à I Conferência Nacional da Ordem dos Advogados do Brasil. Rio de Janeiro: Editor Borsoi, 1958, pp. 8/9.

37 O enunciado que, aí, se apresenta, corresponde, em essência, às disposições do citado artigo do CPC, sem reproduzi-las, porém, na íntegra.

A disposição legal delineia uma forma de agir do advogado, em juízo. Trata-se de preceito relacionado à técnica processual, cujo conteúdo, porém, é fundamentalmente ético. Cuida-se de estabelecer como o advogado deverá atuar no processo e como haverá de lidar com o antagonismo das posições que se esboçam na cena judiciária. A preocupação primeira, condizente com o papel que a Constituição atribui ao advogado, como *elemento essencial à administração da Justiça*, é a de ser fiel *verdade processual*.

Joaquim Nabuco, que não exerceu a advocacia senão no plano internacional, cunhou, não obstante, sobre o tema, em primorosa síntese, pensamento que vale a pena transcrever:

> *"A arte do advogado está, acima de tudo, em apresentar os fatos complicados do processo de modo a deixar na sombra tudo que lhe pareça contrário, e em formar com eles um conjunto de impressão favorável ao seu cliente, impressão que deve ser composta em forma de crescendo."*[38].

Tem-se, aí, ao mesmo tempo, uma regra de argumentação e uma diretriz de conduta ética. Defender a verdade, no que aproveita ao cliente, sem falseá-la aos olhos do julgador, é o que cumpre ao advogado fazer. Voltaremos ao tema, mais adiante, quando tratarmos do *dever da verdade*, à luz do Código de Ética.

Dominar a técnica da advocacia é exigência a que o bom advogado atende mediante preparo intelectual e prática profissional. Aplicá-la, no cotidiano de sua vida, com o indispensável senso ético, é um imperativo que emana do compromisso por ele prestado ao inscrever-se na OAB (cf. Regulamento Geral do Estatuto da Advocacia e da OAB, art. 20).

Rui Barbosa, patrono dos advogados brasileiros, foi, nesse particular como em tantos outros, verdadeiro paradigma. Como acentua um dos seus biógrafos, Rubem Nogueira, Rui soube praticar *"os princípios cardeais da ética* de sua profissão, tornando-a como que a sócia inseparável da sua técnica de advogar."[39]

---

38 Joaquim Nabuco, *Balmaceda*, p. 8, *apud* Octávio Bueno Magano, *Dicionário de trechos escolhidos de Joaquim Nabuco*, verbete *advocacia*, p. 24. Rio de Janeiro: Editora Expressão e Cultura, 1999.

39 Rubem Nogueira, *Rui Barbosa e a Técnica da Advocacia, in Rui Barbosa – Escritos e Discursos Seletos*, Rio de Janeiro, Editora José Aguilar Ltda., 1960, p. 494.

O PREÂMBULO

O CONSELHO FEDERAL DA ORDEM DOS ADVOGADOS DO BRASIL, ao instituir o Código de Ética e Disciplina, norteou-se por princípios que formam a consciência profissional do advogado e representam imperativos de sua conduta, os quais se traduzem nos seguintes mandamentos: lutar sem receio pelo primado da Justiça; pugnar pelo cumprimento da Constituição e pelo respeito à Lei, fazendo com que o ordenamento jurídico seja interpretado com retidão, em perfeita sintonia com os fins sociais a que se dirige e as exigências do bem comum; ser fiel à verdade para poder servir à Justiça como um de seus elementos essenciais; proceder com lealdade e boa-fé em suas relações profissionais e em todos os atos do seu ofício; empenhar-se na defesa das causas confiadas ao seu patrocínio, dando ao constituinte o amparo do Direito, e proporcionando-lhe a realização prática de seus legítimos interesses; comportar-se, nesse mister, com independência e altivez, defendendo com o mesmo denodo humildes e poderosos; exercer a advocacia com o indispensável senso profissional, mas também com desprendimento, jamais permitindo que o anseio de ganho material sobreleve a finalidade social do seu trabalho; aprimorar-se no culto dos princípios éticos e no domínio da ciência jurídica, de modo a tornar-se merecedor da confiança do cliente e da sociedade como um todo, pelos atributos intelectuais e pela probidade pessoal; agir, em suma, com a dignidade e a correção dos profissionais que honram e engrandecem a sua classe.

Inspirado nesses postulados, o Conselho Federal da Ordem dos Advogados do Brasil, no uso das atribuições que lhe são conferidas pelos arts. 33 e 54, V, da Lei nº 8.906, de 04 de julho de 1994, aprova e edita este Código, exortando os advogados brasileiros à sua fiel observância.

O preâmbulo corresponde a um texto introdutório do documento legislativo. Em geral, traduz as ideias centrais deste, sendo importante conhecê-lo para melhor compreender o conjunto normativo.

João Barbalho observava, com relação ao preâmbulo da Constituição de 1891: *"Não é uma peça inútil ou de mero ornato na construção dela; as simples palavras que o constituem resumem e proclamam o pensamento primordial e os intuitos dos que a arquitetaram"*[1].

---

1 *Constituição Federal Brasileira* – Comentários. 2ª edição. Rio de Janeiro: F. Briguiet e Cia., Editores, 1924, p. 3.

Carlos Maximiliano, por sua vez, destaca que o escopo do preâmbulo, nas leis em geral, é o de pôr em evidência *"o fim da norma"*, quase sempre expressando *"o motivo, a orientação, o objetivo da lei, em termos concisos, mas explícitos"*, tendo, assim, importância para a sua interpretação[2].

O preâmbulo do Código de Ética e Disciplina condensa os princípios que o informam, dos quais derivam os mandamentos a que o advogado se subordina, no exercício da profissão. Nesse sentido, é uma síntese do próprio Código, cuja leitura prepara o interessado para a compreensão das normas que compõem o sistema ético-normativo. Tem, portanto, caráter propedêutico em relação ao conhecimento do texto deste e sentido pedagógico, no que diz respeito à orientação da conduta ética, que, desde logo, procura indicar.

Ademais, o preâmbulo contém o ato declaratório de edição do Código. E exorta, solenemente, os advogados ao cumprimento do Código de Ética e Disciplina.

José Afonso da Silva ensina que o preâmbulo, *"quando estabelece princípios e determinações jurídicas claras"*[3], torna-se parte integrante do instrumento legislativo. Parece ser este o caso do Código de Ética e Disciplina. Nessa linha de orientação, pode-se afirmar, portanto, que o enunciado do preâmbulo em análise, incorpora-se ao Código, impondo-se à observância dos seus destinatários. Por conseguinte, a violação dos mandamentos nele expressos implicará infração ética.

Tanto basta para que se perceba a importância do preâmbulo.

O texto do preâmbulo ora referido corresponde, exatamente, ao do Código anterior, com pequenas alterações de redação, que procuraram aprimorá-lo. Tornou-se expresso que os princípios informativos do Código de Ética – *princípios que formam a consciência profissional do advogado e representam imperativos de sua conduta* – traduzem-se em *mandamentos* de natureza deontológica, contendo a essência das normas que compõem o respectivo texto.

O preâmbulo não inova em relação às normas do Código e do ordenamento jurídico, em geral. Observe-se que, no seu primeiro enunciado – *pugnar pelo cumprimento da Constituição e pelo respeito à Lei* –, situa a conduta do advogado no mesmo plano de um dos princípios institucionais

---

2 *Hermenêutica e Aplicação do Direito*, cit., p. 332, nº 325.

3 *Comentário Contextual à Constituição*. São Paulo: Malheiros Editores, 2005, p. 22.

da OAB (Estatuto, art. 44, I), qual seja o de *defender a Constituição, a ordem jurídica do Estado democrático de direito, os direitos humanos, a justiça social, e pugnar pela boa aplicação das leis, pela rápida administração da justiça e pelo aperfeiçoamento da cultura e das instituições jurídicas.*

Quando, ainda aí, preconiza que *o ordenamento jurídico seja interpretado com retidão*, inspira-se na advertência de São Paulo, que Rui Barbosa invocava, na *Oração aos Moços*:

> *"Ora, dizia S. Paulo que boa é a lei, onde se executa legitimamente. 'Bona est lex, si quis ea legitime utatur.' Quereria dizer: Boa é a lei, quando executada com retidão. Isto é: boa será, em havendo no executor a virtude, que no legislador não havia."*[4].

A exortação no sentido de que o advogado seja *fiel à verdade para poder servir à Justiça como um de seus elementos essenciais* tem em vista o papel relevante que a Constituição (art. 133) lhe atribui na administração da justiça.

Proceder com lealdade e boa-fé é um dos deveres que o Código de Ética estabelece (art. 2º, parágrafo único, II).

Dar ao constituinte o amparo do Direito e proporcionar-lhe a realização prática de seus legítimos interesses é um mandamento que resume a própria missão do advogado.

Comportar-se, nesse mister, com independência e altivez, defendendo com o mesmo denodo humildes e poderosos é outra forma de conduta consentânea com os deveres prescritos no citado art. 2º, parágrafo único (v. inciso X). O mandamento está vazado em expressões que reproduzem a parte final do compromisso então prestado pelo bacharel em direito ao inscrever-se nos quadros de sua Seccional, conforme prescrevia o antigo Estatuto (Lei nº 4.215/1963, art. 64). Tais expressões guardam coerência com outra lição de Rui, na *Oração aos Moços*, quando o patrono dos advogados brasileiros os concitava a *"Servir aos opulentos com altivez e aos indigentes com caridade."*[5].

A *função social* inerente ao ministério privado exercido pelo advogado (Estatuto, art. 2º, § 1º) é destacada no mandamento de *exercer a advocacia*

---

4 *Oração aos Moços*. Rio de Janeiro: Edições Casa de Rui Barbosa, 1999, p. 36. No preâmbulo do Código de Ética e Disciplina de 2015, a referência à *lei*, neste contexto, foi substituída pela expressão *ordenamento jurídico.*

5 *Oração aos Moços*, edição cit., p. 47.

com o indispensável senso profissional, mas também com desprendimento, jamais permitindo que o anseio de ganho material sobreleve a finalidade social do trabalho.

A exortação seguinte é no sentido de que o advogado procure *aprimorar-se no culto dos princípios éticos e no domínio da ciência jurídica, de modo a tornar-se merecedor da confiança do cliente e da sociedade como um todo, pelos atributos intelectuais e pela probidade pessoal.* Eduardo Couture, no seu conhecido decálogo, enuncia assim o primeiro dos mandamentos do advogado:

> *"ESTUDA – O direito está em constante transformação. Se não o acompanhas, serás cada dia menos advogado."*

Nos comentários que aduz em torno desse primeiro mandamento, Couture observa: *"Como todas as artes, a advocacia só se aprende com sacrifício, e, como em todas as artes, também se vive em constante aprendizagem"*[6].

Por fim, o preâmbulo do Código de Ética recomenda ao advogado: *agir, em suma, com a dignidade e a correção dos profissionais que honram e engrandecem a sua classe*. Cícero definia o advogado como o *vir probus, dicendi peritus*[7]. Entre nós, Manoel Aureliano de Gusmão, relembrando essa definição clássica, acrescentava: *"A probidade, unida ao saber e à discrição, constitui o principal predicado do advogado"*[8].

São estes princípios que o preâmbulo, como num breviário da conduta ética, sintetiza e exalta, traçando, desde logo, um roteiro de vida para o advogado.

---

6 *Os Mandamentos do Advogado,* tradução de Ovídio A. Baptista da Silva e Carlos Otávio Athayde. Porto Alegre, 1979, pp. 20/23.

7 *Homem probo, sabedor do que diz.* Ou, numa tradução livre: *Homem probo, conhecedor da sua arte.*

8 *Processo Civil e Comercial.* São Paulo: Livraria Acadêmica, 1921, vol. I, p. 263.

TÍTULO I

DA ÉTICA DO ADVOGADO

Capítulo I

DOS PRINCÍPIOS FUNDAMENTAIS

Art. 1º O exercício da advocacia exige conduta compatível com os preceitos deste Código, do Estatuto, do Regulamento Geral, dos Provimentos e com os princípios da moral individual, social e profissional.

O dispositivo de abertura do Código indica o seu objeto. O fim precípuo das disposições que o compõem é o de reger o exercício da advocacia, disciplinando a conduta do advogado. Esta se submete às normas do Código de Ética e Disciplina, mas também às disposições do Estatuto da Advocacia e da Ordem dos Advogados do Brasil (Lei nº 8.906, de 4.07.1994), do seu Regulamento Geral e dos Provimentos, que são diplomas normativos emanados do Conselho Federal da OAB.

Sinalizando no sentido de que o regramento da conduta profissional não se esgota nas referidas normas, o dispositivo a vincula, expressamente, aos *princípios da moral individual, social e profissional*. Deixa claro, assim, que não basta ao profissional seguir o que o Código determina, sendo indispensável proceder segundo os ditames da moral, o que implica ter uma conduta consentânea com a formação dos homens de bem, digna da missão social que lhe cumpre desempenhar e à altura do grau que ostenta. A ética, como se observou na Introdução deste livro, é a *moral prática*. O senso comum recomenda ao advogado agir segundo padrões de comportamento determinados pela moral. No campo profissional, esses padrões traduzem-se em algumas praxes, tradicionalmente observadas pelos advogados.

Como desde logo se vê, o campo que se abre, à margem das disposições do Código, para a incidência de certas praxes comportamentais, é bastante significativo. Ao fim e ao cabo, o que se tem em vista, como está dito no preâmbulo, é que o advogado seja capaz de *agir com a dignidade e a correção dos profissionais que honram e engrandecem a sua classe*.

Art. 2º O advogado, indispensável à administração da Justiça, é defensor do Estado Democrático de Direito, dos direitos humanos e garantias fundamentais, da cidadania, da moralidade, da Justiça e da paz social, cumprindo-lhe exercer o seu ministério em consonância com a sua elevada função pública e com os valores que lhe são inerentes.

Parágrafo único. São deveres do advogado:

I – preservar, em sua conduta, a honra, a nobreza e a dignidade da profissão, zelando pelo caráter de essencialidade e indispensabilidade da advocacia;

II – atuar com destemor, independência, honestidade, decoro, veracidade, lealdade, dignidade e boa-fé;

III – velar por sua reputação pessoal e profissional;

IV – empenhar-se, permanentemente, no aperfeiçoamento pessoal e profissional;

V – contribuir para o aprimoramento das instituições, do Direito e das leis;

VI – estimular, a qualquer tempo, a conciliação e a mediação entre os litigantes, prevenindo, sempre que possível, a instauração de litígios;

VII – desaconselhar lides temerárias, a partir de um juízo preliminar de viabilidade jurídica;

VIII – abster-se de:

a) utilizar de influência indevida, em seu benefício ou do cliente;

b) vincular seu nome ou nome social a empreendimentos sabidamente escusos; (Cf. Resolução n. 07/2016)

c) emprestar concurso aos que atentem contra a ética, a moral, a honestidade e a dignidade da pessoa humana;

d) entender-se diretamente com a parte adversa que tenha patrono constituído, sem o assentimento deste;

e) ingressar ou atuar em pleitos administrativos ou judiciais perante autoridades com as quais tenha vínculos negociais ou familiares;

f) contratar honorários advocatícios em valores aviltantes.

IX – pugnar pela solução dos problemas da cidadania e pela efetivação dos direitos individuais, coletivos e difusos;

X – adotar conduta consentânea com o papel de elemento indispensável à administração da Justiça;

XI – cumprir os encargos assumidos no âmbito da Ordem dos Advogados do Brasil ou na representação da classe;

XII – zelar pelos valores institucionais da OAB e da advocacia;

XIII – ater-se, quando no exercício da função de defensor público, à defesa dos necessitados.

1. OBJETO DO DISPOSITIVO E DOS ARTIGOS CORRELATOS

Um Código de Ética é, essencialmente, um estatuto de deveres. Trata-se, com efeito, de instrumento normativo peculiar à Deontologia Jurídica. O conceito desse ramo da Ética Profissional já foi examinado, na parte introdutória dos presentes comentários.

É compreensível, pois, que as disposições do Código de Ética e Disciplina da OAB comecem pela disciplina dos deveres do advogado. Procederemos, a seguir, ao exame destes. O núcleo de sua regulamentação reside no parágrafo único do art. 2º. As normas dos artigos seguintes vêm complementá-lo. Pode-se dizer, na verdade, que o primeiro capítulo do Código, em que se insere o dispositivo comentado, contém a sua espinha dorsal.

2. DEVERES DO ADVOGADO

A enunciação dos deveres do advogado há de tomar como premissa os deveres morais do indivíduo. Kant aludia a tais deveres qualificando-os de *deveres de virtude* para distingui-los dos *deveres de direito*. Aqueles, diferentemente destes, refogem ao campo da legislação, porque dizem respeito aos fins que o homem estabelece para si mesmo e segundo os quais se conduz[1]. Estes últimos correspondem, naturalmente, aos deveres jurídicos, de acordo com a terminologia que, hoje, se usa.

Há um elo entre as duas categorias de deveres que interessa, particularmente, ao jurista. Para Kant, o *respeito à lei*, a disposição de cumpri-la, resulta de um dever moral ou corresponde a um dos *deveres de virtude*. Comenta, a esse propósito, Nicola Abbagnano: *"o dever é para Kant a ação cumprida unicamente em vista da lei e por respeito à lei"*[2].

Os deveres do advogado, tal como disciplinados neste capítulo do Código, podem ser agrupados em três classes, considerando os pressupostos éticos de cada um deles:

a) a dos *deveres pessoais*, traduzidos nos incisos I, III e IV, do art. 2º, parágrafo único;

b) a dos *deveres profissionais,* expressos nos incisos II, V, VI, VII, VIII e XIII, do mesmo parágrafo, bem como nos arts. 3º, 4º, 5º, 6º e 7º que se seguem, completando o Capítulo I do título inicial do Código;

---

1 *A Metafísica dos Costumes*, cit., p. 59.

2 *Dicionário de Filosofia*, cit., verbete *Dever.*

c) a dos *deveres corporativos*, estatuídos nos incisos XI e XII do citado art. 2º, parágrafo único.

Antes de examinar o sentido desses deveres, cumpre ter em vista que, decorrendo todos de um complexo normativo que rege a conduta ética dos advogados, a natureza de que se revestem é a mesma das normas de que emanam, isto é, trata-se de *deveres jurídicos. "O dever jurídico é a necessidade que ocorre a todo indivíduo de observar as ordens ou comandos do ordenamento jurídico, sob pena de incorrer numa sanção."* Tal a lição de Orlando Gomes, ao distinguir o conceito de *dever* de conceitos correlatos, como o de *ônus* e o de *obrigação*[3].

O conteúdo dos deveres em exame é, sem dúvida, ético, mas o comando que emerge das normas que os enunciam tem a força cogente das normas jurídicas.

3. DEVERES PESSOAIS

O primeiro dos deveres enunciados no art. 2º, parágrafo único, do Código está assim concebido:

> *São deveres do advogado:*
> *I – preservar, em sua conduta, a honra, a nobreza e a dignidade da profissão, zelando pelo caráter de essencialidade e indispensabilidade da advocacia.*

Embora voltado, como os demais, para a atuação profissional do indivíduo como advogado, cuida-se de dever que o profissional tem para consigo mesmo, conforme a expressão consagrada pela filosofia de Kant[4].

A honra, a nobreza e a dignidade constituem apanágio da advocacia e, por isso, devem ser atributos dos que a exercem. Estes hão de pautar sua conduta pessoal e profissional segundo os valores que lhes correspondem.

Manoel Aureliano de Gusmão, indicando os deveres do advogado, recomendava, em primeiro plano: *"Ser probo, diligente, delicado e discreto."*. E acrescentava: *"A probidade, unida ao saber e à distinção, constitui o principal predicado do advogado. Já Cícero definia o advogado – vir probus, dicendi peritus."*[5].

---

3 *Obrigações*. 5ª edição. Rio de Janeiro: Forense, 1978, p. 14, nº 5.

4 Ob. cit., p., 177: *Dos Deveres consigo mesmo em geral.*

5 *Processo Civil e Comercial.* São Paulo: Livraria Acadêmica, 1921, vol. I, p. 263. A frase de Cícero já foi citada, na *Introdução*, e, ali, traduzida.

A alusão à *nobreza* que o advogado deve observar em sua conduta há de ser entendida como a *nobreza de qualidades próprias*: a nobreza de *sentimentos*, que se traduz na *generosidade, a nobreza de atitudes*, que envolve a *austeridade* – a distinção, em suma, característica do homem de bem e do profissional idôneo[6].

O advogado deve ter consciência de que exerce um múnus público, uma função essencial à administração da Justiça, consoante o disposto no art. 133 da Constituição, antes referido. A profissão em que milita não é, apenas, um ofício que lhe proporcione meios de subsistência e desenvolvimento pessoal. É parte do sistema judiciário, na qual o advogado tem papel relevante e indispensável. Cumpre, por isso, que ele a desempenhe com o sentimento de quem encarna os valores que dão grandeza e prestígio à profissão. E, assim, dela se mostre digno.

Outro dever do advogado que se assenta em pressupostos de ordem pessoal é o que se acha insculpido no inciso III:

> *III – velar por sua reputação pessoal e profissional.*

Nélson Hungria, ao tratar dos crimes contra a honra, assinala que a reputação diz respeito à *"honra objetiva"*, isto é, à *"boa fama"*, ao *"valor social da pessoa"*. Quem não zela pela sua reputação corre o risco de incidir na *"desestima ou reprovação do círculo social em que vive"*[7].

A reputação profissional envolve o conceito do advogado. E este se forma em razão de vários fatores: a conduta pessoal, a competência, o trato dispensado às pessoas com quem conviva, o zelo no cumprimento dos seus deveres.

Se o primeiro dever comentado impõe-se ao advogado no interesse da profissão, este de que, agora, nos ocupamos incide sobre a sua pessoa, ainda que se abstraia de cogitação o prestígio da advocacia. É uma exigência estritamente pessoal.

O inciso IV da disposição ora em análise estabelece que o advogado deve

> *IV – empenhar-se, permanentemente, no aperfeiçoamento pessoal e profissional.*

---

6 Cf. Caldas Aulete, *Dicionário Contemporâneo da Língua Portuguesa*. 2ª edição. Rio de Janeiro: Editora DELTA, 1970, vol. 4, verbete *nobreza*.

7 Nélson Hungria, *Comentários ao Código Penal*. Rio de Janeiro: Forense, vol. VI, 4ª edição, 1958, pp. 84/86, nº 134.

O preâmbulo do Código exorta o advogado a *"aprimorar-se no culto dos princípios éticos e no domínio da ciência jurídica, de modo a tornar-se merecedor da confiança do cliente e da sociedade como um todo, pelos atributos intelectuais e pela probidade pessoal"*. O preceito supratranscrito traduz, em termos normativos, aquela exortação

O Código de Ética, numa de suas normas de acentuado caráter pedagógico, recomenda que o advogado se aprimore como ser humano e como profissional. E isso tanto do ponto de vista ético, quanto sob o aspecto intelectual.

4. DEVERES PROFISSIONAIS

O elenco dos deveres estritamente profissionais abre-se com esta recomendação:

> *II – atuar com destemor, independência, honestidade, decoro, veracidade, lealdade, dignidade e boa-fé.*

Observa-se que, aí, se têm em vista determinados atributos do homem comum que se mesclam com algumas qualidades essenciais ao advogado, tanto aqueles quanto estas projetadas na atuação profissional.

Coragem, determinação, probidade, confiabilidade pessoal – eis os predicados que resumem os deveres a que alude o inciso em comento.

As prerrogativas que a Constituição e a Lei asseguram ao advogado visam a resguardar-lhe a independência. A *inviolabilidade por seus atos e manifestações no exercício da profissão, nos limites da lei,* é a primeira dessas prerrogativas, decorrendo do já citado art. 133 da Constituição. O Estatuto da Advocacia e da Ordem dos Advogados do Brasil (Lei nº 8.906/1994) prevê outras tantas, ao enunciar os *direitos do advogado,* no art. 7º. Ao estabelecer, nos arts. 27 a 30, as *incompatibilidades* e *impedimentos* para o exercício da profissão, em razão de cargos ou funções que o advogado exerça, o Estatuto tem em vista, igualmente, preservar a independência profissional – além, é certo, de prevenir relações promíscuas que possam comprometer, nas circunstâncias ali previstas, o desempenho da atividade advocatícia.

Maurice Garçon recorda que, *"Em Roma só podia ser advogado um homem livre."* E acrescenta: *"Para poder exercer a profissão o advogado não deve depender de pessoa alguma, nem ter de prestar contas ao Poder ou ao particular."*[8].

---

8 *O Advogado e a Moral,* cit., p. 41.

O dever de *veracidade* – ou de ser veraz – implica a proibição de *alterar a verdade dos fatos*, em Juízo. O novo Código de Processo Civil, no art. 80, II, considera quem assim procede como *litigante de má-fé*[9]. Do mesmo modo já dispunha o CPC de 1939, no art. 17, II. Celso Barbi, comentando este dispositivo, observava que tal procedimento somente se insere na censura legal quando há *"intenção malévola"*, a caracterizar o *"elemento subjetivo"* que a conduta temerária pressupõe[10].

Na linha dessa disposição, o Código de Ética e Disciplina preceitua, no art. 6º:

> *Art. 6º É defeso ao advogado expor os fatos em Juízo ou na via administrativa falseando deliberadamente a verdade e utilizando de má-fé.*

O preâmbulo do Código exorta o advogado a *ser fiel à verdade para poder servir à Justiça como um de seus elementos essenciais.*

É óbvio que este dever não impõe ao advogado a iniciativa de revelar aspectos dos fatos que sejam desfavoráveis ao seu cliente. Pondera, a esse respeito, Elcias Ferreira da Costa:

> *"Impende ressaltar que do dever da verdade não se segue fique o advogado obrigado a delatar aspectos desfavoráveis, porventura implicados na causa entregue ao seu patrocínio. Uma coisa é o dever de não mentir, não deformar a verdade e outra é o dever de dizer a verdade toda. A isto não está obrigado o advogado, podendo, mesmo, omiti-la, ignorá-la. Por outro lado, há um consenso quase universal de que ninguém está obrigado a confessar o próprio ilícito."*[11].

O grande advogado Dario de Almeida Magalhães, titular da Medalha Rui Barbosa conferida pelo Conselho Federal da OAB, com a propriedade habitual, asseverava:

> *"O advogado é o arauto e o servidor de uma verdade. Ele defende no debate uma posição, um aspecto do problema, como porta-voz de uma das partes, oferecendo ao julgador as razões do litigante que representa. É claro que*

---

9 O Código de Processo Civil, enunciando os *deveres das partes e de seus procuradores*, estabelece, como primeiro deles, o de *expor os fatos em juízo conforme a verdade* (art. 77, I).

10 *Comentários ao Código de Processo Civil.* 10ª edição. Rio de Janeiro: Forense, 1998, vol. I, p. 127, nº 161.

11 *Deontologia Jurídica* – Ética das Profissões Jurídicas., cit., p. 139, nº 88.

> *nessa tarefa, falando embora por uma parcialidade, ele não pode violar certos limites sagrados, o primeiro dos quais é o de não mentir, o de não falsear adrede a verdade, e, o segundo, não proceder deslealmente."*[12].

Ruy de Azevedo Sodré recorda, a esse respeito, a lição de Santo Tomás de Aquino, que vai ao âmago do problema:

> *"Ao advogado que defende uma causa justa, é lícito ocultar, prudentemente, o que poderia prejudicar o seu processo; não lhe é lícito usar de falsidade alguma."*[13]

Calamandrei via a questão sob outro prisma. Recordando uma tela do cardeal Richelieu que se encontra no Museu de Londres (sendo Champaigne o pintor que a concebeu), o jurista italiano observa que, no referido quadro, o personagem aparece em três atitudes diferentes. *"Ao centro da tela, vemo-lo de frente, aos lados vemo-lo de perfil a olhar para o centro. O modelo é um só, mas na tela parece que são três pessoas a conversar, de tal modo são diferentes as expressões das figuras vistas de perfil e, mais do que isso, o ar calmo que, no retrato do centro, é a síntese dessas três figuras."* E o eminente processualista conclui:

> *"Num processo passa-se o mesmo. Os advogados procuram a verdade de perfil, esforçando o olhar, e apenas o juiz, que está no meio do quadro, vê pacatamente de frente."*[14]

Cumpre observar, na linha desses ensinamentos, que se o advogado estivesse compelido a revelar o lado de uma situação ou de uma ocorrência contrário ao seu cliente ver-se-ia diante de um conflito de deveres, porquanto o mesmo dispositivo que lhe impõe o dever da veracidade estipula também o da *lealdade*. Pode acontecer, conforme as circunstâncias, que o advogado, não podendo conviver com a versão dos fatos que o constituinte insista em sustentar, prefira renunciar ao mandato. Esta será a decisão adequada, contanto que o advogado, tomando tal atitude, preserve outro dever inescusável – o *dever do sigilo profissional*.

---

12 *Figuras e Momentos*. Rio de Janeiro: Editora Nova Fronteira, 1985, p. 388. Discurso na entrega, *post-mortem*, da Medalha Rui Barbosa a Nehemias Gueiros.

13 Ruy de Azevedo Sodré, ob. cit., p. 257, nº 189.

14 *Eles, os Juízes, vistos por nós, os Advogados*, tradução do original italiano *Elogio dei Giudici scritto da um avvocato*, por Ary dos Santos. Lisboa: Livraria Clássica Editora, 1960, p. 96.

Henri Robert, na sua obra clássica, aborda *"um caso de consciência"*, apresentado por conhecido dramaturgo francês, Eugene Brieux, numa de suas peças. *"É a hipótese em que o advogado recebeu do cliente uma confissão de culpa, sendo porém que as circunstâncias da causa constrangem o defensor a alegar inocência."* Diante de situação semelhante, na vida real, recomenda o antigo *bâtonnier* dos advogados franceses:

> *"Pode [o advogado] declarar que não sente mais a liberdade de espírito para assumir, com todos seus recursos, a defesa que lhe é confiada, e retirar-se do caso.*
> *Assim, sem faltar com o dever, preserva o respeito que deve à verdade e poupa os escrúpulos de sua consciência."*[15].

É importante que o advogado creia na versão que sustenta, baseado no que o cliente lhe revelou e nas circunstâncias da causa. A convicção do profissional é que torna justa perante a sua consciência a causa que patrocina. Daí dizer Maurice Garçon:

> *"Por causa justa entendemos nós aquela em cuja defesa o advogado usará apenas dos argumentos que o tenham convencido. A sinceridade, na sua essência, consiste em crer naquilo que se alega."*[16].

Exemplo de preocupação do advogado em manter-se fiel à verdade e tranquilo com a sua consciência é o que nos dá, em suas memórias, o grande criminalista Evandro Lins e Silva. Na defesa de um caso rumoroso, na década de 50 do século XX, sustentou Evandro, com plena convicção, que seu cliente, o conhecido jornalista Samuel Weiner, era brasileiro nato e, assim, tornara-se, legitimamente, sócio principal de empresa jornalística, não procedendo, por isso, a acusação a que respondia de falsidade ideológica, decorrente de falso registro de nascimento. O processo acabou extinguindo-se por prescrição da pretensão punitiva, mas qual não foi o desapontamento íntimo do ilustre advogado quando, anos depois, lendo as memórias do jornalista, já depois da morte deste, verificou que Samuel se confessava nascido na Bessarábia... Exatamente o que se dizia no processo criminal e a imprensa adversária do referido jornalista (de notórias vinculações políticas com o Governo Vargas) alardeava. *"De maneira* – diz Evandro Lins na sua

---

15 Henri Robert, *O Advogado*, tradução do original *L'Avocat*, por Rosemary Costhek Abílio. São Paulo: Martins Fontes, 1997, pp. 68/70.

16 *O Advogado e a Moral*, cit., p. 33.

autobiografia – *que essa é uma das grandes decepções que tenho na minha vida de advogado"*[17]. Indagado, porém, pelos entrevistadores que deram forma ao livro, se, houvesse Samuel Wainer lhe revelado, corretamente, o fato, deixaria de assumir-lhe a defesa, Evandro respondeu que não, mas que se ateria, nessa hipótese, ao aspecto da prescrição, que era inquestionável. Deixou claro, assim, que jamais sustentaria uma inverdade[18].

O dever de atuar na vida profissional imbuído de boa-fé conjuga-se ao dever de veracidade, antes mencionado – e o completa. Trata-se, aí, da boa-fé subjetiva, isto é, à intenção com que age o advogado e que deve afinar-se com os princípios a que se reporta o preâmbulo do Código, os quais recomendam agir *"com a dignidade e a correção dos profissionais que honram e engrandecem a sua classe"*.

O segundo dever do advogado que se insere na classe dos que ora examinamos confunde-se com uma das finalidades da própria Ordem – a finalidade institucional, definida no art. 44, I, do Estatuto. É o dever de

> *V – contribuir para o aprimoramento das instituições, do Direito e das leis.*

Trata-se de um mandamento consectário da função pública que a Constituição atribui ao advogado, como elemento indispensável à administração da Justiça. O advogado não pode jamais adstringir-se aos interesses corporativos. Ele tem um compromisso com a cidadania e com o ordenamento jurídico do país.

Dario de Almeida Magalhães, no discurso de agradecimento à outorga da Medalha Rui Barbosa, concluiu suas palavras com a advertência de Del Vecchio, que, por si só, justifica o dever constante do inciso V:

> *"Nós não devemos apenas obedecer às leis, mas antes de tudo vivificá-las e cooperar para sua renovação. O respeito à legalidade representa apenas um aspecto e não o mais alto, da nossa missão humana, porque, através da legalidade de hoje, cabe-nos preparar a de amanhã, servindo, por um trabalho perpétuo, àquela ideia de justiça que, imanente e sempre renovada no nosso espírito, se encontra em todas as leis, porém em nenhuma se exaure."*[19]

---

17 *O Salão dos Passos Perdidos* – Depoimento ao CPDOC. Rio de Janeiro: Editora Nova Fronteira, 1997, p. 285.

18 *O Salão dos Passos Perdidos*, cit., p. 286.

19 Dario de Almeida Magalhães, ob. cit., pp. 337/338.

O dever seguinte, na ordem em que o art. 2º, parágrafo único, do Código arrola os deveres do advogado, é o de

> *VI – estimular, a qualquer tempo, a conciliação e a mediação entre os litigantes, prevenindo, sempre que possível, a instauração de litígios.*

A moderna concepção do processo civil nada tem do ranço duelístico de outrora. O Código de Processo Civil de 2015. expressando a filosofia que o orienta, preceitua no art. 3º, § 3º:

> *A conciliação, a mediação e outros métodos de solução consensual de conflitos deverão ser estimulados por juízes, advogados, defensores públicos e membros do Ministério Público, inclusive no curso do processo judicial.*

O disposto no inciso VI do art. 2º, parágrafo único, do Código de Ética e Disciplina, ora em comento, mostra-se afinado com essa diretriz.

A atividade de mediação acha-se regulada na Lei nº 13.140, de 26 de junho de 2015, cujo art. 1º, parágrafo único assim a define:

> *Considera-se mediação a atividade técnica exercida por terceiro imparcial sem poder decisório, que, escolhido ou aceito pelas partes, as auxilia e estimula a identificar ou desenvolver soluções consensuais para a controvérsia.*

O advogado participa do procedimento de mediação, assistindo a uma das partes, podendo também atuar como *mediador*, embora essa função, mesmo na mediação judicial (ou seja, a que se desenvolve no curso do processo, em contraposição à mediação extrajudicial, que visa a prevenir o litígio), não lhe seja privativa.

O inciso VII, seguinte, impõe ao advogado o dever de

> *VII – desaconselhar lides temerárias, a partir de um juízo preliminar de viabilidade jurídica.*

Ao tratar, no Capítulo III, das *relações com o cliente*, o Código dispõe, no art. 9º, primeira parte:

> *Art. 9º O advogado deve informar o cliente, de modo claro e inequívoco, quanto a eventuais riscos da sua pretensão, e das consequências que poderão advir da demanda.*

O dispositivo constitui um desdobramento do dever prescrito no inciso VII, *supra*.

Seria inadmissível que o advogado, que tem responsabilidade com a administração da Justiça, pudesse fomentar litígios ou incentivar a parte a lançar-se a aventuras judiciais.

O inciso VIII determina, nas seis alíneas em que se desdobra, a abstenção de determinadas condutas incompatíveis com os princípios éticos. É dever do advogado

> *VIII – abster-se de:*
>
> *a) utilizar de influência indevida, em seu benefício ou do cliente;*
>
> *b) vincular seu nome a empreendimentos sabidamente escusos;*
>
> *c) emprestar concurso aos que atentem contra a ética, a moral, a honestidade e a dignidade da pessoa humana;*
>
> *d) entender-se diretamente com a parte adversa que tenha patrono constituído, sem o assentimento deste;*
>
> *e) ingressar ou atuar em pleitos administrativos ou judiciais perante autoridades com as quais tenha vínculos negociais ou familiares;*
>
> *f) contratar honorários advocatícios em valores aviltantes.*

Trata-se de deveres de intuitiva compreensão, porque claramente derivados dos princípios morais *que formam a consciência profissional do advogado e representam imperativos de sua conduta*, como está dito no preâmbulo do Código.

Exemplo sugestivo de violação do dever prescrito na alínea "c" está na seguinte decisão do Tribunal de Ética e Disciplina da OAB/São Paulo, plena de ensinamentos éticos:

> *Pedido de gratuidade com o objetivo de demandar sem risco e livrar o cliente do pagamento da sucumbência, do pagamento das custas processuais e honorários do perito. Procedimento não compatível com os princípios da ética e da moral individual, social e profissional.*
>
> *A finalidade da ética é construir as bases que vão guiar a conduta do homem, determinando o seu caráter, altruísmo, virtudes, e como se comportar em sociedade. Para o exercício da ética, é preciso ter em mente que é aceitável perder. É preferível perder a mentir, lograr, insinuar, dissimular. As pessoas que, por costume e por formação, não estão dispostas a perder certamente estão dispostas a fazer de tudo para ganhar ou levar vantagem em todas as situações. Importa lembrar que fins éticos requerem meios éticos, e a famosa expressão "todos os fins*

justificam os meios" não é válida quando se busca ser ético. O advogado que, com o conhecimento prévio de que o cliente não preenche as condições que lhe possibilitem deferimento do benefício da justiça gratuita, como regra de conduta, lhe entrega junto com a procuração e o contrato de honorários "declaração de pobreza", por não ter condições de pagar advogado e custas processuais senão em detrimento do próprio sustento, nos termos da Lei nº 1.060/1950, e ingressa com a ação requerendo o benefício da Justiça gratuita, pretextando pobreza, com o objetivo de demandar sem risco, não tem conduta compatível com os princípios éticos e a moral individual, social e profissional (art. 1º e inciso I do art. 2º do Código de Ética e Disciplina da OAB) (Proc. nº E-4.462/2014, parecer e ementa do Rel. Dr. Luiz Antonio Gambelli, Ver. Dr. José Eduardo Haddad. Decisão unânime de 12/02/2015. Boletim AASP, nº 2.977, 8 a 14 de fevereiro de 2016).

Observe-se que o dever a que se refere a alínea "e" visa a evitar que o advogado ingresse em determinado processo seja com o propósito de alcançar vantagem ilícita, num julgamento faccioso, seja com a intenção deliberada de afastar o juiz do caso, para forçar-lhe a substituição por outro, cuja atuação lhe seja conveniente por qualquer motivo (digamos, por conhecer-lhe a orientação, favorável ao seu cliente).

Os honorários consideram-se contratados em valores aviltantes (alínea "f"), especialmente, quando estes estiverem abaixo do mínimo estipulado na Tabela de Honorários, instituída pela Seccional em cuja jurisdição for realizado o serviço. É o que dispõe o § 6º do art. 48, do Código.

Fecha o rol dos deveres profissionais que se extraem do art. 2º, parágrafo único, do Código de Ética, o que se prevê no inciso seguinte:

XIII – ater-se, quando no exercício da função de defensor público, à defesa dos necessitados.

O defensor público, sendo, antes de tudo, advogado haveria de estar sujeito à inscrição nos quadros da Ordem e à disciplina da entidade. Todavia, como se verá a seguir, no Capítulo II, isso já não ocorre, a partir de decisão do Supremo Tribunal Federal que considerou a Defensoria Pública uma instituição à parte, desvinculada da Ordem dos Advogados do Brasil. Daí por que o inciso XIII do art. 2º, parágrafo único, perdeu eficácia em relação ao defensor público.

Cumpre, de qualquer forma, independentemente de sua subordinação aos ditames do Código de Ética e Disciplina da OAB, que o defensor público não extrapole as suas funções, que é a de atuar na defesa dos necessitados.

Não pode o defensor público fazer concorrência desleal aos advogados privados, subtraindo-lhe causas, a pretexto de exercer as suas funções – ou, mais precisamente, praticando, para tanto, desvio de finalidade de suas funções.

O elenco dos deveres profissionais é, ainda, acrescido daqueles que resultam dos arts. 3º, 4º, 5º, 6º e 7º, contidos no mesmo capítulo, de que trataremos adiante.

5. DEVERES CORPORATIVOS

Deveres corporativos são aqueles que o Código de Ética e Disciplina impõe ao advogado em relação à sua entidade de classe. Encontram-se prescritos nos incisos XI e XII do art. 2º, parágrafo único.

O inciso XI é do seguinte teor:

> *XI – cumprir os encargos assumidos no âmbito da Ordem dos Advogados do Brasil ou na representação da classe.*

O Código preocupa-se em estender, ao âmbito da OAB e à representação da classe em órgãos nos quais essa tem assento, os deveres éticos dos advogados. Ao disposto no inciso *supra*, conjuga-se todo o conteúdo do Capítulo VI do Título I (arts. 31 a 34), do qual trataremos adiante.

O inciso XII, na mesma linha de preocupação, impõe ao advogado o dever de

> *XII – zelar pelos valores institucionais da OAB e da advocacia.*

O advogado acha-se não só subordinado à disciplina da OAB, mas comprometido com as suas finalidades. Demais disso, não é um profissional isolado na sociedade, a que só o interesse pessoal pudesse motivar. É alguém integrado numa categoria profissional – a advocacia – e que deve ser digno dela. Ainda aí, acentua-se o caráter de múnus público que envolve a advocacia.

Ao comentar o capítulo seguinte, pertinente à Advocacia Pública, trataremos, ainda, de outro importante dever, que lhe diz respeito, especificamente.

> ***Art. 3º O advogado deve ter consciência de que o Direito é um meio de mitigar as desigualdades para o encontro de soluções justas e que a lei é um instrumento para garantir a igualdade de todos.***

O dever expresso no art. 3º é daqueles que emanam da função pública exercida pelo advogado e tem a ver com a finalidade institucional da própria

Ordem, antes destacada. Cuida-se de um dever que envolve a exata compreensão do sentido que tem o Direito, como meio destinado a assegurar a isonomia jurídica e a igualdade social.

O dispositivo convida o advogado a ter presente o preâmbulo da Constituição da República, onde se destaca que o Estado democrático, instituído pela nossa Carta Política, destina-se *a assegurar o exercício dos direitos sociais e individuais, a liberdade, a segurança, o bem-estar, o desenvolvimento, a igualdade e a justiça como valores supremos de uma sociedade fraterna, pluralista e sem preconceitos, fundada na harmonia social e comprometida, na ordem interna e internacional, com a solução pacífica das controvérsias*. O advogado está comprometido com esses valores e deve contribuir, na sua atuação profissional, para que eles se realizem.

José Afonso da Silva, eminente constitucionalista, titular da Medalha Rui Barbosa, escreveu acerca do dever do advogado na defesa da igualdade perante a Justiça:

> *"A advocacia é, sobretudo, uma missão voltada à realização da justiça. E se a igualdade é um elemento comum a toda a concepção de justiça, é fácil concluir que é missão da advocacia defender o princípio da igualdade da Justiça, a igualdade perante o juiz. Pois, como já disse, é nesse momento que a igualdade ou a desigualdade se efetiva concretamente, como coisa julgada. O advogado deve, assim, travar vigorosa luta contra o desrespeito ao princípio da igualdade da Justiça, porque, assim, estará cumprindo sua missão fundamental que é defender a justiça."*[20].

> ***Art. 4º O advogado, ainda que vinculado ao cliente ou constituinte, mediante relação empregatícia ou por contrato de prestação permanente de serviços, ou como integrante de departamento jurídico, ou de órgão de assessoria jurídica, público ou privado, deve zelar pela sua liberdade e independência.***
>
> ***Parágrafo único. É legítima a recusa, pelo advogado, do patrocínio de causa e de manifestação, no âmbito consultivo, de pretensão concernente a direito que também lhe seja aplicável ou contrarie orientação que tenha manifestado anteriormente.***

O art. 4º explicita uma das facetas do *dever de independência*, prescrito no inciso II do art. 2º, parágrafo único.

---

20 O Advogado e a Igualdade da Justiça, *in Direito Constitucional:* Estudos e Pareceres. Brasília: Editora Fórum – OAB – Conselho Federal, 2014, p. 28.

Ver-se-á, a seguir, quando se examinar o art. 11, que o advogado tem o papel de *patrono*, cabendo-lhe exercer protagonismo especial nos negócios em que assista o cliente ou nas causas em que o represente. O patrono orienta e conduz e só poderá bem orientar ou conduzir se dispuser de independência para agir. Daí o amplo sentido da norma insculpida no art. 4º.

> ***Art. 5º O exercício da advocacia é incompatível com qualquer procedimento de mercantilização.***

O art. 5º contém norma prenhe de consequências no que diz respeito à publicidade profissional e à cobrança de honorários.

Rui Barbosa, na *Oração aos Moços*, recomendava aos advogados: *Não fazer da banca balcão ou da ciência mercatura*[21].

O preceito do art. 5º completa-se com a disposição do art. 7º, onde se veda qualquer procedimento *que implique, direta ou indiretamente, angariar ou captar clientela*.

A prática de *angariar ou captar causas, com ou sem a intervenção de terceiros*, constitui infração disciplinar tipificada no art. 34, IV, do Estatuto da Advocacia e da Ordem dos Advogados do Brasil (Lei nº 8.906/1994).

> ***Art. 6º É defeso ao advogado expor os fatos em Juízo ou na via administrativa falseando deliberadamente a verdade e utilizando de má-fé.***

Do art. 6º, já se falou, antes, quando foi examinado o dever de *atuar com veracidade* (art. 2º, parágrafo único, II).

Cabe acrescentar que, procedendo em desconformidade com esta norma, nos processos judiciais, o advogado fará com que o seu constituinte se torne *litigante de má-fé*. Este ficará sujeito a sanção pecuniária, na medida em que *alterar a verdade dos fatos* ou *proceder de modo temerário em qualquer incidente ou ato do processo*. É o que estabelece o Código de Processo Civil, no art. 80, II e V, bem como no art. 81 e parágrafos.

> ***Art. 7º É vedado o oferecimento de serviços profissionais que implique, direta ou indiretamente, angariar ou captar clientela.***

---

21 Ob. e edição cits., p. 47.

O disposto no art. 7º é um corolário do que prescreve o art. 5º, em razão do que já se antecipou, acima, o que cumpria dizer acerca da norma que nele se contém.

Quando se tratar da publicidade profissional, dar-se-á ênfase à circunstância de que ao advogado, até para que seja fiel à etimologia da palavra que o define – *ad vocatus* – não cabe ir à procura do cliente, mas, ao contrário, deve aguardar por este ou por este deverá ser chamado a emprestar-lhe patrocínio, na medida da confiança que nele seja capaz de despertar. E tal ocorre quando o advogado se torna conhecido pelas suas qualidades, pelo seu conceito profissional, pela sua competência.

Capítulo II

DA ADVOCACIA PÚBLICA

Art. 8º As disposições deste Código obrigam igualmente os órgãos de advocacia pública, e advogados públicos, incluindo aqueles que ocupem posição de chefia e direção jurídica.

§ 1º O advogado público exercerá suas funções com independência técnica, contribuindo para a solução ou redução de litigiosidade, sempre que possível.

§ 2º O advogado público, inclusive o que exerce cargo de chefia ou direção jurídica, observará nas relações com os colegas, autoridades, servidores e o público em geral, o dever de urbanidade, tratando a todos com respeito e consideração, ao mesmo tempo em que preservará suas prerrogativas e o direito de receber igual tratamento das pessoas com as quais se relacione.

A advocacia compreende tanto a atividade do advogado como profissional liberal quanto a advocacia exercida sob vínculo empregatício e a advocacia pública. As duas primeiras implicam o exercício do *ministério privado*, propriamente, de que fala a lei (Lei nº 8.906/1994, art. 2º, § 1º). A última corresponde ao exercício das funções de Defensor Público, Procurador de entidade pública ou Consultor Jurídico de órgãos públicos.

A Constituição brasileira insere a Advocacia Pública e a Defensoria Pública, ao lado da advocacia como profissão liberal, entre as *funções essenciais à Justiça*, dedicando-lhes, respectivamente, as Seções II e III do Capítulo IV do Título III. No texto constitucional, porém, somente a Advocacia-Geral da União e as Procuradorias dos Estados e do Distrito Federal são referidas, deixando-se à margem as procuradorias dos municípios e outras funções do gênero.

O Estatuto da Advocacia e da Ordem dos Advogados do Brasil (Lei n. 8.906/1994) é mais explícito, consoante se vê do seu art. 3º, § 1º:

> *Exercem atividade de advocacia, sujeitando-se ao regime desta Lei, além do regime próprio a que se subordinem, os integrantes da Advocacia-Geral da União, da Procuradoria da Fazenda Nacional, da Defensoria Pública e das Procuradorias e Consultorias Jurídicas dos Estados, do Distrito Federal, dos Municípios e das respectivas entidades de administração indireta e fundacional.*

O Regulamento Geral da OAB reproduz essa disposição no seu art. 9º.

O Regulamento Geral trata também do *advogado empregado*, nos arts. 11 a 14.

A todas essas categorias aplicar-se-iam as disposições do Código de Ética e Disciplina. Entretanto, conforme foi, antes, assinalado, a legislação relativa à advocacia já não se aplica à Defensoria Pública.

O presente capítulo do Código contempla a *advocacia pública*, nele se inserindo o art. 8º, em comento.

Timbra o § 1º do referido artigo em acentuar que

> *O advogado público exercerá suas funções com independência técnica, contribuindo para a solução ou redução de litigiosidade, sempre que possível.*

A *independência técnica* do advogado público decorre das responsabilidades do seu grau e da sua habilitação para o exercício da advocacia, fatores que precedem e excedem ao seu vínculo funcional. O advogado, no exercício de função pública, é, antes de tudo, um profissional do direito. Tem, é certo, deveres funcionais a respeitar, mas estes não podem torná-lo subserviente, amesquinhando-lhe a formação profissional.

Talvez o exemplo paradigmático de advogado público que se pode apontar seja o de Clóvis Beviláqua, cuja atividade profissional restringiu-se, a bem dizer, durante toda a vida, ao exercício do cargo de Consultor Jurídico do Ministério das Relações Exteriores, onde atuou com proficiência e altivez, deixando exemplos marcantes de independência funcional. Relata Gilberto Amado, em suas Memórias, que Clóvis agia, nessa função, com sobranceria, a ponto de opor-se, *"em questões de importância excepcional"* a posições do Governo, mesmo ao tempo do Barão do Rio Branco, dizendo: *"Politicamente pode ser feito, juridicamente está errado."*[1]

Entidades e órgãos públicos são, não raro, litigantes contumazes, resistindo à jurisprudência pacífica dos tribunais sobre determinadas matérias e insistindo em procrastinar, indefinidamente, o desfecho das causas em que são partes, com o deliberado propósito de adiar o cumprimento de obrigações para com os administrados ou tolher a aplicação de direitos públicos subjetivos destes. Daí a disposição do parágrafo transcrito.

---

1 Gilberto Amado, *Depois da Política*. Rio de Janeiro: Livraria José Olympio Editora, 1960, p. 236.

Por outro lado, o Código enfatiza, no § 2º do mesmo artigo, o *dever de urbanidade* que há de ser observado pelo advogado público, no trato *com os colegas, autoridades, servidores e o público em geral* – dever esse que tem como contrapartida *o direito de receber igual tratamento das pessoas com as quais se relacione.* Quanto a este último aspecto, quis o Código de Ética deixar claro que há, para o advogado público, uma correlação natural entre o dever de tratar com lhaneza as pessoas a que atenda e a prerrogativa que lhe assiste de exigir respeito e tratamento da mesma natureza da parte dessas. A rigor, seria dispensável que o fizesse, não fora a importância de ressaltar esse sentido bilateral que há de nortear o relacionamento do advogado público e os colegas, as autoridades e as partes, porquanto o dever de urbanidade já se acha prescrito, como norma geral, no art. 27.

É importante salientar que os dispositivos do Código de Ética e Disciplina pretendiam alcançar também os membros da Defensoria Pública. Esta é tratada pela Constituição na mesma Seção em que se cuida do exercício da advocacia. À Defensoria Pública compete, segundo a Lei que a disciplina, a *defesa, em todos os graus, judicial e extrajudicial, dos direitos individuais e coletivos, de forma integral e gratuita, dos necessitados* (Lei Complementar nº 80, de 12 de janeiro de 1994, art. 1º). Isso implica, obviamente, o exercício de atividade peculiar à advocacia.

O Código de Ética inclui, aliás, entre os deveres do advogado (art. 2º, parágrafo único), como já vimos, disposição específica quanto à Defensoria Pública, ao dispor, no inciso XIII da referida norma, que, entre tais deveres, se contém o de

> *ater-se, quando no exercício da função de defensor público, à defesa dos necessitados.*

Não caberia dúvida, pois, quanto à caracterização da função de Defensor Público como atividade de advogado, subordinada, assim, à disciplina do Código de Ética.

Mas, não foi esse o entendimento que acabou prevalecendo, por maioria de votos, no Supremo Tribunal Federal, conforme se vê das decisões proferidas no Recurso Extraordinário n. 1240999 e na Ação Direta de Inconstitucionalidade n. 4636. Nesta, o art. 3º, § 1º, da Lei n. 8.906/1994, foi interpretado no sentido de que a capacidade postulatória dos Defensores Públicos prescinde da respectiva inscrição na Ordem dos Advogados do Brasil. No RE citado, a repercussão geral da questão constitucional suscitada foi admitida com base no entendimento expresso na seguinte ementa:

"É inconstitucional a exigência de inscrição do defensor público nos quadros da Ordem dos Advogados do Brasil.".

Tollitur quaestio!

Uma vez que o Código de Ética e Disciplina regia a conduta dos Defensores Públicos na conformidade do Estatuto da Advocacia e da Ordem dos Advogados ou na medida em que este os considerava uma categoria especial da advocacia, com a sua desvinculação do âmbito desta para constituir uma instituição à parte, há de reconhecer-se que as disposições do Código já não se lhes aplicam. A conclusão majoritária da nossa mais alta Corte de Justiça em torno da matéria não nos parece, entretanto, com a devida vênia, a mais consentânea com a atividade postulatória exercida, em Juízo, pelos membros da Defensoria Pública. Vista sob o ângulo da regulamentação profissional da advocacia, tal entendimento caracteriza indisfarçável retrocesso. Em última análise, o que o Supremo Tribunal Federal decidiu foi que a uma determinada categoria, a dos Defensores Públicos, é permitida a prática de atos privativos de advogado sem inscrição nos quadros da OAB e sem subordinação aos ditames do seu Código de Ética e Disciplina. Por outro lado, não nos parece seja esse o melhor caminho para a valorização e o prestígio da nobre instituição a que pertencem os Defensores.

Capítulo III

DAS RELAÇÕES COM O CLIENTE

1. O PRESSUPOSTO DAS RELAÇÕES CLIENTE-ADVOGADO

O vocábulo *cliente* deriva do étimo latino *cliens, clientis*, indicando, tanto na língua mãe quanto no vernáculo, aquele *que está sob a proteção de alguém*[1]. O dicionarista clássico Pedro José da Fonseca, ao apresentar o sentido original da palavra, vale-se de expressão, que dá bem a ideia do alcance do termo: "*Fazer-se cliente de alguém – Conferre se* in fidem, et clientelam alicujus". Confie na sua lealdade e torne-se cliente dele – é o pensamento expresso na frase latina do verbete citado.

Vê-se, portanto, que o pressuposto fundamental da relação que se estabelece entre o cliente e o profissional liberal é o da *confiança*. É significativo que a acepção da palavra *cliente* revele essa motivação da parte de quem procura, especialmente, um advogado. O cliente põe-se sob a proteção do profissional e este se torna o seu patrono ou protetor.

O Código de deveres jurídicos, morais e éticos do profissional do Direito, do Colégio de Advogados da Costa Rica, abre o capítulo concernente aos deveres em relação ao cliente com esta disposição:

> *Art. 31. La relación entre el abogado o la abogada y el cliente se deberá fundar en una recíproca confianza basada en los principios éticos y morales de este Código.*

No Código de Ética e Disciplina da OAB, a confiança que deve existir entre cliente e advogado é, igualmente, realçada, como se vê, especialmente, do art. 10, adiante comentado.

> ***Art. 9º O advogado deve informar o cliente, de modo claro e inequívoco, quanto a eventuais riscos da sua pretensão, e das consequências que poderão advir da demanda. Deve, igualmente, denunciar, desde logo, a quem lhe solicite parecer ou patrocínio, qualquer circunstância que possa influir na resolução de submeter-lhe a consulta ou confiar-lhe a causa.***

---

1 Pedro José da Fonseca, *Dicionário Português-Latino*, verbete *cliente*. Lisboa: Casa da Viúva Bertrand & Cia., 1872.

O primeiro dever do advogado, nos contatos iniciais com o cliente, é o de lhe expor, claramente, o quadro em que se situa sua pretensão ou as perspectivas que se esboçam para sua defesa. Os *eventuais riscos da sua pretensão*, bem como as *consequências que possam advir da demanda*, deverão ser apontados pelo advogado, antes de aceitar a causa. Tal é a recomendação expressa no art. 9º do Código.

É importante, ademais, que o advogado se abstenha de assegurar ao cliente o êxito final da causa, ainda que o seu direito seja transparente e inequívoco. Ao contrário, impõe-se, na ocasião, que o profissional reafirme o óbvio, isto é, faça-o compreender que quem julga é o juiz. Afinal, conforme o conhecido aforismo, *a lide tem seu próprio destino – lites habent sua sidera.*

De outra parte, circunstâncias alheias ao caso, mas resultantes de ocasionais relações do advogado com a parte contrária, de posições por ele assumidas em casos análogos ou, até, questões de ordem subjetiva que digam respeito ao profissional, sempre que suscetíveis de influir na decisão do cliente de confiar-lhe a causa ou a solução do problema, devem ser, desde logo, declinadas, para que, mais tarde, não surjam nuvens a toldar o relacionamento entre ambos. Nesse sentido, a disposição contida na segunda parte do art. 9º, que lhe recomenda *denunciar, desde logo, a quem lhe solicite parecer ou patrocínio, qualquer circunstância que possa influir na resolução de submeter-lhe a consulta ou confiar-lhe a causa*.

Norma desse teor já constava do Código de Ética de 1934 (Seção II, I, a) e foi, oportunamente, revigorada pelo Código de 2015. A atitude recomendada, além de pautar-se pelo dever da lealdade, contribui para resguardar o advogado de incompreensões ou injustiças futuras.

Outros cuidados recomendam-se ao advogado, no ato de aceitação da causa. Assim, consoante o disposto no art. 14,

> *O advogado não deve aceitar procuração de quem já tenha patrono constituído, sem prévio conhecimento deste, salvo por motivo plenamente justificável ou para adoção de medidas judiciais urgentes e inadiáveis.*

Trata-se, no caso, de uma imposição do dever de lealdade para com o colega.

É preciso verificar, ainda, sobretudo nos grandes escritórios, organizados sob a forma de sociedade, se, porventura, não há, para a aceitação da causa, o óbice a que alude o art. 19 do Código.

Art. 10. As relações entre advogado e cliente baseiam-se na confiança recíproca. Sentindo o advogado que essa confiança lhe falta, é recomendável que externe ao cliente sua impressão e, não se dissipando as dúvidas existentes, promova, em seguida, o substabelecimento do mandato ou a ele renuncie.

A confiança que o cliente deposita no advogado não é, certamente, um cheque em branco. Ela constitui elemento de uma relação jurídica bilateral que se estabelece entre ambos. À confiança do cliente corresponde o dever de lealdade do advogado. Este lastreia-se nas disposições do Código de Ética que regulam a conduta do advogado. Por outro lado, o contrato que o cliente firma com o seu advogado, como todo pacto bilateral, gera direitos para as duas partes e impõe obrigações mútuas. Mas a confiança do cliente deve ser ampla, de tal modo que, entregue a causa ou o assunto do seu interesse aos cuidados profissionais do advogado, a este caberá imprimir ao trato de uma ou de outro a condução e a orientação adequadas.

2. O ADVOGADO COMO PATRONO DA PARTE

Art. 11. O advogado, no exercício do mandato, atua como patrono da parte, cumprindo-lhe, por isso, imprimir à causa orientação que lhe pareça mais adequada, sem se subordinar a intenções contrárias do cliente, mas, antes, procurando esclarecê-lo quanto à estratégia traçada.

A confiança que o cliente deposita no advogado não visa a deste fazer um porta-voz ou erigi-lo em alguém que fale em seu nome e aja segundo a sua orientação. Ao revés. O advogado atua como patrono do constituinte. Dele recebe um mandato especial, que lhe confere plena independência de ação, de forma a poder cumpri-lo de acordo com a orientação que imprimir à causa.

Maurice Garçon adverte para a circunstância de que não basta ao advogado poder agir com independência perante terceiros, no exercício de suas prerrogativas. Ou, segundo suas palavras:

> *"esta independência perante terceiros não seria completa se o advogado não desfrutasse dela mesmo para com o próprio cliente.*
>
> *Assim como aceitou livremente a defesa da causa, assim também lhe deve assistir o direito da livre escolha dos meios de defesa a empregar"*[2].

---

2 *O Advogado e a Moral*, cit., pp. 59/60.

Observa, em seguida, o eminente advogado e membro da Academia Francesa que, não raro, o cliente julga conhecer o direito aplicável à espécie ou tem uma versão subjetiva e parcial dos fatos da causa, pretendendo, em sequência, *"sustentar a sua verdade, que a ninguém convencerá e não sabe distinguir os bons argumentos dos maus"*. Por isso, acrescenta o festejado autor,

> *"O papel do advogado consiste, precisamente, em colocar a defesa no terreno que ela deve ocupar; mas para que possa fazê-lo é indispensável que tenha plena liberdade quanto à escolha dos meios de ação."*[3].

Corolário dessa independência que o advogado deve ter na condução da causa é a regra contida no art. 24 do Código de Ética e Disciplina, de que se tratará, na sequência.

3. O ADVOGADO COMO MANDATÁRIO DA PARTE E PRESTADOR DE SERVIÇOS

O ajuste celebrado entre advogado e cliente, no ato de aceitação da causa, é um contrato complexo.

Segundo a lição de Darcy Bessone, os contratos *"complexos, ou mistos, resultam de combinações de dois ou mais tipos de contratos, ou da inserção de cláusulas que desfigurem um dos tipos simples."*[4].

O contrato de que, aqui, se cuida envolve prestação de serviços e outorga de mandato. Daí o seu caráter de contrato complexo.

O mandato recebido pelo advogado pode ter poderes *ad judicia* ou *ad negotia*, ou, ainda, conforme o caso, conter poderes de dupla natureza, isto é, poderes judiciais e extrajudiciais. O mandato judicial tem a sua particularidade, no que concerne ao exercício dos poderes outorgados. É que, no mandato *ad negotia*, regido, tão só, pelo Código Civil, *"alguém (mandatário) se obriga a praticar negócios jurídicos em nome e sob responsabilidade de outrem (mandante)"*[5]. No mandato judicial, porém, o advogado age sob responsabilidade profissional, tocando ao constituinte a responsabilidade pelas obrigações decorrentes da sentença. Significa isso dizer que o advogado age com plena independência e segundo a orientação que imprimir

---

3 Ob. cit., p. 61.

4 *Do Contrato*. Rio de Janeiro: Forense, 1960, p. 120, nº 42.

5 Cf. Paulo Nader, *Curso de Direito Civil*. 5ª edição. Rio de Janeiro: Forense, 2010, vol. 3, p. 330, nº 129.

a causa, não se submetendo, nesse particular, à vontade do cliente, como, aliás, antes, já se ressaltou.

Há, em suma, como observava Liebman, *"uma maior autonomia do defensor frente à parte, em comparação com a situação do representante comum de direito privado; porquanto, uma vez recebido o mandato, o defensor exercita o seu ministério validamente com os poderes e com os efeitos estabelecidos pela lei; e deve exercê-lo com lealdade e probidade (cfr. Art. 88 do Cód. proc. Civ.) e do modo que considere mais conveniente aos interesses do seu representado, o qual não poderia em nenhum caso invalidar os atos praticados pelo defensor alegando haver-lhe dado instruções diferentes."*[6].

Isso mostra a dimensão do mandato judicial e a independência reconhecida ao advogado no seu exercício.

Mas, o contrato para representação da parte em juízo subordina-se, como qualquer contrato, à disciplina da lei. O regime jurídico desse contrato é também um regime complexo, compreendendo o disposto no Estatuto da Advocacia (Lei nº 8.906/1994), art. 5º; as normas do Código de Processo Civil, arts. 104 e 105, as regras do Código Civil (estas, em caráter subsidiário em relação às anteriores, conforme prevê o art. 692 desse Código) e, ainda, os preceitos do Código de Ética e Disciplina. Este se ocupa do contrato de prestação de serviços advocatícios no art. 48, que abre o capítulo sobre honorários profissionais, cujas disposições serão, a seguir, examinadas. Do mandato judicial, propriamente, das obrigações dele decorrentes, da sua duração, das formas de rescisão e das consequências que acarreta, trata o Código nos arts. 12, 13, 15, 16, 17, 18, 25 e 26. Algumas dessas disposições aplicam-se igualmente ao mandato extrajudicial, seja por determinação expressa (como no caso do art. 18), seja por aplicação analógica.

As obrigações derivadas do mandato podem ser assim resumidas:

a) a de devolver ao cliente bens, valores e documentos que lhe hajam sido confiados e ainda estejam em seu poder, quando da conclusão ou da desistência da causa (art. 12);

b) a de apresentar pormenorizada prestação de contas ao cliente, sem prejuízo de esclarecimentos complementares (art. 12);

---

6 Enrico Tullio Liebman, *Manual de Derecho Procesal Civil*, tradução de Santiago Sentis Melendo. Buenos Aires: Ediciones Jurídicas Europa-América, 1980, p. 72, nº 45 (versão para o português feita pelo autor).

c) a de cumprir fielmente o mandato, não deixando jamais ao desamparo as causas sob seu patrocínio nem abandoná-las, em nenhuma hipótese (art. 15);

d) a de somente promover o substabelecimento sem reserva dos poderes mediante prévia autorização ou inequívoco conhecimento do cliente (art. 26, § 1º).

A recusa à prestação de contas caracteriza infração disciplinar, tipificada no art. 34, XXI, do Estatuto e punível com suspensão, por força do disposto no art. 37, I, do mesmo diploma legal. Não se trata, portanto, no caso, de mera infração ética, embora o Código de Ética e Disciplina estabeleça a obrigação correspondente, ao tratar das relações com o cliente.

O abandono de causa, *sem justo motivo ou antes de decorridos dez dias da comunicação da renúncia,* é, igualmente, infração disciplinar (Estatuto, art. 34, XI, sujeita a censura, nos termos do seu art. 36, I). A reiteração da falta configura, portanto, reincidência.

> ***Art. 12. A conclusão ou desistência da causa, tenha havido, ou não, extinção do mandato, obriga o advogado a devolver ao cliente bens, valores e documentos que lhe hajam sido confiados e ainda estejam em seu poder, bem como a prestar-lhe contas, pormenorizadamente, sem prejuízo de esclarecimentos complementares que se mostrem pertinentes e necessários.***
>
> ***Parágrafo único. A parcela dos honorários paga pelos serviços até então prestados não se inclui entre os valores a ser devolvidos.***

Observa Arnoldo Wald: *"Os contratos são negócios temporários: surgem, desenvolvem-se e extinguem-se. A maioria sofre a extinção natural, pelo cumprimento ou execução."*[7]

Subsistem, porém, à extinção do mandato, as obrigações referidas no art. 12, seja quanto à devolução, ao cliente, de bens, valores e documentos, seja quanto à prestação de contas. São obrigações de ordem ética, a que se agregam outras da mesma natureza, relativamente às hipóteses em que o advogado deixa a causa antes do seu desfecho, especialmente a que visa a resguardar o dever de lealdade (art. 16, § 1º).

A recusa injustificada de *prestar contas ao cliente de quantias recebidas dele ou de terceiros por conta dele* configura infração disciplinar punível com suspensão (Estatuto, art. 34, XXI, c/c art. 37, I).

---

7 *Direito das Obrigações* – Teoria Geral das Obrigações e Contratos Civis e Comerciais. 15ª edição. São Paulo: Malheiros Editores, 2001, p. 291, n 102.

Por outro lado, se o cliente escusar-se de receber a prestação de contas que o advogado pretenda prestar-lhe ou refutá-la sem motivo razoável, criando um impasse nas relações com o antigo patrono, este deverá tomar a iniciativa de ajuizar ação de prestação de contas. Na sistemática do Código de Processo Civil em vigor, tal ação seguirá o procedimento comum, uma vez que o procedimento especial foi reservado à ação da mesma natureza proposta pelo credor, com o nome de *ação de exigir contas* (CPC, arts. 550/553).

A providência recomendada permitirá ao advogado cumprir a obrigação de prestar contas e eximir-se de eventual representação disciplinar que o cliente contra ele possa promover.

> ***Art. 13. Concluída a causa ou arquivado o processo, presume-se cumprido e extinto o mandato.***

A forma natural por que cessa o mandato é a da *"conclusão do negócio"*. Assim dispõe o Código Civil, no art. 682, IV, *in fine*. O mandato judicial, sujeito a normas especiais (Cód. Civil, art. 692), presume-se cumprido e, portanto, extinto, uma vez *concluída a causa ou arquivado o processo*.

> ***Art. 14. O advogado não deve aceitar procuração de quem já tenha patrono constituído, sem prévio conhecimento deste, salvo por motivo plenamente justificável ou para adoção de medidas judiciais urgentes e inadiáveis.***

O dispositivo traduz um dos deveres mais caros aos advogados, que é o *dever de lealdade*, nas relações com os colegas. O princípio geral, a esse respeito, já estava expresso no art. 2º, parágrafo único, inciso II. O art. 14 segue a diretiva que resulta desse princípio, estabelecendo que o *advogado não deve aceitar procuração de quem já tenha patrono constituído, sem prévio conhecimento deste*. Procurado pelo cliente em tal circunstância, deve o advogado condicionar a aceitação do mandato ao substabelecimento do que tenha sido, anteriormente, outorgado a outrem. Se for o caso, deverá entrar em contato com o colega, dando-lhe ciência do que se passa e procurando manter com ele entendimento a esse respeito. Só em situação excepcional ou *para adoção de medidas judiciais urgentes e inadiáveis* agirá de outro modo, aceitando, desde logo, o mandato. Este revogará o anterior, devendo a sua outorga ser comunicada ao mandatário primitivo, para que tal efeito se verifique, consoante previsto no art. 687 do Código Civil, que se aplica, subsidiariamente, à hipótese. Há casos, realmente, em que o advogado antes constituído se recusa a tomar qualquer providência, pretendo forçar a manutenção do mandato e, então, outra alternativa não restará senão a de proceder-se como aqui indicado.

Art. 15. O advogado não deve deixar ao abandono ou ao desamparo as causas sob seu patrocínio, sendo recomendável que, em face de dificuldades insuperáveis ou inércia do cliente quanto a providências que lhe tenham sido solicitadas, renuncie ao mandato.

O art. 34 do Estatuto tipifica como infração disciplinar o ato de *abandonar a causa sem justo motivo ou antes de decorridos dez dias da comunicação da renúncia* (inciso XI). A norma do art. 15 do Código considera o abandono da causa infração ética. A gravidade desse comportamento justifica a dupla reprovação que a ele se faz.

Pode ocorrer de o cliente dificultar o trabalho do advogado de tal forma, deixando de fornecer-lhe informações ou documentos imprescindíveis ao patrocínio da causa, que o cumprimento do mandato se torne inviável. Nessa hipótese, deverá o profissional renunciar ao mandato. A renúncia há de observar o disposto no art. 5º, § 3º, do Estatuto, combinado com o que prescreve o art. 112 do Código de Processo Civil, devendo ser comunicada ao cliente (salvo se este estiver representado por outros advogados) e ficando o advogado renunciante responsável pelo patrocínio, nos dez dias seguintes à notificação feita ao constituinte (ou até que este, antes de vencido o decêndio, constitua novo procurador), desde que necessário para evitar-lhe prejuízo.

Art. 16. A renúncia ao patrocínio deve ser feita sem menção do motivo que a determinou, fazendo cessar a responsabilidade profissional pelo acompanhamento da causa, uma vez decorrido o prazo previsto em lei (EAOAB, art. 5º, § 3º).

§ 1º A renúncia ao mandato não exclui responsabilidade por danos eventualmente causados ao cliente ou a terceiros.

§ 2º O advogado não será responsabilizado por omissão do cliente quanto a documento ou informação que lhe devesse fornecer para a prática oportuna de ato processual do seu interesse.

Se o advogado renuncia ao mandato, não pode, por dever de lealdade ao cliente, declinar o motivo que determinou a renúncia (art. 16, *caput*). Ademais, a renúncia não o exime da responsabilidade por eventuais danos causados ao cliente ou a terceiros (art. 16, § 1º).

Cuida-se, neste artigo, de obrigação de ordem ética, análoga àquelas de que trata o art. 12.

O § 2º deste artigo refere-se à *omissão do cliente* quanto a providências que lhe caiba empreender para subsidiar o advogado de elementos indispensáveis à sua defesa, na linha do que já dispusera o art. 15.

> ***Art. 17. A revogação do mandato judicial por vontade do cliente não o desobriga do pagamento das verbas honorárias contratadas, assim como não retira o direito do advogado de receber o quanto lhe seja devido em eventual verba honorária de sucumbência, calculada proporcionalmente em face do serviço efetivamente prestado.***

Cuida-se, aí, de situação inversa. A extinção do mandato por iniciativa do cliente não faz cessar a obrigação deste quanto ao pagamento das verbas honorárias contratadas, nem prejudica o direito do patrono no que se refere aos honorários da sucumbência, os quais lhe serão devidos proporcionalmente à sua atuação na causa.

> ***Art. 18. O mandato judicial ou extrajudicial não se extingue pelo decurso de tempo, salvo se o contrário for consignado no respectivo instrumento.***

Vigente o Código Civil de 1916, Washington de Barros Monteiro advertia para o fato de que *"A antiguidade da procuração, por si só, não é motivo de extinção. Nessas condições, lícito não é decretar a caducidade dela, por haver sido passada há mais de vinte anos."*[8] O consagrado autor invocava, em prol desse entendimento, a jurisprudência dos tribunais.

O art. 18 do Código de Ética e Disciplina segue essa orientação. Salvo, portanto, se o instrumento de procuração estabelecer data de vigência dos poderes conferidos, o simples decurso do tempo não extinguirá o mandato judicial.

> ***Art. 19. Os advogados integrantes da mesma sociedade profissional, ou reunidos em caráter permanente para cooperação recíproca, não podem representar, em juízo ou fora dele, clientes com interesses opostos.***

Adverte Alfredo de Assis Gonçalves Neto para o fato de que o exercício da advocacia é atribuição dos advogados, individualmente, ainda que reunidos em sociedade. *"A sociedade existe para apoiar a atividade conjunta*

---

8 Washington de Barros Monteiro, *Curso de Direito Civil*, 5º volume, 28ª. edição. São Paulo: Saraiva, 1995, p. 270.

de advogados, gerir suas contas e lhes facilitar o trabalho."[9]. A sociedade estabelece, de qualquer forma, um laço entre os advogados que a compõem, de modo que estes, nela reunidos, tenham uma atuação conjunta e harmônica. Portanto, entre eles, não pode haver interesses contrapostos ou concorrência de qualquer espécie. Se isso ocorresse, a sociedade se desnaturaria e perderia confiabilidade. Admitir que advogados integrantes de uma sociedade patrocinem interesses opostos, seria, portando, conceber que, no seu âmbito, campeasse o patrocínio infiel.

Na mesma linha de preocupação, insere-se o disposto no art. 22, segunda parte, do Código de Ética e Disciplina.

Ainda que não reunidos em sociedade formal, desde que compartilhem o mesmo escritório, deverão os advogados observar esta norma. É de presumir que a reunião, em caráter permanente, para o exercício da advocacia, no mesmo espaço, implique uma *cooperação recíproca*, mesmo que eventual.

> ***Art. 20. Sobrevindo conflito de interesses entre seus constituintes e não conseguindo o advogado harmonizá-los, caber-lhe-á optar, com prudência e discrição, por um dos mandatos, renunciando aos demais, resguardado sempre o sigilo profissional.***

O dispositivo tem em vista prevenir o *patrocínio infiel*. Se os interesses dos clientes que representava passam a conflitar, não poderá o advogado continuar a representar todos eles, sob pena de incidir em deslealdade para com determinados constituintes. Cumprir-lhe-á optar pelo patrocínio de um deles, o que deverá fazer *com prudência e discrição, renunciando ao mandato, em relação aos demais*. A preservação do sigilo se impõe. De tal forma que, se for o caso, nem mesmo essa opção poderá ser feita, sendo recomendável que, conforme as circunstâncias, o advogado afaste-se da causa, renunciando ao mandato, sem ressalva.

> ***Art. 21. O advogado, ao postular em nome de terceiros, contra ex-cliente ou ex-empregador, judicial e extrajudicialmente, deve resguardar o sigilo profissional.***

Ver-se-á, a seguir, que o *sigilo profissional é de ordem pública* (art. 36, *caput*). Assim, se, porventura, o advogado vier a postular, futuramente, em

---

9 *Sociedade de Advogados*, 5ª. edição. São Paulo: LEX Editora S. A., 2010, pp. 37/38.

nome de terceiros, contra ex-cliente ou ex-empregador, judicial ou extrajudicialmente, *deve resguardar o sigilo profissional.*

> ***Art. 22. Ao advogado cumpre abster-se de patrocinar causa contrária à validade ou legitimidade de ato jurídico em cuja formação haja colaborado ou intervindo de qualquer maneira; da mesma forma, deve declinar seu impedimento ou o da sociedade que integre quando houver conflito de interesses motivado por intervenção anterior no trato de assunto que se prenda ao patrocínio solicitado.***

O dispositivo versa sobre duas situações que devem ser consideradas pelo advogado, no ato de aceitação da causa ou do assunto a tratar. A primeira pressupõe que o profissional, no exercício de cargo público ou de mandato eletivo, ou, simplesmente, atuando como assessor, haja, de alguma forma, intervindo na formação de determinado ato jurídico. Procurado por pessoa interessada em impugnar a validade ou legitimidade desse ato, o advogado deve recusar a causa ou negar-se a emitir parecer sobre a matéria. A segunda hipótese tem em vista a circunstância de o advogado haver atuado, antecedentemente, no trato de assunto relacionado ao patrocínio agora solicitado, imprimindo-lhe uma orientação ou manifestando-se a seu respeito de forma antagônica ao interesse que se lhe apresente. A lealdade e a coerência de atitudes recomendam tal procedimento.

> ***Art. 23. É direito e dever do advogado assumir a defesa criminal, sem considerar sua própria opinião sobre a culpa do acusado.***
>
> ***Parágrafo único. Não há causa criminal indigna de defesa, cumprindo ao advogado agir, como defensor, no sentido de que a todos seja concedido tratamento condizente com a dignidade da pessoa humana, sob a égide das garantias constitucionais.***

A defesa criminal é objeto de artigo específico do Código de Ética, tendo em vista as peculiaridades que a estremam da advocacia cível. No que concerne a este última – que compreende, genericamente, as demais áreas de atuação profissional do advogado –, impõe-se maior rigor na aceitação da causa. É que, aí, se cuida de interesses da parte que o advogado se propõe representar ou assessorar. Já na advocacia criminal, não se têm em vista interesses, mas a liberdade pessoal do assistido. E a defesa da liberdade é, em princípio, dever de todos. *"A liberdade* – dizia Rui – *não entra no patrimônio particular, como as coisas que estão no comércio, que se dão, trocam, vendem, ou compram: é um verdadeiro condomínio social; todos o desfrutam, sem que ninguém o possa alienar."*[10]

Por isso, reza o art. 23 do Código, no *caput*:

> *É direito e dever do advogado assumir a defesa criminal, sem considerar sua própria opinião sobre a culpa do acusado.*

Em se tratando de causa cível, a recomendação da boa doutrina é no sentido de que o advogado só a aceite quando, a seu ver, for uma causa *justa*.

O conceito de causa justa é, evidentemente, um conceito subjetivo. Maurice Garçon assim a concebe:

> *"Por causa justa entendemos nós aquela em cuja defesa o advogado usará apenas dos argumentos que o tenham convencido. A sinceridade, na sua essência, consiste em crer naquilo que se alega."*[11].

O eminente advogado francês – um dos clássicos da profissão –, acrescenta:

> *"O advogado deve ajuizar do caso que patrocina apenas com os elementos de prova ou de convicção de que dispõe, bastando que o juízo formado, embora não corresponda à verdade absoluta, seja sincero."*[12].

É óbvio que não cabe ao advogado chamar a si o dever de julgar, que toca ao juiz. Mas, em certo sentido, isto é, no que diz respeito à avaliação preliminar que faz dos fundamentos da pretensão que deve postular, em juízo, o advogado é o primeiro juiz da causa.

Em se tratando de causa criminal, essa aferição é mais flexível. Para aceitar a causa, não é preciso que o advogado creia na inocência do acusado. Basta que ele se proponha fazer com que este seja julgado segundo o devido processo legal e goze de todo o amparo a que a sua liberdade faça jus. E, mesmo sem a convicção de sua inocência, não estará impedido de postular-lhe a absolvição – o que lhe será lícito fazer, até o momento em que a autoria, porventura, venha a ser, indevidamente, atribuída a terceiro.

---

10 Rui Barbosa, *Escritos e Discursos Seletos*. Rio de Janeiro: Editora José Aguilar Ltda., 1960, p. 510. Sustentação de habeas corpus, no Supremo Tribunal Federal, a 26/03/1898.

11 *O Advogado e a Moral*, cit., p. 35.

12 Ob. cit., pp. 35/36.

Isso ocorrendo, cumprir-lhe-á renunciar ao mandato. Mais adiante, ao examinar a questão do sigilo profissional, voltar-se-á a essa hipótese.

Ninguém melhor do que Rui Barbosa soube definir o papel do advogado criminal. Em carta a Evaristo de Moraes, criminalista que marcou época e que, no campo político, se alinhava entre os seguidores de Rui – o patrono dos advogados brasileiros –, respondendo a consulta formulada pelo correligionário ilustre, procurou dissipar dúvidas que a este acudiam, quanto à conveniência de aceitar a defesa de adversário envolvido em caso de repercussão pública.

Rui partiu da premissa de que *"A defesa não quer o panegírico da culpa, ou do culpado. Sua função consiste em ser, ao lado do acusado, inocente, ou criminoso, a voz dos seus direitos legais."* Na linha dessa concepção, enfatizou, a seguir:

> *"Eis por que, seja quem for o acusado, e por mais horrenda que seja a acusação, o patrocínio do advogado, assim entendido e exercido assim, terá foros de meritório, e se recomendará como útil à sociedade."*

E, na esteira do mesmo raciocínio, recomendou ao colega já famoso:

> *"Recuar ante a objeção de que o acusado 'é indigno de defesa', era o que não poderia fazer o meu douto colega, sem ignorar as leis do seu ofício, ou traí-las. Tratando-se de um acusado em matéria criminal, não há causa em absoluto 'indigna de defesa'. Ainda quando o crime seja de todos o mais nefando, resta verificar a prova: e ainda quando a prova inicial seja decisiva, falta, não só apurá-la no cadinho dos debates judiciais, senão também vigiar pela regularidade estrita do processo nas suas mínimas formas. Cada uma delas constitui uma garantia, maior ou menor, da liquidação da verdade, cujo interesse em todas se deve acatar rigorosamente."*[13]

> ***Art. 24. O advogado não se sujeita à imposição do cliente que pretenda ver com ele atuando outros advogados, nem fica na contingência de aceitar a indicação de outro profissional para com ele trabalhar no processo.***

É claro que o cliente, na hipótese de que cogita o citado artigo, ante a recusa do advogado já constituído em aceitar atuação conjunta com outro colega, poderá persistir no seu desiderato, cabendo, então, àquele, afastar-

---

13 *Dever do Advogado*. Carta datada de 26 de outubro de 1911. In: *Coletânea Forense para os Estudantes de Direito*, organizada por Sylvino Gonçalves. Rio de Janeiro: Ministério da Educação e Cultura – Casa de Rui Barbosa, 1959, pp. 87/99, *passim*.

-se do caso, seja mediante substabelecimento sem reserva, seja por meio de renúncia do mandato. O Código da Costa Rica, regulando a matéria, aparentemente, de outra forma ou no sentido de que o advogado deva aceitar a decisão do cliente que pretenda a atuação conjunta, com ele, de outro profissional, logo ressalva, porém, que ao advogado originariamente contratado fica, não obstante, facultado retirar-se da causa (cf. art. 40).

Art. 25. É defeso ao advogado funcionar no mesmo processo, simultaneamente, como patrono e preposto do empregador ou cliente.

A disposição contida neste artigo, embora se refira à representação da parte, visa a resguardar a independência do advogado, impedindo-o de funcionar, no mesmo processo, simultaneamente, como patrono e preposto do empregador ou cliente (art. 25). Norma de igual teor já constava do Código antecedente (art. 23).

Tem-se em vista, aí, a figura do *preposto* (isto é, aquele que é *posto para agir antes* ou no lugar do empregador ou da empresa, por delegação desta ou daquele), o qual, assim, pode atuar, especialmente, na Justiça do Trabalho (CLT, art. 843, § 1º) e no Juizado Especial Cível (Lei nº 9.099, de 26.09.1995, art. 9º, § 4º). O preposto não é um mandatário com poderes judiciais, mas um delegado ou representante funcional da empresa – o que implica um vínculo de subordinação.

Na medida em que atuasse, ao mesmo tempo, nessa dupla condição, o advogado ver-se-ia tolhido em sua independência profissional porque estaria na contingência de cumprir a orientação do cliente, como preposto deste, o que seria incompatível com a forma como o profissional deve exercer o mandato, isto é, com plena responsabilidade pelo seu cumprimento.

Art. 26. O substabelecimento do mandato, com reserva de poderes, é ato pessoal do advogado da causa.

§ 1º O substabelecimento do mandato sem reserva de poderes exige o prévio e inequívoco conhecimento do cliente.

§ 2º O substabelecido com reserva de poderes deve ajustar antecipadamente seus honorários com o substabelecente.

Os deveres éticos e as obrigações do advogado em relação ao cliente não cessam, igualmente, na hipótese de substabelecimento do mandato. Desta, cuida o art. 26, distinguindo, do ponto de vista da forma como se processa, o substabelecimento com ou sem reserva de poderes.

Capítulo IV

DAS RELAÇÕES COM OS COLEGAS, AGENTES POLÍTICOS, AUTORIDADES, SERVIDORES PÚBLICOS E TERCEIROS

Art. 27. O advogado observará, nas suas relações com os colegas de profissão, agentes políticos, autoridades, servidores públicos e terceiros em geral, o dever de urbanidade, tratando a todos com respeito e consideração, ao mesmo tempo em que preservará seus direitos e prerrogativas, devendo exigir igual tratamento de todos com quem se relacione.

§ 1º O dever de urbanidade há de ser observado, da mesma forma, nos atos e manifestações relacionados aos pleitos eleitorais no âmbito da Ordem dos Advogados do Brasil.

§ 2º No caso de ofensa à honra do advogado ou à imagem da instituição, adotar-se-ão as medidas cabíveis, instaurando-se processo ético-disciplinar e dando-se ciência às autoridades competentes para apuração de eventual ilícito penal.

O art. 27, que abre o capítulo em comento, dá a tônica das disposições que o compõem. Elas têm como fulcro o **dever de urbanidade**.

A palavra *urbanidade* deriva de *urbano* e é correlata à ideia de *civilização*. Encontra-se no *Dicionário Caldas Aulete* a seguinte acepção do termo:

> *"Cortesia entre pessoas civilizadas; delicadeza; polidez; civilidade adquirida pelo trato no mundo"*[1].

O tratamento que o advogado deve observar, nas suas relações profissionais, há de ser lhano e cortês, para que suas postulações e atitudes, nas controvérsias e debates em que se envolver, não fujam ao nível da convivência civilizada. Por mais veemente e incisiva que seja sua atuação, por mais inflamadas e ardentes que lhe brotem as palavras, por maior que se torne a paixão pela causa, nada justificará a grosseria, a ofensa, a agressão contra o *ex adverso* ou qualquer pessoa. O tom respeitoso e polido – e

---

1 *Dicionário Contemporâneo da Língua Portuguesa*. 2ª edição brasileira. Rio de Janeiro: Editora DELTA, 1970, vol. 5, verbete *urbanidade*.

até uma certa cerimônia no trato – hão de prevalecer. Por isso, aliás, é que a formalidade dos hábitos forenses, muitas vezes estranha ou bizarra aos olhos dos leigos, tem sua razão de ser. Porque ela impede que o nível da discussão baixe ou que os protagonistas do aparelho judicial percam de vista a gravidade do meio em que trabalham e passem a usar linguagem própria de outros ambientes.

É preciso, por outro lado, que o advogado saiba dar-se ao respeito. Com relação aos magistrados e membros do Ministério Público, a lei cuida de assegurar-lhe o mesmo tratamento que a estes deve o advogado dispensar. Dispõe o Estatuto da Advocacia e da Ordem dos Advogados do Brasil (Lei n 8.906/1994), no art. 6º, *caput*:

> *Não há hierarquia nem subordinação entre advogados, magistrados e membros do Ministério Público, devendo todos tratar-se com consideração e respeito recíprocos.*

A mesma norma de comportamento se aplica no trato com as autoridades, em geral, bem como os servidores públicos e serventuários da justiça, segundo se vê do parágrafo único do citado artigo:

> *As autoridades, os servidores públicos e os serventuários da justiça devem dispensar ao advogado, no exercício da profissão, tratamento compatível com a dignidade da advocacia e condições adequadas a seu desempenho.*

O *dever de urbanidade* é, pois, uma das faces da mesma moeda, em cujo reverso está a prerrogativa correspondente, qual seja a de receber o mesmo tratamento da parte daqueles com quem se relacione o advogado, no exercício da profissão. O desrespeito a essa prerrogativa quando implique ofensa ao advogado, *no exercício da profissão ou em razão dela*, dá ensejo a *desagravo público,* com relação ao qual o Estatuto da Advocacia e da OAB lhe assegura direito expresso (Estatuto, art. 7º, XVII).

Observe-se que o *dever de urbanidade* impõe-se ao advogado em todos os atos do seu ofício ou nos quais possa apresentar-se como tal, pouco importando, por exemplo, que, intervindo na prática de determinado ato, judicial ou extrajudicial, esteja regularmente habilitado a fazê-lo, mediante mandato que lhe haja sido conferido. Ainda que este não lhe venha a ser outorgado, desde que o advogado intervenha na solução de qualquer pendência, apresentando-se como profissional de sua categoria, deverá pautar-se pelos princípios que cercam o *dever de urbanidade*.

O *dever de urbanidade* impõe-se também aos candidatos a integrar órgãos da OAB, como dispõe o § 1º do art. 27:

> *O dever de urbanidade há de ser observado, da mesma forma, nos atos e manifestações relacionados aos pleitos eleitorais no âmbito da Ordem dos Advogados do Brasil.*

O Provimento n. 146/2011, que regula o processo eleitoral da OAB, já continha norma expressa preceituando que *A propaganda eleitoral deve manter conteúdo ético de acordo com o Estatuto e demais normas aplicáveis* (art. 10, *caput*) e procurando coibir *ofensa à honra e à imagem dos candidatos (art. 10, § 1º).* A infringência de tais normas dá ensejo a representação dirigida à Comissão Eleitoral, para a instauração de processo por abuso na propaganda, nos termos do art. 133, §§ 3º a 12 do Regulamento Geral do Estatuto da Advocacia e da OAB, disso podendo resultar, conforme o caso, o cancelamento do registro da chapa infratora ou a anulação dos votos que lhe tenham sido dados, com a perda do mandato dos seus componentes (Reg. Geral, art. 133, § 12). Cumulativamente, uma vez comprovada violação ao *dever de urbanidade*, os responsáveis ficarão sujeitos a sanção disciplinar, por desrespeito à disposição pertinente do Código de Ética e Disciplina.

De resto, é difícil distinguir, no particular, a conduta profissional do comportamento pessoal. Bem expressivo, a esse respeito, é o disposto no Código de ética do profissional hondurenho do Direito, cujo art. 3º preceitua:

> *La conducta privada del Abogado se ajustará a las reglas del honor, la decência y la dignidad que deben caracterizar al hombre honrado y justo.*[2].

O Código brasileiro não discrepa dessa linha de orientação. No preâmbulo, exorta o advogado a tornar-se *merecedor da confiança do cliente e da sociedade como um todo, pelos atributos intelectuais e pela probidade pessoal*. Tem em vista, portanto, a conduta do advogado como homem, na sociedade em que vive e de cujo respeito há de ser digno. Isso implica agir como um ser civilizado, observando as regras de urbanidade.

A Segunda Turma da Segunda Câmara do Conselho Federal da OAB assentou, em decisão unânime, no Recurso n. 49.0000.2012.012267-7, re-

---

2 *Código de ética del profesional hondureño del Derecho*. Tegucigalpa: Editorial Guaymuras, primeira reimpressão, 2004.

lator o Conselheiro Federal Paulo Roberto de Gouvêa Medina, o seguinte entendimento:

> *O dever de urbanidade impõe-se à observância do advogado em todos os atos do seu ofício. Hipótese em que o inscrito faltou a esse dever, em ato cartorário de que participava, assistindo à própria mãe, quando ofendeu a parte contrária com palavras de baixo calão. Sanção disciplinar de censura, convertida em advertência, aplicada pelo TED, mas afastada pelo Conselho recorrido, ao argumento de que o advogado não interveio no episódio em caráter profissional e as ofensas não teriam ficado suficientemente provadas. Fundamentação que não pode ser aceita, a uma porque pouco importa saber se a atuação do inscrito tinha caráter profissional, a duas porque a prova reclamada constou de depoimento prestado, nos autos do processo ético-disciplinar, pelo escrevente incumbido de lavrar a escritura.*[3]

Em caso no qual o ofendido era o juiz da causa (Recurso n. 49.0000.2014.011565-4, relator o Conselheiro Federal Paulo Roberto de Gouvêa Medina), a mesma Turma, em decisão unânime, não conheceu do recurso, por não estarem atendidos os pressupostos de admissibilidade, descrevendo, porém, no acórdão, a hipótese fática que motivara a condenação do inscrito pela Seccional de origem, nos seguintes termos:

> *Processo ético-disciplinar em que se imputa ao advogado violação do dever de urbanidade, caracterizada pelo uso de expressões que desqualificavam o magistrado, tachando-o de inconsequente e irresponsável e sugerindo, ademais, que esse fizesse um estágio com o Presidente do Tribunal, por considerá-lo, ao contrário do juiz, sábio e digno do tratamento de excelência.*[4]

Observe-se que a imunidade judiciária de que goza o advogado, por força do disposto no art. 133 da Constituição, não o protege contra violações do dever de urbanidade, conforme decidiu, por maioria, a Segunda Turma da Segunda Câmara no Recurso n. 49.0000.2012.012278-0, relator para o acórdão o Conselheiro Federal André Luís Guimarães Godinho:

> *Violação ao dever de urbanidade. Advogado que profere reiteradamente expressões ofensivas direcionadas ao advogado da parte adversa. Imunidade profissional que não pode ser invocada para a prática de*

---

3 *Diário Oficial da União*, Seção 1, 27.03.2013, p. 110.

4 *Diário Oficial da União*, Seção 1, 10.12.2014, p. 178/179.

> *comportamentos antiéticos e ofensivos a colegas de profissão. Infração ética configurada.*[5]

Cumpre ressalvar, porém, que, devendo dispensar a todos, particularmente às autoridades judiciárias, tratamento lhano e cortês, o advogado não estará inibido de usar de veemência quando as circunstâncias o exigirem nem abdicar da altivez que há de manter, para preservar a dignidade de sua postura. Escrevendo ou falando, terá, muita vez, de dirigir-se ao juiz da causa de forma incisiva e, quiçá, em tom contundente, nas situações em que se sentir desrespeitado ou, mesmo, para invectivar abusos ou erros grosseiros contra os quais haja de insurgir-se. O advogado não ocupa, na cena judiciária, como já foi dito, posição inferior à do magistrado. Não pode ser subserviente a este nem transigir, por temor, timidez ou respeito humano, na defesa dos direitos por que se bata. Há juízes autoritários e mal-educados com os quais, infelizmente, o advogado tem de conviver. Haverá de respeitá-los, não deverá provocá-los, deles convém, aliás, que mantenha a conveniente distância, mas, em nenhuma hipótese, deverá ceder às suas ordens ou aos seus caprichos, não raro, frutos de despreparo intelectual ou psicológico.

Rafael de Almeida Magalhães, um grande magistrado, que honrou o Tribunal de Justiça de Minas Gerais e tornou-se paradigma de magistrado, em todo o país, deixou, a esse respeito, lição que é preciso recordar, mostrando como deve comportar-se o advogado nas tertúlias judiciárias e como haverá o juiz de aceitar e compreender a intervenção mais veemente do causídico. São palavras do eminente Desembargador, que foi juiz de carreira e chegou à presidência do TJMG:

> *"... o advogado precisa da mais ampla liberdade de expressão para bem desempenhar o seu mandato." "Apontar os erros do julgador, profligar-lhes os deslizes, os abusos, as injustiças de linguagem veemente, é direito sagrado do pleiteante." "Seria uma tirania exigir que o vencido se referisse com meiguice e doçura ao ato judiciário e à pessoa do julgador que lhe desconheceu o direito. O protesto há de ser, por força, em temperatura alta."*[6]

De resto, o desejável é que exista, entre juízes e advogados, clima de relacionamento cordial, pautado pelo respeito mútuo. Calamandrei situou

---

5 *Diário Oficial da União*, Seção 1, 25.03.2015, p. 133/135.

6 *Apud* Ruy de Azevedo Sodré, *O Advogado, seu Estatuto e a Ética Profissional*, cit., pp. 348/349.

com precisão terminológica e beleza literária o quadro do ambiente judiciário, indicando o papel de cada um nesse cenário. Disse o processualista clássico, no livro em que fala do relacionamento entre advogados e juízes:

> *"Os advogados e os juízes desempenham no mecanismo da justiça o papel das cores complementares na pintura. Opostos, é pela aproximação que melhor se fazem valer."*[7].

O *dever de urbanidade* há de ser reciprocamente observado, nas relações entre juízes e advogados. Não é por outra razão que a Lei é taxativa no sentido de afirmar, ao referir-se ao tratamento que deve presidir às relações entre advogados, magistrados e membros do Ministério Público: *devendo todos tratar-se com consideração e respeito recíprocos* (Lei n. 8.906/1994, art. 6º, *caput, in fine*).

> ***Art. 28. Consideram-se imperativos de uma correta atuação profissional o emprego de linguagem escorreita e polida, bem como a observância da boa técnica jurídica.***

Coerente com o mandamento contido no preâmbulo, que recomenda ao advogado *aprimorar-se no culto dos princípios éticos e no domínio da ciência jurídica*, reza o art. 28 que se consideram

> *imperativos de uma correta atuação profissional o emprego de linguagem escorreita e polida, bem como a observância da boa técnica jurídica.*

O emprego de *linguagem polida* atende ao sentido do *dever de urbanidade*, antes destacado. A atuação profissional pautada pela boa técnica jurídica corresponde à formação intelectual que se exige do advogado.

Ainda que, do ponto de vista processual, se dispense o advogado de formular uma petição inicial rigorosamente técnica, atribuindo enquadramento jurídico à pretensão deduzida e fundando suas razões na doutrina ou na jurisprudência pertinentes, a pretexto de que o juiz conhece do direito (*iura novit curia),* bastando, por isso, que a peça inaugural do processo exponha os fatos (*da milhi factum, dabo tibe jus* – é o preceito que completa aquela diretriz), o advogado deve, desde o primeiro ato que pratica, mostrar-se cioso de sua aptidão técnico-jurídica e capaz de conduzir o pa-

---

7 *Eles, os Juízes, vistos por nós, os Advogados*, cit., p. 13.

trocínio da causa no mesmo nível em que o juiz deverá presidi-la e julgá-la. Não só porque a assistência que dele espera o cliente o exige, mas também porque assim se fará merecedor do respeito do próprio juiz.

Calamandrei via no princípio *iura novit curia* não só uma regra processual, mas *"também uma regra de boa educação para uso do pretório"*, porque serviria para advertir o advogado, *"apaixonado pela sua causa, que não deve dar-se ares de ensinar o direito aos juízes"*, sob pena de passar por *"grande jurista", "mas certamente péssimo psicólogo"*[8]. O conselho do eminente advogado e processualista italiano é de ser levado em conta. Mas, não afasta o cuidado especial que o profissional deve pôr no preparo das peças forenses, atendendo sempre à recomendação que emana do dispositivo em comento do Código de Ética.[9]

> ***Art. 29. O advogado que se valer do concurso de colegas na prestação de serviços advocatícios, seja em caráter individual, seja no âmbito de sociedade de advogados ou de empresa ou entidade em que trabalhe, dispensar-lhes-á tratamento condigno, que não os torne subalternos seus nem lhes avilte os serviços prestados mediante remuneração incompatível com a natureza do trabalho profissional ou inferior ao mínimo fixado pela Tabela de Honorários que for aplicável.***
>
> ***Parágrafo único. Quando o aviltamento de honorários for praticado por empresas ou entidades públicas ou privadas, os advogados responsáveis pelo respectivo departamento ou gerência jurídica serão instados a corrigir o abuso, inclusive intervindo junto aos demais órgãos competentes e com poder de decisão da pessoa jurídica de que se trate, sem prejuízo das providências que a Ordem dos Advogados do Brasil possa adotar com o mesmo objetivo.***

A advocacia particular tomou grande vulto, nos últimos tempos. Grandes escritórios se organizaram sob a forma de sociedades de advogados, formando conglomerados de profissionais, que, não raro, se desdobram, por várias unidades da federação, atuando, assim, por meio de sua sede e de suas representações.

Embora possam ter estrutura, em muitos aspectos, assemelhada à das grandes empresas, as sociedades de advogados não têm caráter empresarial. Aliás, dada a sua natureza de profissão intelectual, a advocacia refoge, só por isso, à possibilidade de enquadramento no conceito legal de empre-

---

8 Piero Calamandrei, *Eles, os Juízes, Vistos por Nós, os Advogados*, cit., p. 39.

9 Cf.nosso *Iura Novit Curia: a Máxima e o Mito. Salvador: Editora Jus Podivm, 2020.*

sa, *ex vi* do disposto no art. 966, parágrafo único, do Código Civil Brasileiro, como se observou na *Introdução*.

A reunião de profissionais em sociedades de advogados faz-se por motivos estritamente operacionais. E o exercício da advocacia, com esse tipo de organização, não se desnatura. O caráter personalíssimo da atividade profissional não desaparece, em tais sociedades, apenas se vê projetado no concerto harmonioso dos vários advogados que nelas se reúnem.

Um dos mais respeitados tratadistas da matéria, entre nós, o Prof. Alfredo de Assis Gonçalves Neto situa o tema nos seus exatos termos:

> *"A primeira característica da sociedade de advogado, à semelhança da maioria das sociedades de profissionais liberais, é a de que, ao contrário do que se verifica nas demais sociedades simples ou empresárias, ela* ***não tem por fim prestar serviços de advocacia****, mas possibilitar que os advogados nela reunidos (como sócios, associados ou empregados), possam exercê-la de modo mais racional e organizado do que o fariam isoladamente."*[10].

A reunião de vários profissionais em sociedades de advogados não os afasta da disciplina do Código de Ética. Este contempla, ao revés, a atividade exercida sob essa forma de organização no art. 29 e também no art. 76. Cuida, no artigo em comento, da conduta pessoal dos advogados que integram referidas sociedades, nas suas relações com os colegas que lhes prestem serviços, sem dela fazerem parte. E preceitua que estes, na condição de empregados ou de simples prestadores eventuais de serviços, recebam dos sócios *tratamento condigno que não os torne subalternos seus nem lhes avilte os serviços prestados mediante remuneração incompatível com a natureza do trabalho profissional ou inferior ao mínimo fixado pela Tabela de Honorários que for aplicável.* Isso significa dizer que a superioridade de ordem econômica acaso existente entre os profissionais da advocacia não os desiguala perante o ordenamento ético. O laço do coleguismo deve ser o vínculo mais forte a estabelecer-se nas relações profissionais. Nem seria admissível que, no âmbito da classe, imperasse certo capitalismo profissional, suscetível de dividir os advogados entre patrões e empregados e gerando um novo tipo de proletariado, formado pelos operários de beca.

---

10 *Sociedade de Advogados*, cit., p. 40, n. 9. O trecho em negrito foi reproduzido conforme consta do livro.

O preceito do art. 29 representa o antídoto dessa perspectiva sombria. Seu escopo é o de impedir que modestos advogados, sobretudo no interior do país, sejam contratados para protocolar petições ou fazer audiências mediante paga simbólica ou honorários aviltantes.

O dispositivo resultou do anteprojeto e foi mantido pelo Plenário do Conselho Federal, com pequeno acréscimo, no final, estabelecendo como parâmetro da remuneração devida a Tabela de Honorários adotada em cada Seccional da OAB.

O mesmo padrão de comportamento deve ser observado no serviço público ou em entidades da administração indireta, segundo se vê do parágrafo único, onde se preveem as providências cabíveis para corrigir eventuais distorções acaso verificadas.

Capítulo V

DA ADVOCACIA *PRO BONO*

Art. 30. No exercício da advocacia* pro bono*, e ao atuar como defensor nomeado, conveniado ou dativo, o advogado empregará o zelo e a dedicação habituais, de forma que a parte por ele assistida se sinta amparada e confie no seu patrocínio.

§ 1º Considera-se advocacia* pro bono *a prestação gratuita, eventual e voluntária de serviços jurídicos em favor de instituições sociais sem fins econômicos e aos seus assistidos, sempre que os beneficiários não dispuserem de recursos para a contratação de profissional.

§ 2º A advocacia* pro bono *pode ser exercida em favor de pessoas naturais que, igualmente, não dispuserem de recursos para, sem prejuízo do próprio sustento, contratar advogado.

§ 3º A advocacia* pro bono *não pode ser utilizada para fins político-partidários ou eleitorais, nem beneficiar instituições que visem a tais objetivos, ou como instrumento de publicidade para captação de clientela.

1. ADVOCACIA *PRO BONO*: CONCEITO E NATUREZA

Uma das inovações mais relevantes do Código de Ética de 2015 é, sem dúvida, a que diz respeito ao exercício da advocacia *pro bono.* Havia, até então, certa preocupação a esse respeito, dado que se fazia mister afastar da disciplina do instituto qualquer conotação de oferecimento de serviços que o pudesse macular. Isso foi feito mediante a definição adotada pelos §§ 1º e 2º do art. 30, onde se destacam os seguintes elementos característicos da advocacia *pro bono*:

a) caráter *gratuito, eventual e voluntário* da prestação do serviço;

b) *finalidade social do seu exercício,* adstrito que se acha ao atendimento de instituições sociais sem fins econômicos e de pessoas por estas assistidas, bem como de todos aqueles que preencham os requisitos para postular a assistência judiciária devida aos necessitados.

A advocacia *pro bono* não se confunde, porém, com a assistência judiciária nem com o patrocínio de causas por advogados dativos. É que, além de gratuita, ela é sempre espontânea ou voluntária. Para exercê-la, o advogado se apresenta, voluntariamente, a determinada instituição social ou se dispõe a atender pessoas desprovidas de recursos financeiros suficientes para a contratação de um profissional. O advogado *pro bono* é, pois, um voluntário, engajado em missão de sentido social, altruístico e filantrópico. Exerce esse papel prestando serviços da sua especialidade a determinadas instituições. Ou, sem aguardar designação ou convocação para atuar em favor de um necessitado, propõe-se exercer o seu múnus público em prol de concidadãos, a fim de que estes não fiquem privados do amparo do direito, em razão de sua condição social. Recebe, assim, um mandato, sem estipulação de honorários para o seu cumprimento.

O advogado que representa a parte judicialmente, em caráter *pro bono,* não fica privado, entretanto, de eventuais honorários da sucumbência, no caso de êxito na ação. As restrições a direitos não se presumem. *Permittitur quod non prohibetur* – é o que reza a antiga parêmia (*"presume-se permitido tudo aquilo que a lei não proíbe"*[1]). Nem existe incompatibilidade entre o caráter assistencial da advocacia *pro bono* e a vantagem a que faz jus o profissional, por força de um direito que a lei lhe assegura, de forma indistinta. Quando da votação do projeto de Código de Ética, no plenário do Conselho Federal da OAB, houve questionamento a esse respeito, que não chegou a traduzir-se em objeção ao critério aqui exposto nem muito menos se traduziu em emenda restritiva ao texto, porque logo se manifestou a existência de consenso nesse sentido. O advogado não assume o patrocínio de causa, nesse regime, visando a eventual remuneração que lhe advenha da sentença, mas, uma vez que, mercê do trabalho desenvolvido, obtenha sucesso na demanda, não há razão para que fique privado de um direito que decorre do desfecho favorável da ação.

2. A ADVOCACIA COMO DEVER SOCIAL

O exercício da advocacia por imperativo de um dever social implica para o profissional o mesmo compromisso com o mandato recebido do cliente quando por este contratado. É indispensável, portanto, que o advogado desenvolva trabalho à altura da confiança que nele deposita o cliente. Daí dizer o art. 30, no *caput*:

> *No exercício da advocacia pro bono, e ao atuar como defensor nomeado, conveniado ou dativo, o advogado empregará o zelo e a dedicação habituais, de forma que a parte por ele assistida se sinta amparada e confie no seu patrocínio.*

---

1 Cf. Carlos Maximiliano, *Hermenêutica e Aplicação do Direito*. 7ª edição. Rio de Janeiro: Livraria Freitas Bastos S. A., 1961, p. 282, nº 271.

De resto, é de lembrar a recomendação expressa no preâmbulo do Código de Ética, no sentido de que o advogado defenda *com o mesmo denodo humildes e poderosos.*

3. A ADVOCACIA *PRO BONO*: ORIGEM E DESENVOLVIMENTO NO BRASIL

A advocacia *pro bono* consolidou-se nos Estados Unidos da América como decorrência da evolução dos direitos civis, naquele país e como projeção da defesa dos direitos humanos que o movimento desenvolvido nesse sentido ali alcançou. Marco histórico dessa consolidação foi a fundação, em 1996, do *Pro Bono Institute*, por iniciativa da advogada americana, filha de poloneses, Esther Lardent, graduada pela Universidade de Chicago[2].

Em São Paulo, foi criado o *Instituto Pro Bono*, em 2001, como organização sem fins lucrativos, qualificada como Organização da Sociedade Civil de Interesse Público – OSCIP, a qual *"tem por missão contribuir para a promoção do direito de acesso à justiça de populações vulneráveis e organizações da sociedade civil, por meio do estímulo à advocacia voluntária e ao intercâmbio de conhecimentos jurídicos."*[3].

Deve-se registrar a importante contribuição do Instituto Pro Bono para a inserção, no novo Código de Ética e Disciplina da OAB, da disciplina que o presente capítulo conferiu à advocacia *pro bono*[4].

A prática da advocacia *pro bono* não tem caráter assistencialista, mas representa um corolário da defesa dos direitos humanos. É significativo observar que um rábula que se formou em direito como aluno-ouvinte da Faculdade de São Paulo, Luiz Gama, filho de um fidalgo português e de uma escrava liberta, terá sido, entre nós, o pioneiro da advocacia *pro bono*, na

---

2 Cf. *Revista Pro Bono* – Direito e Acesso à Justiça, edição do Instituto Pro Bono, de São Paulo, 2013, p. 13.

3 Cf. *O Direito de Acesso à Justiça e a Prática da Advocacia Pro Bono* – um diagnóstico sobre os serviços de assistência jurídica do Estado de São Paulo, publicação do Instituto Pro Bono, 2014, página relativa ao Expediente.

4 Embora escassos os trabalhos sobre o tema, há, desde algum tempo, alguns estudos importantes a esse respeito, cumprindo destacar a contribuição do antigo Conselheiro Federal Roberto Gonçalves de Freitas Filho para o livro *Ética na Advocacia*, 2º vol, cit., com o artigo *Ética e Advocacia Pro Bono.*

defesa de escravos, tarefa em que se empenhou, logrando obter a libertação de um número superior a 500 clientes[5].

4. A ADVOCACIA *PRO BONO POPULO*

O § 3º do art. 30, em comento, tem o cuidado de vedar o exercício da advocacia *pro bono* para *fins político-partidários ou eleitorais* ou, ainda, em benefício de *instituições que visem a tais objetivos*, assim como proíbe a sua prática *como instrumento de publicidade para captação de clientela*. Isso não impede, entretanto, que o advogado possa exercê-la no patrocínio de ações populares ou de ações civis públicas, como mandatário de cidadãos ou instituições que atendam aos requisitos para beneficiar-se dessa modalidade de serviço. Esta ganharia, na hipótese, outra dimensão, tomando o caráter de *advocacia pro bono populo*.

É evidente que toda a cautela há de ter o advogado no sentido de, assim agindo, não induzir as partes por ele assistidas a envolver-se em lides temerárias, para as quais tanto a lei de regência da ação popular (Lei nº 4.717/1965), quanto a da ação civil pública (Lei nº 7.347/1985) cominam sanções severas (v., respectivamente, art. 13 e art. 17 das leis mencionadas). É o caso das ações propostas por espírito de emulação contra adversários políticos ou visando a obter vantagens de interesse particular, entre outras suscetíveis de configurar o abuso do direito de ação. Em tais situações, o desvio de finalidade da advocacia *pro bono* poderá redundar em processo disciplinar a que o profissional venha a responder.

A ação civil pública e a ação popular são instrumentos postos à disposição da cidadania e da sociedade civil para a tutela de interesse público. São exercidas *uti civis*, jamais *uti singulus*, destinando-se a atender a fins elevados e nobres e não a interesses subalternos.

5 Cf. Oscar Vilhena Vieira, Advocacia Pro Bono no Brasil: Breve Histórico. In: *Revista Pro Bono*, cit., pp. 21/23.

Capítulo VI

DO EXERCÍCIO DE CARGOS E FUNÇÕES NA OAB E NA REPRESENTAÇÃO DA CLASSE

Art. 31. O advogado, no exercício de cargos ou funções em órgãos da Ordem dos Advogados do Brasil ou na representação da classe junto a quaisquer instituições, órgãos ou comissões, públicos ou privados, manterá conduta consentânea com as disposições deste Código e que revele plena lealdade aos interesses, direitos e prerrogativas da classe dos advogados que representa.

Como destacado na exposição de motivos que acompanhou o anteprojeto respectivo, o capítulo que agora examinaremos é uma das inovações trazidas pelo Código de 2015.

A conduta ética exigida do advogado, na prática de atos do seu ofício, estende-se a toda a sua vida profissional e, em alguns casos, até mesmo à sua vida privada. Não poderia deixar de alcançar, portanto, as atividades corporativas ou o exercício de outras funções que decorram da atuação na advocacia. A fidelidade aos valores cultuados pela classe é um dever do advogado que transcende os limites da militância profissional.

O Código de Ética e Disciplina trata dos deveres do advogado para com a OAB e a representação da classe de forma mais ampla que outros diplomas do gênero, na linha do Estatuto português (art. 86) e do Código costarriquenho (art. 72). Este último – o *Código de deberes jurídicos, morales y éticos del profesional em Derecho* – dispõe que

> *Es deber del abogado y la abogada colaborar com el Colégio en las comisiones o encargos en que participe, y cumplirlas con buena disposición y diligencia. Solo podrán excusarse cuando exista causa justificada.*

O nosso Código, como já vimos, inclui entre os deveres do advogado o de

> *cumprir os encargos assumidos no âmbito da Ordem dos Advogados do Brasil ou na representação da classe (art. 2º, parágrafo único, XI).*

Dispõe, ademais, no art. 31, sobre a conduta ética que o advogado deverá observar no cumprimento dos encargos assumidos na OAB, bem como no desempenho de funções para as quais seja indicado como representante da categoria, conduta essa que deverá guardar *plena lealdade aos interesses, direitos e prerrogativas da classe dos advogados que representa.*

> ***Art. 32. Não poderá o advogado, enquanto exercer cargos ou funções em órgãos da OAB ou representar a classe junto a quaisquer instituições, órgãos ou comissões, públicos ou privados, firmar contrato oneroso de prestação de serviços ou fornecimento de produtos com tais entidades nem adquirir bens imóveis ou móveis infungíveis de quaisquer órgãos da OAB, ou a estes aliená-los. (Ver Resolução nº 04/2016, DOU, S.1, 20.06.2016, pp. 162/163).***
>
> ***Parágrafo único. Não há impedimento ao exercício remunerado de atividade de magistério na Escola Nacional de Advocacia – ENA, nas Escolas de Advocacia – ESAs e nas Bancas do Exame de Ordem, observados os princípios da moralidade e da modicidade dos valores estabelecidos a título de remuneração. (Ver Resolução nº 04/2016, DOU, S.1, 20.06.2016, pp. 162/163).***

A norma do art. 32 impede o advogado, na mesma situação de que trata o artigo anterior, de *firmar contrato oneroso de prestação de serviços ou fornecimento de produtos* com a Ordem ou com instituições em que atuar como representante da classe, assim como de *adquirir bens móveis ou imóveis infungíveis de quaisquer órgãos da OAB ou a estes alienar bens dessa natureza.* Trata-se de disposição da mesma natureza da que veda aos advogados de qualquer das partes oferecer lance em leilão judicial (CPC, art. 890, VI). O Código de Ética de 1934 continha norma de igual teor da que se insere no Código de Processo Civil, dispondo, na Seção III, item VIII, alínea "f":

> *É defeso ao advogado:*
>
> *f) adquirir, mesmo em hasta pública, bem penhorado ou arrecadado no processo em que tenha intervenção.*

A *ratio juris* dessa disposição, segundo Amílcar de Castro, estava na circunstância de o advogado *"ser pessoa do juízo, investida de múnus público, cujo exercício deve estar acima de qualquer suspeição."*[1]. *Mutatis mutandis*, o mesmo escrúpulo se recomenda em relação aos bens postos à venda pela OAB ou aos negócios em que esta ou as instituições em que o advogado re-

---

1 *Comentários ao Código de Processo Civil*, coleção Revista dos Tribunais. São Paulo: Editora Revista dos Tribunais, 1974, vol. VIII, p. 301, nº 410.

presente a classe sejam partes. Procura-se, com a referida disposição, afastar qualquer suspeita de locupletamento ou interesse escuso que venha a recair sobre o advogado. Se, na esfera judicial, cumpre-lhe zelar pelo múnus público que desempenha, no âmbito da Ordem ou no plano das funções que, em nome desta, exerça, cabe-lhe preservar a entidade que integra e na qual atua como mandatário dos seus colegas.

O parágrafo único, acrescentado pela Resolução nº 04/2016, ressalva a licitude da prestação de serviços, por advogados vinculados a órgãos da OAB ou à representação da classe, como professores, nas atividades docentes nele referidas.

> ***Art. 33. Salvo em causa própria, não poderá o advogado, enquanto exercer cargos ou funções em órgãos da OAB ou tiver assento, em qualquer condição, nos seus Conselhos, atuar em processos que tramitem perante a entidade nem oferecer pareceres destinados a instruí-los.***
>
> ***Parágrafo único. A vedação estabelecida neste artigo não se aplica aos dirigentes de seccionais quando atuem, nessa qualidade, como legitimados a recorrer nos processos em trâmite perante os órgãos da OAB.***

A norma do art. 33 corresponde ao que consta do Provimento 138/2009, que *define como utilização de influência indevida a atuação em processos de competência da OAB, na hipótese que menciona*[2]. O dispositivo do Código de Ética, no entanto, é mais genérico, abrangendo a proibição nele expressa todo aquele que *exercer cargos ou funções em órgãos da OAB ou tiver assento, em qualquer condição nos seus Conselhos*. Órgãos da OAB são os arrolados no art. 45 do Estatuto, a saber: o Conselho Federal, os Conselhos Seccionais, as Subseções e as Caixas de Assistência dos Advogados. Como tais se consideram também os Tribunais de Ética, previstos no art. 58, III, do Estatuto e definidos como *órgãos disciplinares,* no Capítulo II do Título II deste Código. Não se incluem, porém, entre os *órgãos da OAB* as Comissões de assessoramento existentes tanto no âmbito do Conselho Federal quanto na órbita dos Conselhos Seccionais. E, sendo de interpretação estrita as normas que estabelecem proibições, os membros dessas Comissões não ficam sujeitos ao impedimento de que trata o artigo em comento. Os membros honorários vitalícios (isto é, os ex-Presidentes da OAB), o Presidente do Instituto dos Advogados Brasileiros e os agraciados com a Medalha Rui

2 O citado Provimento é datado de 6 de dezembro de 2009, trazendo as assinaturas do Presidente Cezar Britto, do Relator, Francisco Irapuan Pinho Camurça e do Revisor, Paulo Roberto de Gouvêa Medina.

Barbosa, por terem assento permanente no Conselho Federal (Regulamento Geral, art. 62, § 1º; art. 63), incidem no referido impedimento, assim como os ex-Presidentes dos Conselhos Seccionais e os Presidentes do Instituto dos Advogados, em cada estado (Estatuto, art. 56, §§ 1º e 2º). A proibição estabelecida no art. 33 é genérica, razão por que o impedimento estende-se, para cada membro ou integrante do Conselho Federal e dos Conselhos Seccionais, reciprocamente, em relação a todos os órgãos da OAB, pertencentes à estrutura destes ou daquele colegiado. Assim, Diretores, Conselheiros ou ex-Presidente de qualquer Seccional não poderão patrocinar a defesa de cliente perante órgãos do Conselho Federal, nem os que neste têm assento poderão fazê-lo perante órgãos de qualquer Seccional.

A proibição tem em mira evitar que o membro ou integrante de órgão da OAB se prevaleça da sua condição para, atuando como advogado, exercer influência indevida no desfecho dos processos de competência da entidade, como prescreve a ementa do Provimento nº 138/2009.

> ***Art. 34. Ao submeter seu nome à apreciação do Conselho Federal ou dos Conselhos Seccionais com vistas à inclusão em listas destinadas ao provimento de vagas reservadas à classe nos tribunais, no Conselho Nacional de Justiça, no Conselho Nacional do Ministério Público e em outros colegiados, o candidato assumirá o compromisso de respeitar os direitos e prerrogativas do advogado, não praticar nepotismo nem agir em desacordo com a moralidade administrativa e com os princípios deste Código, no exercício de seu mister.***

O art. 34 contém norma da mesma natureza da que se consubstancia no art. 6º, "d", do Provimento nº 102/2004, que *Dispõe sobre a indicação, em lista sêxtupla, de advogados que devam integrar os Tribunais Judiciários e Administrativos*. Ali se preceitua:

> *Art. 6º O pedido de inscrição será instruído com os seguintes documentos:*
>
> ....
>
> *d) termo de compromisso de defesa da moralidade administrativa, inclusive, de que não praticará direta ou indiretamente o nepotismo.*

O art. 34 do Código de Ética quer que o candidato a integrar listas sêxtuplas para os tribunais assuma *o compromisso de respeitar os direitos e prerrogativas do advogado, não praticar nepotismo nem agir em desacordo com a moralidade administrativa e com os princípios deste Código, no exercício do seu mister.*

O Código de Ética, como já ressaltado, a par de normas jurídicas de eficácia cogente, contempla outras, de caráter pedagógico. Estas são normas que visam a persuadir e a orientar, independentemente de sua força cogente.

É o que sucede com a disposição insculpida no art. 34. Ainda que o advogado, ao ingressar na magistratura de segundo grau ou de grau especial deixe, *ipso facto*, sua classe de origem, desvinculando-se, por conseguinte, do poder de polícia administrativa da OAB, deve seguir os princípios por esta adotados, na defesa de conduta ética irreprochável. Sem esquecer que, ao retornar à advocacia, após aposentar-se como magistrado, terá de comprovar, no ato de sua inscrição na Ordem, o atendimento do requisito da *idoneidade moral* (Estatuto, art. 8º, VI).

Tem toda pertinência, pois, a norma do art. 34, ora em comento.

Ademais, convém não esquecer que a ética tem em vista uma vida retilínea, voltada para o bem. Aristóteles já nos ensinava que *"viver bem e ir bem equivale a ser feliz"*. E a felicidade, para o filósofo de Estagira, *"é o bem supremo"*[3].

Diria, entre nós, Fábio Konder Comparato, em seu magnífico tratado: *"O que importa na vida não é só viver, mas viver para o bem. O verdadeiro sentido da vida humana é manifestamente ético."*[4].

Não é de estranhar, pois, que um Código de Ética procure traçar um norte para a vida do advogado por outros caminhos que ele enverede, além do exercício profissional da advocacia.

---

3 Aristóteles, *Ética a Nicômaco*. Brasília: Editora UnB, 1992, p. 19. Na edição citada, o nome do filho do filósofo, a quem o livro clássico é dedicado, aparece na forma plural, certamente por influência do latim *Nicomacus*. Em geral, prefere-se, em vernáculo, o nome *Nicômaco*.

4 *Ética* – Direito, Moral e Religião no Mundo Moderno, cit., pp. 694/695.

Capítulo VII

DO SIGILO PROFISSIONAL

Art. 35. O advogado tem o dever de guardar sigilo dos fatos de que tome conhecimento no exercício da profissão.

Parágrafo único. O sigilo profissional abrange os fatos de que o advogado tenha tido mento em virtude de funções desempenhadas na Ordem dos Advogados do Brasil.

1. NATUREZA DO SIGILO PROFISSIONAL

"O advogado é obrigado a guardar segredo dos fatos de que tenha tomado conhecimento ou das confidências que no exercício da profissão lhe tenham sido feitas." Com esta assertiva, Maurice Garçon abre o capítulo sobre o segredo ou sigilo profissional, de seu livro clássico[1].

O Código de Ética estipula o dever de guardar sigilo, no art. 35, estendendo-o, no parágrafo único, aos *fatos de que o advogado tenha tido conhecimento em virtude de funções desempenhadas na Ordem dos Advogados do Brasil.* Seguiu, neste particular, a mesma diretriz do Estatuto da Ordem dos Advogados de Portugal (art. 87º, 1, "b").

O sigilo profissional é de ordem pública, como está dito no art. 36, *caput*. Não resulta do contrato de prestação de serviços e, por isso, sua observância independe *de solicitação de reserva que lhe seja feita pelo cliente*, conforme acrescenta o mesmo dispositivo.

Maurice Garçon é peremptório ao afirmar:

> *"..., na verdade, como dissemos, o segredo não provém de um contrato. É de ordem pública, inerente à profissão, e subsiste mesmo quando não tenha sido pedido ou prometido; não admite distinções ou reservas, não depende de o cliente desligar o advogado da obrigação de o manter, mesmo que lho peça expressamente."*[2].

O dever de guardar sigilo não é uma peculiaridade da advocacia, uma vez que ele existe no plano de cada profissão liberal, relativamente às reve-

1 *O Advogado e a Moral*, cit., p. 91.

2 Ob. cit., p. 106.

lações que o cliente faça, em confiança, àquele a quem procura em busca de assistência. As confidências do cliente ao profissional decorrem da necessidade de dar-lhe a conhecer todos os aspectos do quadro que deverá ser por este avaliado para o adequado tratamento (no caso dos profissionais da área de saúde) ou para a justa equação dos interesses a orientar ou defender (no caso do advogado). E têm como garantia de sua reserva a confiança que lastreia as relações entre o cliente e o profissional que o assiste. Assim é também com o sacerdote, nas confissões que lhe faça o fiel, por força do que dispõe o Código Canônico, cânon 983, §§ 1º e 2º, regulando-o de tal forma que *"o segredo da confissão assume proporções que não são encontradiças em nenhum outro terreno de nossas atividades"*, segundo observa Roberto Gonçalves de Freitas Filho[3].

No que diz respeito ao advogado, o dever de guardar sigilo funda-se em razões especiais que Cláudio Pacheco Prates Lamachia explica, com propriedade, invocando a lição de Toulson e Phipps:

> *"O dever de sigilo profissional do patrono em relação ao seu cliente é governado pelos mesmos princípios legais aplicáveis a outros profissionais, mas existem peculiaridades no que concerne à advocacia em razão do seu papel central exercido na administração da justiça"*[4].

É importante notar que a preservação do sigilo profissional implica, ao mesmo tempo, para o advogado, um dever que visa à proteção do segredo que lhe tenha sido confiado e uma prerrogativa, que o põe a salvo de qualquer contingência em que, porventura, se veja constrangido a revelá-lo. Trata-se, portanto, de um direito-dever – ou, mais precisamente, como, a seguir, procuraremos demonstrar, de um dever-garantia.

2. A PRESERVAÇÃO DO SIGILO COMO DEVER E GARANTIA

Ruy de Azevedo Sodré destaca a circunstância de a preservação do sigilo corresponder, a um tempo, a direito e dever do advogado[5]. A observação,

---

3 *Sigilo Profissional.* In: *Ética na Advocacia*, cit., pp. 69/70.

4 *A Inviolabilidade do Sigilo Profissional na Advocacia.* In: *Prerrogativas do Advogado.* Brasília: Conselho Federal da OAB – Comissão Nacional de Prerrogativas e Valorização da Advocacia, 2015, p. 25. O trecho citado pelo autor do artigo foi extraído, segundo a nota correspondente, de *Confidentiality*, 3ª ed., Londres: Sweet & Maxwell, 2013, p. 311.

5 *O Advogado, seu Estatuto e a Ética Profissional*, cit., p. 301, nº 239.

feita com base na Lei nº 4.215/1963 e à luz do Código de Ética de 1934, continua a traduzir, de certo modo, a natureza do sigilo profissional, na vigência da Lei nº 8.906/1994 e sob o império do Código de Ética de 2015.

O vigente Estatuto da Advocacia e da Ordem dos Advogados do Brasil (Lei nº 8.906/1994) inclui entre os direitos do advogado dois que são consectários do sigilo profissional, ao assim preceituar:

> *Art. 7º São direitos do advogado:*
>
> ....
>
> *II – a inviolabilidade de seu escritório ou local de trabalho, bem como de seus instrumentos de trabalho, de sua correspondência escrita, eletrônica, telefônica e telemática, desde que relativas ao exercício da advocacia;*
>
> *III – comunicar-se com seus clientes, pessoal e reservadamente, mesmo sem procuração, quando estes se acharem presos, detidos ou recolhidos em estabelecimentos civis ou militares, ainda que considerados incomunicáveis;*

Os dois incisos acima transcritos ampliam o leque de proteção ao sigilo profissional, acentuando, ambos, o caráter de garantia que se atribui a esse dever.

A inviolabilidade do escritório, bem como dos computadores e outros instrumentos de trabalho e da correspondência escrita ou gravada por qualquer sistema eletrônico, reforça a garantia do sigilo. Tal inviolabilidade somente pode ser quebrada se houver *indícios de autoria e materialidade da prática de crime por parte do advogado* e [a quebra da inviolabilidade] for autorizada pela *autoridade judiciária competente*, devendo efetivar-se mediante *mandado de busca e apreensão, específico e pormenorizado, a ser cumprido na presença de representante da OAB, sendo, em qualquer hipótese, vedada a utilização dos documentos, das mídias e dos objetos pertencentes a clientes do advogado averiguado, bem como dos demais instrumentos de trabalho que contenham informações sobre clientes*. Assim dispõe o § 6º do citado art. 7º do Estatuto, acrescentado à Lei nº 8.906/1994 pela Lei nº 11.767, de 7 de agosto de 2008.

A comunicação pessoal e reservada do advogado com o seu cliente que esteja preso ou detido, ainda que em regime incomunicável, deve ser assegurada, igualmente, em favor da defesa e em penhor do sigilo que esta requer com referência às revelações do acusado.

O caráter de *garantia* que cerca o direito em referência é nítido. Convém lembrar, a esse respeito, a lição de Rui Barbosa acerca da distinção entre *direitos e garantias constitucionais.* Ensinava o patrono dos advogados brasileiros:

> *"Os direitos são aspectos, manifestações da personalidade humana em sua existência subjetiva, ou nas suas situações de relação com a sociedade ou os indivíduos, que a compõem. As garantias constitucionais 'stricto sensu', são as solenidades tutelares, de que a lei circunda alguns desses direitos contra os abusos do poder."*[6].

Não seria exagero dizer que o sigilo profissional se insere na moldura das garantias constitucionais, uma vez que é inerente ao devido processo legal e integra o rol daqueles direitos e garantias não expressos na Constituição, mas que desta não se excluem porque *decorrentes dos princípios por ela adotados*, conforme previsto na norma de encerramento do § 2º do art. 5º da Carta de 1988. Como quer que seja, ressai dos dispositivos legais abordados neste item o caráter de *garantia* que robustece o *dever de sigilo profissional*. *Dever-garantia* é, pois, a caracterização que se lhe deve conferir.

O Supremo Tribunal Federal, ao reconhecer a constitucionalidade do art. 7º, II, da Lei nº 8.906/1994, na ADI nº 1.127, proclamou a existência da imunidade judiciária, de que goza o advogado, em termos abrangentes de tudo o que deve ser coberto pela garantia do sigilo profissional:

> *II – A imunidade profissional é indispensável para que o advogado possa exercer condigna e amplamente seu múnus público.*
>
> *III – A inviolabilidade do escritório ou do local de trabalho é consectário da inviolabilidade assegurada ao advogado no exercício profissional*[7].

Em mandado de segurança impetrado para obstar a apreensão do contrato de honorários, decidiu, na mesma linha de entendimento, o Tribunal de Justiça de Minas Gerais:

> *Preserva-se o sigilo profissional do advogado em respeito ao papel que desempenha para a administração da Justiça e à confiança depositada pelos clientes. 2. A decisão judicial que determina a apreensão de do-*

---

6 Garantias Constitucionais, que vêm a ser? *República:* Teoria e Prática. Petrópolis: Editora Vozes Ltda., em convênio com a Câmara dos Deputados, Seleção e coordenação de Hildon Rocha, 1978, pp. 121/122.

7 ADI nº 1.127, Tribunal Pleno, j. 17/05/2006, rel. para o acórdão o Min. Ricardo Lewandowski, *apud* Cláudio Pacheco Prates Lamachia, artigo e ob. cits., p. 26.

cumentos protegidos por aquele sigilo deve especificar a relevância do documento para apuração dos ilícitos sob investigação, o que não se verifica no caso. 3. Segurança concedida[8].

Cláudio Pacheco Prates Lamachia, no artigo de doutrina tantas vezes referido, compartilhando do entendimento aqui sustentado quanto ao caráter constitucional da garantia do sigilo, conclui, incisivamente:

> *"A regra é expressa. O sigilo profissional é inatingível, e sua inviolabilidade decorre de precisa determinação constitucional, sendo ainda corroborado pela legislação infraconstitucional. A aplicação da exceção a esta regra – ou seja, a realização de busca e apreensão – exige o preenchimento de diversos requisitos para que se evitem infundadas e lacunares violações à garantia fundamental de confidencialidade do exercício da advocacia"*[9].

Luiz Francisco Torquato Avolio, examinando a *indevassabilidade do sigilo fiscal do cliente a pedido do Fisco*, à luz da Lei Complementar nº 105, de 10.01.2001, que trata do sigilo das operações de instituições financeiras e dos casos em que se admite sua quebra, traz à colação acórdãos do Tribunal de Ética e Disciplina da Seccional de São Paulo, com base nos quais assevera:

> *"... como decidido no processo E-3.098/2004, cumpre ao advogado recusar-se a prestar informações ao Fisco que se encontrem cobertas pelo sigilo profissional, dever esse que constitui princípio de ordem pública, a ser preservado pelos remédios constitucionais e legais cabíveis, sob pena de, em tese, incorrer em infração disciplinar (EAOAB, artigo 34, VII) e crime de violação de segredo (CP, artigo 154)."*[10]

3. AS DIFICULDADES QUE O TEMA POSSA SUSCITAR

A Ordem dos Advogados do Brasil, nos três planos de sua estrutura organizacional – o do Conselho Federal, o dos Conselhos Seccionais e o das Subseções –, tem entre as suas finalidades a de *velar pela dignidade da advocacia* (Estatuto, art. 54, II; art. 57; art. 61, II).

---

8 Mandado de Segurança nº 1.0000.14.058119-0/000, rel. o Des. Pedro Vergara, 5ª Câmara Criminal, 12/11/2014, *apud* Cláudio Pacheco Prates Lamachia, artigo e ob. cits., p. 31.

9 Artigo e ob. cits., pp. 31/32.

10 O Sigilo Profissional em face dos modernos meios de prova. In: *Ética Aplicada à Advocacia*. São Paulo: Tribunal de Ética Profissional da OAB-SP, edição de Fábio Vilela Leite Advogados e Consultores Jurídicos – FVLACJ, 2009, pp. 113/115.

Ao Presidente Nacional da Ordem compete *executar e fazer executar o Estatuto e a legislação complementar* (Regulamento Geral, art. 100, VII), atribuição que, igualmente, cabe aos Presidentes das Seccionais e das Subseções, nos limites de suas áreas de atuação. Na legislação complementar que incumbe aos Presidentes da entidade fazer cumprir, está o Código de Ética e Disciplina.

Tudo isso dá àqueles que empunham, simbolicamente, o bastão de comando da Ordem – os seus bastonários – papel relevante no que diz respeito à observância das normas éticas, em prol da dignidade da advocacia.

Há situações suscetíveis de ocorrer na vida profissional que sugerem possa o Presidente da Subseção, especialmente, atuar como mediador da convivência ética. Imagine-se problema da natureza do que suscita Henri Robert e Maurice Garçon analisa, mais detidamente, em seu livro clássico. Tenha-se em vista a possibilidade de que algo semelhante aconteça com um profissional, em nosso país.

Os citados autores consideram a hipótese de o cliente, movido por sentimento de vingança, revelar ao advogado a intenção de matar alguém. Deverá o advogado, naturalmente, tentar dissuadi-lo do seu propósito – é o que ambos aconselham. Maurice Garçon vai além para opinar no seguinte sentido:

> *"Embora, em princípio, o segredo não deva ser revelado a ninguém, não nos parece que cometesse uma falta o advogado que, em tal conjuntura, avisasse o Bastonário, o chefe da Ordem, também sujeito ao segredo profissional, para diligenciar evitar a prática de um crime, avisando indiretamente quem dele seria vítima, sob condição de que ninguém pudesse saber de onde proviera a informação. Será uma solução nem sempre possível, infelizmente, mas que, pelo menos conciliará a obrigação do segredo com o dever que moralmente nos obriga a socorrer o nosso semelhante em perigo."*[11].

Com a ressalva de que, a nosso ver, o Presidente da Ordem deveria, no caso, comunicar o fato à autoridade policial competente, a fim de que oferecesse proteção à pessoa ameaçada – e não a essa diretamente –, tal nos parece a solução adequada ao caso.

Situação concreta, do conhecimento do autor destes comentários, é bem elucidativa de hipótese em que o contato com o Presidente da Subseção da Ordem, no Foro em que o procedimento judicial deveria ser

11 *O Advogado e a Moral*, cit., p. 111.

ajuizado, mostrava-se plenamente justificável. Foi o caso de uma separação que determinado advogado deveria promover como procurador comum de ambos os cônjuges e em relação à qual se via o profissional diante de uma dificuldade: o cônjuge varão, a seu juízo, não se achava, do ponto de vista psíquico, em plenas condições de decidir, pois passava por um quadro de instabilidade emocional conhecido do advogado e achava-se, por isso, em tratamento psiquiátrico; não se opunha ele, contudo, à solução pretendida pela mulher, que nesta insistia de tal modo que a não efetivação da separação amigável a levaria, seguramente, a promovê-la pela via litigiosa – o que seria, evidentemente, danoso à saúde do marido. Em face da delicadeza da situação e das consequências que antevia, o advogado procurou, reservadamente, o Presidente da Ordem, a quem expôs a iniciativa que iria tomar, levando o casal ao juiz competente para consumar a separação por mútuo consentimento. E a este também preveniu, do mesmo modo, sobre as circunstâncias especiais do caso. Tanto o Presidente da Ordem quanto o MM. Juiz concordaram com as razões expostas pelo advogado e assim se procedeu.

Pode o Presidente da Ordem, portanto, colaborar com o advogado em face de situações em que este se veja na contingência de, com ele, orientar-se.

Releva notar que uma alternativa com que conta o advogado para dirimir eventuais dúvidas acerca do seu procedimento, em situações semelhantes, é a de formular, a esse respeito, consulta ao Tribunal de Ética competente, nos termos do art. 71, II, do Código de Ética e Disciplina. Nem sempre, é certo, as circunstâncias do caso e o tempo exigido para uma definição sobre a conduta a seguir, permitirão que assim aja. Mas, será esse, em tese, o caminho natural a seguir. Ruy de Azevedo Sodré aponta, igualmente, essa via como a mais adequada para a boa orientação do advogado, lembrando, ainda, que esse poderá também aconselhar-se sobre o assunto com colegas mais antigos ou experientes[12].

4. VIOLAÇÃO DO SIGILO

A violação do segredo profissional pode dar ensejo a que o advogado seja responsabilizado tanto no âmbito disciplinar quanto na esfera criminal.

Violar, sem justa causa, sigilo profissional – é infração disciplinar, como já foi dito, tipificada no art. 34, VII, do Estatuto da Advocacia e da Ordem dos Advogados do Brasil (Lei nº 8.906/1994).

---

12 *O Advogado, seu Estatuto e a Ética Profissional*, cit., pp. 308/309, nº 245.

Revelar alguém, sem justa causa, segredo, de que tem ciência em razão de função, ministério, ofício, ou profissão, e cuja revelação possa produzir dano a outrem – é crime previsto no art. 154 do Código Penal.

No âmbito disciplinar, tem-se uma infração formal, que se consuma independentemente de qualquer resultado prejudicial ao dono do segredo. Já na esfera penal, elemento essencial à caracterização do ilícito é o de que *"haja, pelo menos, a possibilidade de outro dano ulterior."*[13]. Nélson Hungria, fazendo esta observação, acrescenta: *"Pode o dano ser econômico ou moral, público ou privado, pessoal ou familiar."* Daí se conclui que o fato coberto pelo sigilo profissional há de ser relevante e sua revelação suscetível de causar dano a quem o revelou ou a terceira pessoa por ele alcançada.

5. SIGILO OU SEGREDO PROFISSIONAL

Costuma-se empregar, indistintamente, ora a expressão *sigilo profissional*, ora a dicção *segredo profissional*. Há, na verdade, plena sinonímia entre ambas.

No anteprojeto, optava-se pela segunda, na linha do estilo adotado pelo Estatuto de Portugal (art. 87º), que é também o do nosso Código Penal (art. 154) e o do Código de Processo Penal (art. 207), correspondendo, ademais, à preferência de autores como Ruy de Azevedo Sodré[14] e Antônio de Sousa Madeira Pinto[15]. A Comissão Especial, porém, acabou mantendo a expressão usada pelo Código revogado, que tinha a seu favor o precedente do Estatuto (art. 34, VII)[16].

Insista-se em que todos os dicionários, desde o velho Moraes, dão as duas expressões como sinônimas[17]. Em nenhum dicionário autorizado se encontra a distinção cerebrina que se pretendeu estabelecer, em defesa da

---

13 Cf. Nélson Hungria, *Comentários ao Código Penal.* 4ª edição. Rio de Janeiro: Forense, 1958, vol. VI, p. 273, nº 184, comentário ao art. 154.

14 *O Advogado, seu Estatuto e a Ética Profissional*, cit., p. 299.

15 *O Advogado e a Moral*, de Maurice Garçon, tradução portuguesa, pelo autor acima citado, p. 91.

16 Tanto o Código de Processo Civil de 1973 (art. 406, II) quanto o de 2015 (art. 448, II) também adotam o termo *sigilo*. Enfim, uma questão de opção.

17 Consultem-se, especialmente, três clássicos do nosso léxico, os Dicionários de Antônio de Moraes Silva, Caldas Aulete e Cândido Figueiredo. Todos, no verbete *sigilo*, o dão como sinônimo de *segredo*. Ou, como diz o último, definindo *sigilo: O mesmo que segredo.*

dicção *sigilo profissional*, dizendo-se que esta seria a forma de manter o *segredo* – tendo este, assim, o sentido de conteúdo ou objeto do sigilo.

6. MATÉRIA DE ORDEM PÚBLICA

> ***Art. 36. O sigilo profissional é de ordem pública, independendo de solicitação de reserva que lhe seja feita pelo cliente.***
>
> ***§ 1º Presumem-se confidenciais as comunicações de qualquer natureza entre advogado e cliente.***
>
> ***§ 2º O advogado, quando no exercício das funções de mediador, conciliador e árbitro, se submete às regras de sigilo profissional.***

Já foi ressaltado que o sigilo profissional é de *ordem pública*. E que o advogado deverá observá-lo não só quanto aos fatos de que tome conhecimento no exercício da advocacia, mas também no exercício de funções corporativas, no âmbito da Ordem dos Advogados do Brasil. Do mesmo modo, seu objeto é amplo, compreendendo tudo o que resulte do relacionamento profissional com o cliente, isto é, as informações verbais ou escritas que dele receba, os ajustes que com ele faça, as confidências que dele receba.

Aspecto sumamente importante do sigilo profissional é o que diz respeito à revelação dos honorários contratados pelo advogado ou da fonte de que emana o respectivo pagamento. Em algumas questões criminais de repercussão pública, o tema tem sido aflorado. Cumpre observar que não só o advogado não se acha na contingência de dar informações a esse respeito, como, na verdade, está impedido de fazê-lo, por força do sigilo profissional.

Recentemente, no entanto, em processo rumoroso relacionado à onda de corrupção que se revelou na contratação de empresas que prestavam serviços à PETROBRAS – a célebre "operação lava-jato" –, o Min. Teori Zavascki, do Supremo Tribunal Federal, em decisão monocrática, acolhendo pedido do Ministério Público Federal (AC 3.871), determinou a quebra dos sigilos bancário e fiscal de escritórios de advocacia *"para que seja apurado o eventual envolvimento dos nominados no suposto esquema de corrupção e lavagem de dinheiro relacionado à Petrobras."*[18]. Não se conhecem, ainda, os fundamentos da decisão, uma vez que o processo corre em segredo de

---

18 Cf. Felipe Recondo. *Teori Zavascki autoriza quebra de sigilo bancário e fiscal de advogados*. Disponível em: <http://jota.uol.com.br/teori-zavascki-autoriza-quebra-de--sigilo-bancario-e-fiscal-de-advogados>. Acesso em 28/10/2015.

justiça, mas é fácil perceber que se trata de uma situação excepcional, que não pode ser tomada como parâmetro nessa delicada matéria.

7. CARÁTER NÃO ABSOLUTO

> ***Art. 37. O sigilo profissional cederá em face de circunstâncias excepcionais que configurem justa causa, como nos casos de grave ameaça ao direito à vida e à honra ou que envolvam defesa própria.***

O dispositivo em comento corresponde ao art. 37 do anteprojeto, cuja redação foi, porém, alterada, na versão definitiva. Na primeira parte da norma, estabelece-se que o sigilo profissional não é um dever absoluto, podendo ceder *em face de circunstâncias excepcionais* – ou *imperiosas,* como dizia o texto originário. Na segunda parte, indica-se a hipótese em que isso poderá ocorrer mais comumente, a saber, a situação em que o advogado se veja diante de *grave ameaça ao seu direito à vida e à honra* ou em que, por imperativo da própria defesa, se sinta na contingência de revelar o segredo. A vítima em questão é, pois, o próprio advogado que recebeu a confidência do cliente. O autor da ameaça que se tem em vista poderá ser o cliente ou terceiro, que tenha relação com os fatos.

Dizia o anteprojeto, no dispositivo cuja redação acabou modificada:

> *O segredo profissional cederá em face de circunstâncias imperiosas que levem o advogado a revelá-lo em sua defesa, sobretudo quando forçado a tal por atitude hostil do próprio cliente.*

Por sua vez, o Código anterior assim dispunha, no art. 25:

> *O sigilo profissional é inerente à profissão, impondo-se o seu respeito, salvo grave ameaça ao direito à vida, à honra, ou quando o advogado se veja afrontado pelo próprio cliente e, em defesa própria, tenha que revelar segredo, porém sempre restrito ao interesse da causa.*

O confronto entre a norma revogada e a disposição do anteprojeto, ou, ainda, de uma e outra em face do novo texto, que figura no art. 37 ora em comento, ajuda a compreender melhor o sentido deste último, revelando que a situação que, aí, se aponta como exceção suscetível de autorizar a quebra do sigilo, tem como alvo o advogado que o recebeu.

Calha, a esse propósito, a lição de Carlos Maximiliano:

> *"O confronto de disposições vigentes com outras anteriores, paralelas ou análogas, não só evidencia a continuidade, embora progressiva, de ideias e teorias preexistentes; como também prova que essa perpetuação relativa é a regra; o contraste, a mudança radical, aparecem como exceções."*[19].

Não difere, em substância, o texto do art. 37 do anteprojeto de que resultou nem do Código anterior. O dispositivo do novo Código é, apenas, de teor mais amplo, permitindo que se considere a hipótese (ainda que de remota ocorrência) de a ameaça ou o constrangimento que levam o advogado a revelar um segredo partir de terceiro vinculado aos fatos respectivos. Pense-se na situação em que um herdeiro afetado por cláusula de inalienabilidade sobre bens de sua legítima consignada no testamento (Cód. Civil, art. 1.848), venha a insurgir-se contra o advogado que deu assistência ao ato de última vontade, responsabilizando-o por haver induzido o testador a fazê-lo e forçando, assim, o profissional a revelar fatos a ele confiados que justificariam a referida cláusula, de forma mais explícita que a declarada no ato de última vontade.

Circunstâncias excepcionais ou imperiosas suscetíveis de autorizar a revelação do sigilo, pelo advogado, podem ocorrer, sobretudo, nos processos criminais. Maurice Garçon levanta a hipótese de o autor de um crime haver confessado ao advogado tê-lo cometido, mas que por ele haja sido condenado um inocente. É essa uma daquelas situações que fazem com que se considere que *"A noção do segredo permanente, total, afronta, por vezes, a consciência"* – como frisa o advogado francês[20].

O *Código de Deberes Jurídicos, Morales e Éticos del Profesional en Derecho, do Colégio de Abogados de Costa Rica* resolve a questão nos seguintes termos, conforme consta do seu art. 42:

> *Excepcionalmente, el abogado y la abogada podrán revelar el secreto profesional para evitar la eventual condena de un inocente.*

Entre nós, Nélson Hungria, em escólio ao art. 154 do Código Penal, que define a *violação de segredo profissional*, depois de acentuar que *"O dever de sigilo profissional não é absoluto"*, exemplifica:

---

19 *Hermenêutica e Aplicação do Direito*, cit., p. 178, nº 146.

20 *O Advogado e a Moral*, cit., p. 110.

> *"O advogado que revela a confissão, que lhe faz o cliente, de ter sido o autor do crime de que outrem é acusado, não incorre na sanção penal, pois um inocente não pode ser sacrificado à impunidade de um criminoso."*[21].

Tendo presentes considerações dessa ordem, o anteprojeto dispunha, no art. 38:

> *Na hipótese em que terceiro seja acusado da prática de crime cuja autoria lhe haja sido confessada pelo cliente, o advogado deverá renunciar ao mandato, ficando livre, em seguida, da preservação do segredo profissional, para agir segundo os ditames de sua consciência e conforme as circunstâncias recomendarem.*

O dispositivo provocou, surpreendentemente, enorme celeuma, motivando várias propostas de supressão, algumas delas formuladas em tom candente, como se a norma contivesse um despautério ou representasse afronta ao sigilo profissional. Debalde, o relator ponderou, em muitas discussões do anteprojeto, que o sigilo não é absoluto e que o texto censurado tinha o abono dos melhores autores e de importantes precedentes. Lembrou, especialmente, que, sobre o tema, o Instituto dos Advogados Brasileiros assentara, em 1952, um rol de conclusões, em documento encimado por vários considerandos e consubstanciado em 13 itens, um dos quais assim dispunha:

> *10º O advogado não deve silenciar-se ante o julgamento de um inocente, especialmente em caso de homicídio sabendo por confissão do seu cliente, quem é o criminoso, diante, inclusive, dos relevantes compromissos que tem, também, para com o Poder Judiciário e os interesses de ordem jurídica, sob pena de incorrer em favorecimento pessoal;*

Nos mencionados considerandos do documento, assentava-se a premissa de que o sigilo não é *de caráter absoluto* e que a sua excepcional revelação justifica-se *para evitar-se um mal maior: a salvação de um inocente acusado*[22].

---

21 *Comentários ao Código Penal*. 4ª edição. Rio de Janeiro: Forense, 1958, vol. VI, pp. 265/266.

22 V. o texto integral do documento aprovado pelo Instituto dos Advogados Brasileiros em Ruy de Azevedo Sodré, *O Advogado, seu Estatuto e a Ética Profissional*, cit., pp. 314/317, nº 250.

Observe-se, ademais, que ao definir a infração disciplinar correspondente, no art. 34, VII, a Lei nº 8.906/1994 (Estatuto da Advocacia e da Ordem dos Advogados do Brasil) assim dispõe:

> *violar, sem justa causa, sigilo profissional.*

Ora, não pode haver *justa causa* mais evidente para a exceção de que se cuida do que a ocorrida na situação em que seja imputado a terceiro crime cometido pelo cliente que revelou o segredo!

Mas, o dispositivo estigmatizado do anteprojeto de Código de Ética não impunha ao advogado o dever de quebrar o sigilo, em semelhantes situações, apenas recomendava que, diante de tal hipótese, renunciasse ao mandato, *ficando livre, em seguida, da preservação do segredo profissional, para agir segundo os ditames de sua consciência e conforme as circunstâncias recomendassem.*

Tal foi, porém, a repercussão das críticas ao dispositivo em referência que o relator – que ora faz estes comentários –, em reunião da Comissão Especial, acabou concordando com a supressão do malsinado art. 38 do anteprojeto, a fim de ensejar consenso quanto ao capítulo relativo à matéria. Houve, realmente, um argumento ponderável em sentido contrário ao texto do anteprojeto: o de que, mantido o dispositivo no corpo do Código, a renúncia ao mandato do advogado criminal, em qualquer circunstância, poderia sempre dar azo a interpretações tendenciosas de que ele assim houvesse procedido porque o seu cliente fosse culpado pelo crime.

Todavia, a supressão do dispositivo não eliminou a diretriz de ordem ética que deve prevalecer na solução de problemas dessa natureza. Diante de semelhante situação, o procedimento correto a adotar, com ou sem norma autorizativa, será aquele que o malfadado e incompreendido dispositivo do anteprojeto recomendava.

Tollitur quaestio!

Questão mais complexa do ponto de vista da revelação do segredo, mas em relação à qual a atitude do advogado deve ser a mesma da hipótese anteriormente mencionada, é a que surge quando o cliente confessa a prática do crime para livrar do processo pessoa da família. Maurice Garçon, abordando caso dessa natureza, aponta a mesma solução, opinando no sentido de que o advogado decline do patrocínio[23].

---

23 *O Advogado e a Moral*, cit., p. 9

8. DISPOSIÇÃO PROCESSUAL

Art. 38. O advogado não é obrigado a depor, em processo ou procedimento judicial, administrativo ou arbitral, sobre fatos a cujo respeito deva guardar sigilo profissional.

Em decorrência do sigilo profissional que a lei assegura e a fim de preservá-lo, como se impõe, o art. 38 do Código de Ética declara que o advogado não é obrigado a depor em circunstâncias que possam comprometer a observância daquele dever.

O dispositivo, na verdade, apenas dá ênfase, em sede deontológica, a normas que os Códigos de Processo já contemplavam. O Código de Processo Civil, no art. 448, II e o Código de Processo Penal, no art. 207, desobrigando de depor ou tornando *proibida de depor* (como faz este último) a pessoa que seja chamada a fazê-lo sobre fatos *a cujo respeito, por estado ou profissão, deva guardar sigilo,* consagraram, plenamente, a garantia de que, aqui, se cuida.

9. O SIGILO PROFISSIONAL NA INVESTIGAÇÃO DEFENSIVA

O Provimento nº 188/2018 disciplina *"a realização de diligências investigatórias para instrução em processos judiciais e administrativos"*. Tais diligências compreendem, *"em especial a colheita de depoimentos, pesquisa e obtenção de dados e informações disponíveis em órgãos públicos ou privados [...] elaboração de laudos e exames periciais [...] reconstituições, ressalvadas as hipóteses de reserva de jurisdição."* Os fatos investigados ficam restritos à esfera jurídica do cliente e só no interesse de sua defesa podem ser utilizados, não tendo o advogado que os apura, por conseguinte, *"o dever de informar à autoridade competente"* o resultado da investigação (cf. art. 6º do citado Provimento). Qualquer comunicação ou divulgação a esse respeito exigirá *"expressa autorização do constituinte"* (Provimento e art. cits., parágrafo único).

Dada a natureza dessa atividade investigatória, cumpre ao advogado que a realiza *"preservar o sigilo das informações colhidas, a dignidade, privacidade, intimidade e demais direitos e garantias individuais das pessoas envolvidas" (Provimento cit., art. 5º).*

Embora o dever de sigilo em relação aos fatos apurados na investigação defensiva já decorresse das disposições do Código de Ética e Disciplina, o Conselho Federal da OAB achou de bom aviso reafirmá-lo no Provimento nº 188/2018, conferindo-lhe tratamento específico, na disciplina da referida atividade. Ao fazê-lo, explicitou os fundamentos axiológicos do sigilo profissional, como se vê da alusão aos bens jurídicos cuja preservação o sigilo tem em vista.

Capítulo VIII

DA PUBLICIDADE PROFISSIONAL

1. PUBLICIDADE E PROPAGANDA

A epígrafe do presente capítulo, por si só, delineia o sentido das suas disposições. É de publicidade profissional que se trata – e não de propaganda.

O termo *publicidade* tem sentido mais restrito que o vocábulo *propaganda*. Quando se fala em publicidade, cogita-se, apenas, de tornar público ou divulgar algo que se deseja fazer conhecido e aceito pelo público[1]. Já a propaganda envolve uma ação de propagar ou promover a propagação, por meio de anúncio ou mensagem, em forma de texto, música, filme ou outro meio análogo, para divulgar a qualidade de produto, serviço, atividade etc.[2].

Em monografia especializada, Jerry Kirkpatrick salienta que *O objetivo da propaganda é vender produtos*[3], para, depois, observar, citando Ludwig von Mises, que *A propaganda de negócios deve ser atrevida e espalhafatosa*[4].

Nada de semelhante deve ocorrer com a divulgação dos serviços de advocacia.

2. OS DOIS MODELOS BÁSICOS DE PUBLICIDADE PROFISSIONAL

Há dois modelos básicos acerca da publicidade profissional do advogado: o modelo francês e o modelo americano.

O modelo francês atribui à publicidade caráter meramente informativo; o americano permite que ela seja também persuasiva. Desde logo se

1 Veja-se, nesse sentido, o verbete *publicidade* do *Mini Dicionário Contemporâneo da Língua Portuguesa*, de Caldas Aulete (versão atualizada do conceituado dicionário). Rio de Janeiro: Editora Nova Fronteira, 2004.

2 Veja-se sobre o conceito de propaganda os Dicionários de Antônio de Moraes, Silva, Caldas Aulete e Cândido Figueiredo. Sobre o conceito de anúncio, associado à propaganda, o verbete correspondente do *Mini Dicionário Caldas Aulete*, todos já citados.

3 *Em Defesa da Propaganda*, tradução do original *In Defense of Advertising* por Gisela Madureira. São Paulo: Geração Editorial, 1997, p. 27.

4 Ob. cit., p. 133.

vê, portanto, que a publicidade profissional, em França, deve primar pela discrição, enquanto, nos Estados Unidos da América, poderá revestir-se de forma ostensiva.

Nos Estados Unidos, porém, nem sempre foi assim. Ao menos em alguns estados da federação americana, prevaleceu, durante muito tempo, a mesma discrição na publicidade recomendada pelo modelo francês. No estado do Arizona, por exemplo, havia, em certa época, normas rígidas a esse respeito, que simplesmente vedavam a publicidade profissional. Era o que estabelecia o regulamento da matéria, expedido pela *Bar of Arizona*. E foi o que motivou a impugnação judicial do sistema adotado pela referida entidade, culminando a ação pertinente em decisão da Corte Suprema, no ano de 1977, que reconheceu, afinal, a legitimidade dos anúncios feitos por advogados.

A decisão da Corte Suprema americana baseou-se na Primeira Emenda à Constituição, que assegura a liberdade de manifestação do pensamento, a qual compreendia, segundo a Corte, a divulgação comercial ou de atividades profissionais, genericamente. Tanto mais importante se mostrava essa divulgação, ao ver da Suprema Corte, porque ela teria amplo caráter informativo e facilitaria o acesso à Justiça, na medida em que proporcionasse aos jurisdicionados conhecimento das condições existentes para a contratação de advogados. O custo dos serviços seria um dos elementos que poderiam tornar-se mais claros e de conhecimento geral por meio de publicidade ampla, razão por que entendeu a Corte que os anúncios serviriam *"para reduzir, e não para ampliar o custo de serviços legais ao usuário"*[5].

É fácil compreender que a percepção da existência de uma relação consumista entre advogados e clientes, nos Estados Unidos, foi fator determinante do entendimento da Suprema Corte, na matéria, depois, aliás, reiterado em outras decisões.

O modelo americano de publicidade profissional do advogado consolidou-se, assim, por meio de decisão judicial, podendo-se afirmar, portanto, que foi fruto de criação pretoriana.

Há, contudo, nos Estados Unidos, *regras modelo de conduta profissional* estabelecidas pela *American Bar Association* – ABA, em 1983 – *Model Rules of Professional Conduct* –, as quais cuidam da publicidade profissional (cf. item 7.2), fixando parâmetros em geral observados pela maioria dos

---

5 Cf. Kent Kauffman, *"it is entirely possible that advertising will serve to reduce, not advance, the cost of legal services to the consumer"*. *Legal Ethics*, 3rd edition. Stamford: Cengage Learning, 2013, p. 249.

estados-membros da federação. Tais regras preveem que o *advogado possa anunciar serviços por meio da comunicação escrita, gravada ou eletrônica, incluindo os meios de comunicação públicos.* Veda-se o agenciamento de serviços, assim como a captação de clientela. Permite-se a indicação da especialidade a que se dedica o advogado, desde que este haja obtido título de especialista, expedido pelo órgão competente do Estado. Proíbe-se a menção a cargo público que o advogado, eventualmente, exerça. Há, em suma, certo controle da publicidade, embora esta possa ser realizada com maior liberalidade do que se dá noutros países.

Na França, a matéria é regulada, hoje, pelo Regulamento do Conselho nacional da entidade dos advogados – *Règlement intérieur national ou RIN.* Segundo este, *o objetivo da publicidade deve ser exclusivamente a informação do público interessado. Não pode, em nenhum caso, transmudar-se em solicitação ou oferecimento de serviços. Os meios por que se veicula a publicidade devem ser discretos, e não exagerados*[6].

Veda-se, no material publicitário usado pelo escritório, a menção a nomes de clientes, a pessoas que não exerçam no escritório atividade jurídica, a resultados financeiros obtidos. Outras proibições visam a resguardar a discrição imposta à publicidade do advogado[7].

O RIN permite a utilização da internet para efeito de publicidade, mas o advogado não pode valer-se do seu *site* para oferecimento de serviços[8].

Tal é a concepção da publicidade profissional perfilhada pela legislação francesa, que o citado RIN consolida.

Vem de longe essa linha de recato e discrição que se tornou marca da advocacia francesa. Maurice Garçon, em seu livro tantas vezes citado, referia-se à advocacia como *"uma profissão em que é de regra uma honesta discrição"*[9]. Reprovando o rigor de antanho, a que alude Cresson, um clássico da literatura sobre a advocacia, acrescenta, expressivamente, o antigo *bâtonnier* dos advogados franceses:

---

6 *"L'objectif doit être exclusivement l'information du public. Il ne peut en aucun cas être la solicitation: le démarchage (...) Les moyens eux-mêmes doivent être discrets, et non pas tapageurs."* (Jean-Jacques Taisne, *La déontologie de l'avocat*, cit., p. 91).

7 Cf. Jean-Jacques Taisne, *La déontologie de l'avocat*, cit., p. 94.

8 *"Le site de l'avocat ne peu en aucun cas permettre la démarchage"* (Jean-Jacques Taisne, *La déontologie de l'avocat*, cit., p. 95).

9 *O Advogado e a Moral*, cit., p. 133.

> *"Mas persiste a proibição quanto a tudo que, de perto ou de longe, se afigure recrutamento de clientela, e do mesmo modo não pode o advogado socorrer-se de angariadores, nas cadeias ou na cidade, que lhe gabem os méritos, como fazem os caixeiros viajantes distribuindo prospectos e cartões das casas que representam. Tão indignos processos são incompatíveis com a dignidade da profissão."*[10]

Em Portugal, como no Brasil, sempre se seguiu essa linha de orientação, em matéria de publicidade profissional. O vigente Estatuto da Ordem dos Advogados de Portugal avançou bastante, nesse campo, a ponto de merecer reparo da parte de um dos seus mais autorizados comentadores, António Arnaut[11]. Mas, o seu art. 89º, 4, "a", continua a proibir

> *A colocação de conteúdos persuasivos, ideológicos, de autoengrandecimento e de comparação.*

Na essência, portanto, a legislação portuguesa parece preservar o modelo francês de publicidade.

Do mesmo modo procede o *Código de deberes jurídicos, morales y éticos del profesional en Derecho*, na Costa Rica. Embora permitindo que o advogado anuncie seus serviços por qualquer meio de comunicação, estabelece uma diretriz: *deberán hacerlo de forma digna, moral, con moderación, evitando el auto elogio* (art. 30). E impõe restrições análogas às que o nosso Código de Ética adota (art. 30, segunda parte).

O Código de Honduras, por sua vez, é taxativo, no seu art. 19, primeira parte:

> *La formación de la clientela debe fundarse en la capacidad profesional y en la honorabilidad. El Abogado deberá evitar la solicitación directa o indirecta de clientela, la publicidad en su próprio elogio con carácter propagandístico y la competencia desleal.*

Os Códigos de Ética da Argentina e do Chile são parcimoniosos em matéria de publicidade, limitando-se o primeiro a incluir entre os deveres do advogado o de *abster-se de publicar seus serviços "sin la mesura y el decoro exigidos por la dignidad de la profesión" (*art. 10, "f") e proibindo o segundo de *"recurrir a la solicitación para formar su clientela"* (art. 13) – o que, de

---

10 *O Advogado e a Moral*, cit., p. 126.

11 *Estatuto da Ordem dos Advogados Anotado*, cit., p. 106.

qualquer modo, indica o estilo sóbrio por que deve pautar-se a divulgação de suas atividades[12].

Documento importante sobre o tema, a despeito de sua aplicabilidade restrita ao plano das relações transnacionais, é o Código de Ética para a Advocacia do MERCOSUL – Código de Ética para la Abogacia del Mercosur. O Código resultou de iniciativa do COADEM (Colégios y Ordenes de Abogados del MERCOSUR) e foi elaborado em sucessivas reuniões realizadas, a partir de 1995, em Ciudad del Este, Buenos Aires (onde se realizaram três reuniões), Montevidéu, San Isidro e Balneário de Camboriú, onde se deu a aprovação final, a 27 de junho de 1997.

O item correspondente à publicidade profissional está assim concebido:

> ***3.2.7.– Publicidad***
>
> *La publicidad del abogado debe ser discreta y moderada. Sólo podrá contener su título profesional, Universidad de que obtuvo su graduación, inscripción en el Colegio u Orden a la que pertenece, dirección, horario de atención, especialidad de la rama del derecho que ejerce.*
>
> *El anuncio o publicación del abogado no debe mencionar directa o indirectamente, cualquier cargo, función pública, o relación de empleo actual o anterior.*
>
> *El anuncio no debe contener fotografías, ilustraciones, colores, figuras, diseños, logotipos, marcas o símbolos incompatibles con la sobriedad de la abogacía, salvo aquellos que fueren autorizados por el Colegio u Orden del lugar de actuación.*
>
> *Están prohibidas las referencias a los servicios, tarifas, facilidades o formas de pago de los honorarios.*
>
> *El abogado que eventualmente participe de un programa de televisión o de radio, de entrevistas a la prensa o de reportajes por cualquier medio de difusión debe referirse exclusivamente a objetivos ilustrativos, educacionales o instructivos, quedándole vedada su promoción personal o profesional, o los métodos de trabajo que utilice.*
>
> *Está prohibido al abogado pronunciarse a través de los medios de comunicación sobre asuntos que estén bajo su patrocinio, o sobre la actuación de otros colegas, salvo que sea para cumplir los fines previstos en el párrafo anterior.*

---

12 Traduzam-se assim os trechos citados: *"sem a compostura e o decoro exigidos pela dignidade da profissão"* (Cód. da Argentina); *"recorrer a solicitação para formar sua clientela"*, isto é, adotar, para tanto, procedimentos tendentes a angariar clientela (Cód. do Chile).

É de notar a coincidência entre as linhas gerais da regulamentação adotada pelo Código do MERCOSUL e o sistema do Código de Ética de 1995. Aliás, é fácil perceber a influência de disposições do nosso Código anterior sobre aquele diploma normativo da ética, no âmbito do MERCOSUL.

Segundo se observa, o modelo mais ousado de publicidade, que se pratica nos Estados Unidos da América, é próprio de uma concepção das atividades lucrativas diferente da que vigora, particularmente, na América Latina ou nos países de forte influência católica. A leitura da obra clássica de Vianna Moog – *Bandeirantes e Pioneiros*[13] –, em que o autor traça um paralelo entre a civilização americana e a brasileira, mostrando a influência do pensamento calvinista nos rumos que o capitalismo tomou no grande país do Norte, talvez ajude a compreender a peculiaridade apontada. A expansão vertiginosa dos negócios tende a acirrar a concorrência e esta desperta a necessidade de anunciar os produtos e serviços com maior intensidade.

A linha de orientação perfilhada pelo Código de Ética e Disciplina da OAB não é, como se verá, restritiva, mas procura preservar o recato natural da advocacia, essencial à dignidade da profissão. Tem em vista, especialmente, evitar e coibir a concorrência sem peias, suscetível de transformar o exercício da advocacia numa forma sofisticada de mercancia. É evidente que o advogado precisa tornar-se conhecido para formar clientela. Maurice Garçon reconhece essa contingência, ponderando, porém:

> *"Alcançar notoriedade, prêmio do trabalho, da ciência e do talento, é uma ambição legítima. Mas deve conquistar-se naturalmente e não por solicitações menos dignas."*[14].

Em artigo sobre o tema, Edgard Luiz Cavalcanti de Albuquerque, ex-Presidente da OAB/PR e antigo Conselheiro Federal, coloca a questão da sobrevivência do advogado principiante em face das limitações decorrentes da Ética Profissional, como um escolho a enfrentar na disciplina da publicidade. No fecho de suas considerações sobre o assunto, diz o conceituado advogado paranaense:

> *"Entre comer e viver e observar a ética e os postulados da nossa profissão, evidente que os últimos cedem aos primeiros e a preocupação passa a inexistir.*

---

13 *Bandeirantes e Pioneiros*. 15ª edição. Rio de Janeiro: Civilização Brasileira, 1985.

14 *O Advogado e a Moral*, cit., p. 123.

> *Essa é a realidade e vamos ter que enfrentar, apesar de não sabermos como e nem de que forma, acreditando, já conformado, que seja a ordem natural das coisas."*[15].

O problema humano suscitado na página referida não pode ser resolvido, entretanto, à margem da disciplina ética. Sem precisar recorrer, a esse respeito, a considerações de ordem filosófica, basta que se diga que as disposições pertinentes do Código de Ética não representam, apenas, um limite à publicidade e à concorrência, mas significam, em grande parte, um freio a conter o poder dos mais fortes, em detrimento dos mais fracos. Com efeito, um dos argumentos que pesaram, na discussão do Código, no sentido de manter-se a linha de orientação do modelo francês de publicidade profissional, foi o de que era preciso preservar o advogado jovem, em geral sem recursos para desenvolver publicidade mais ampla do seu escritório, diante do potencial de influência dos grandes escritórios, capaz de repercutir de forma avassaladora num regime de publicidade sem limites, em que os meios de divulgação se tornassem cada vez mais requintados e os recursos utilizados consagrassem propaganda mais agressiva e com maior força persuasiva.

3. CARÁTER MERAMENTE INFORMATIVO DA PUBLICIDADE PROFISSIONAL

> ***Art. 39. A publicidade profissional do advogado tem caráter meramente informativo e deve primar pela discrição e sobriedade, não podendo configurar captação de clientela ou mercantilização da profissão.***

O art. 39 do Código de Ética e Disciplina, expressando a filosofia que orienta a publicidade profissional do advogado, define o seu caráter *meramente informativo* e fixa as diretrizes a que ela se subordina.

Ver-se-á, a seguir, em que medida o *caráter* da publicidade profissional deriva da linha filosófica a que o Código se filia, nesta matéria. Quanto ao estilo da publicidade ou a forma por que é veiculada, o dispositivo estabelece que ela *deve primar pela discrição e sobriedade*, o que significa dizer que não pode adquirir o tom peculiar à propaganda de produtos. O Código de 1934, na única disposição que continha sobre publicidade, dizia que ao

---

15 Publicidade na Advocacia. In: *Ética, Disciplina e Processo*, cit., p. 215.

advogado não se permitia *anunciar imoderadamente* (Seção I, II, "c"). O Código de 1995 abria o capítulo pertinente prescrevendo que o anúncio dos serviços profissionais haveria de ser feito *com discrição e moderação*. Isso mostra que, entre nós, nunca se fugiu à concepção ortodoxa da publicidade profissional, segundo a qual esta deve ter em vista, apenas, a divulgação da atividade profissional, sem enveredar pelo caminho da propaganda, que tem por objetivo alardear serviços ou atividades.

Ao dispor que a publicidade não poderá *configurar captação de clientela*, o Código obedece ao ditame da Lei nº 8.906/1994, que proíbe essa prática na medida em que define como infração disciplinar o ato de *angariar ou captar causas, com ou sem intervenção de terceiros* (art. 34, IV). Este dispositivo do Estatuto, de certo modo, preordena as normas éticas que disciplinam a publicidade profissional. Com efeito, uma publicidade que fosse além do caráter meramente informativo para convencer ou persuadir o cliente a confiar a causa ao advogado, inevitavelmente, estaria infringindo a norma estatutária.

Vedando qualquer tipo de publicidade que implique *mercantilização da profissão*, o artigo em comento, ainda uma vez, mostra-se afinado com a norma legal citada e guarda coerência com a regra do art. 5º do Código, já comentada.

É grato verificar que um advogado da nova geração – Rafael Francisco de Oliveira –, compreendendo o sentido restritivo das normas sobre publicidade sancionadas pela OAB, ainda acrescenta argumento eloquente no sentido de justificar a postura discreta que o profissional deve ter, nesse campo. Diz o referido advogado que a melhor publicidade do advogado *"está na sua atuação profissional, na realização do seu trabalho com ética e conduta ilibada, no resultado obtido em suas demandas, mas nunca em estratégias impróprias ou imoderadas, vez que a sua propaganda estará relacionada à própria essência da palavra advogado, que deriva da expressão em latim 'ad vocatus' que significa o que foi chamado."*[16].

Realmente, o advogado, cioso da sua postura discreta e do papel que representa, como elemento essencial à administração da Justiça, deve *ser chamado* ou ser procurado pelo cliente, em vez de insinuar-se ou oferecer-se, mediante o emprego de formas agressivas ou espalhafatosas de publicidade.

---

16 *Advocacia e Ética* – o Exercício da Profissão, obra coletiva sob a coordenação de Alexandre Figueiredo de Andrade Urbano *et alii*. Belo Horizonte: Del Rey, 2015, p. 330.

4. MEIOS DE PUBLICIDADE NÃO ADMITIDOS

Art. 40. ***Os meios utilizados para a publicidade profissional hão de ser compatíveis com a diretriz estabelecida no artigo anterior, sendo vedados:***

I – a veiculação da publicidade por meio de rádio, cinema e televisão;

II – o uso de **outdoors*****, painéis luminosos ou formas assemelhadas de publicidade;***

III – as inscrições em muros, paredes, veículos, elevadores ou em qualquer espaço público;

IV – a divulgação de serviços de advocacia juntamente com a de outras atividades ou a indicação de vínculos entre uns e outras;

V – o fornecimento de dados de contato, como endereço e telefone, em colunas ou artigos literários, culturais, acadêmicos ou jurídicos, publicados na imprensa, bem assim quando de eventual participação em programas de rádio ou televisão, ou em veiculação de matérias pela internet, sendo permitida a referência a **e-mail*****;***

VI – a utilização de mala direta, a distribuição de panfletos ou formas assemelhadas de publicidade, com o intuito de captação de clientela.

Parágrafo único. Exclusivamente para fins de identificação dos escritórios de advocacia, é permitida a utilização de placas, painéis luminosos e inscrições em suas fachadas, desde que respeitadas as diretrizes previstas no artigo 39.

O art. 40 do Código é um desdobramento do anterior. Aludindo aos *meios utilizados para a publicidade profissional*, considera admissíveis apenas os que se mostrarem compatíveis com a diretriz estabelecida no art. 39, declarando, desde logo, vedados alguns desses meios, cuja natureza, por si só, não se harmoniza com a discrição e a sobriedade exigidas naquela norma básica.

É o caso, em primeiro lugar, da *veiculação da publicidade por meio de rádio, cinema e televisão (inciso I)*. Tais meios de comunicação prestam-se mais à propaganda do que à simples publicidade. Os anúncios por eles exibidos têm, em geral, feição ostensiva, própria da propaganda de produtos e serviços empresariais. Não são, por isso mesmo, formas de publicidade que guardem discrição e sobriedade. Nos Estados Unidos, em face da concepção predominante, a esse respeito, o rádio e a televisão, em especial, são amplamente utilizados para a publicidade profissional e os grandes escritórios recorrem a empresas publicitárias para compor os seus anúncios, como fazem, habitualmente, as empresas. Em outros países em que o controle da publicidade profissional é mais rigoroso, já se passa a admitir também, sob certas restrições quanto à forma dos anúncios, o uso desses meios de comunicação para o mesmo fim. É o que se verifica em Portugal[17] e na Costa Rica, cujo Código, como vimos, admite o uso de qualquer meio de comunicação.

Veda-se, igualmente, *o uso de outdoors, painéis luminosos ou formas assemelhadas de publicidade (*inciso II*)*, pelo seu caráter ostensivo e, em alguns casos, espalhafatoso.

Assim também *as inscrições em muros, paredes, veículos, elevadores ou em qualquer espaço público (inciso III)*. Basta observar os grandes anúncios que se estampam em paredes de prédios, mediante pagamento de uma quota ao respectivo condomínio, para perceber a inconveniência de admitir-se a publicidade do advogado por esse meio. E hoje essa prática vai-se estendendo a outros espaços, como os elevadores, à medida que as empresas publicitárias sentem a necessidade de tornar os anúncios mais visíveis ou agressivos.

A proibição de promover a *divulgação de serviços de advocacia juntamente com a de outras atividades ou* de mostrar *a indicação de vínculos entre uns e outros (inciso IV)*, é de outra ordem. Decorre de norma legal expressa. A Lei nº 8.906/1994, no art. 1º, § 3º, diz que *é vedada a divulgação de advocacia em conjunto com outra atividade.*

Para impedir a captação de clientela por meio de forma de publicidade indireta ou subliminar, veda-se *o fornecimento de dados de contato*, em eventuais aparições na mídia ou em artigos publicados, permitida, apenas, a referência a e-mail (inciso V). Esta permissão não se adstringe às matérias veiculadas pela internet, como uma interpretação apressada pode fazer supor; estende-se aos demais meios de comunicação referidos no inciso. Aliás, a cláusula nesse sentido surgiu de emenda apresentada em plenário, ao fundamento de que a menção ao endereço eletrônico tornou-se praxe nos artigos de conteúdo acadêmico.

Também se veda *a utilização de mala direta, a distribuição de panfletos ou formas assemelhadas de publicidade, com o intuito de captação de clientela* (inciso VI). Não confundir a hipótese com a do uso de *folders* do

---

17 Cf. António Arnaut, *Estatuto da Ordem dos Advogados*, cit., p. 107, nº 2, onde se faz referência ao "parecer estruturante" do Conselho Geral da Ordem, estabelecendo normas sobre o uso da televisão e da internet e acentuando que a publicidade, mesmo quando veiculada por esses meios, não pode fugir ao seu caráter de *"publicidade informativa"*.

escritório ou da sociedade de advogados, bem como com os cartões de visita, cuja utilização é regulada no art. 44, nem com os boletins culturais de que trata o art. 45.

O parágrafo único do art. 40, ora em comento, ressalva que, nos escritórios, poderão ser instalados painéis luminosos e placas, podendo as fachadas do prédio em que aquele estiver instalado – e somente estas – conter inscrições indicativas, *desde que respeitadas as diretrizes previstas no art. 39.* Trata-se de uma inovação, que atende à circunstância de a sede do escritório (muitas vezes instalada em prédios com essa destinação específica) ser um espaço privado, razão por que à área respectiva não deveria estender-se a norma que proíbe semelhantes formas de anúncio nos espaços públicos (inciso II, *supra*).

Observe-se que os meios de publicidade proibidos, por incompatíveis com as diretrizes aludidas, não são apenas os que o *caput* do artigo arrola. Quaisquer outros que, do mesmo modo, atentem contra a discrição e a sobriedade exigidos pelo art. 39, não serão admitidos. Não se faz, ali, portanto, uma enunciação em *numerus clausus*, senão em *numerus apertus*.

Tenha-se presente a advertência de Carlos Maximiliano:

> *"Quando se proíbe um fato, implicitamente ficam vedados todos os meios conducentes a realizar o ato condenado ou iludir a disposição impeditiva."*[18]

5. OUTROS PROCEDIMENTOS NÃO ADMITIDOS

> ***Art. 41. As colunas que o advogado mantiver nos meios de comunicação social ou os textos que por meio deles divulgar não deverão induzir o leitor a litigar nem promover, dessa forma, captação de clientela.***

Como já foi dito, as aparições do advogado em programas de rádio ou televisão, assim como em reportagens de jornais ou revistas deve ser *eventual*. E visar a objetivo determinado. Este há de ser o de promover *manifestação profissional*, visando a fins *exclusivamente ilustrativos, educacionais e instrutivos*, não podendo ocorrer com o *propósito de promoção pessoal ou profissional*, nem prestar-se a apreciações críticas *sobre métodos de trabalho usados por seus colegas de profissão* (cf. art. 43, *caput*).

---

18 *Hermenêutica e Aplicação do Direito*, cit., p. 255, nº 229.

Hoje, em vista da praxe de transmitirem-se pela televisão sessões de tribunais, o risco de ocorrência da última hipótese tornou-se maior, sobretudo com relação a processos de repercussão nacional. Ainda que movido por orientação política ou ideológica, o advogado deve abster-se de fazer reparos à atuação do colega que figura no caso. Assim como não deve prevalecer-se da ocasião para promover-se, como especialista que seja no assunto em debate.

A intervenção do advogado, em tais situações, deve seguir os padrões de discrição e sobriedade tantas vezes enfatizados. Convidado a manifestar-se, na mídia, deve ter consciência de que vai desempenhar, aí, missão concernente ao seu múnus público, no sentido de orientar e esclarecer, em vez de usar o pretexto para auferir vantagem indireta ou futura, como simples profissional.

Por outro lado, em se tratando de colunas mantidas em jornais ou revistas ou de textos por meio destes publicados, cumpre ao advogado ter a cautela de *não induzir o leitor a litigar nem promover, dessa forma, captação de clientela.* É o que reza o art. 41 do Código. Se, por exemplo, o autor da coluna ou do artigo sobre determinada matéria jurídica invoca no texto respectivo decisão proferida em caso por ele patrocinado, insistindo na defesa da tese vitoriosa, em termos capazes de sensibilizar o leitor a quem essa possa aproveitar, estará, inequivocamente, adotando procedimento de captação de clientela. O comentário aduzido em torno da matéria jurídica extrapola, no caso, os limites da abordagem em tese do assunto, para servir de meio tendente a atrair para o seu escritório pessoas que estejam na mesma situação da que foi por ele descrita no texto jornalístico.

> ***Art. 42. É vedado ao advogado:***
>
> ***I – responder com habitualidade a consulta sobre matéria jurídica, nos meios de comunicação social;***
>
> ***II – debater, em qualquer meio de comunicação, causa sob o patrocínio de outro advogado;***
>
> ***III – abordar tema de modo a comprometer a dignidade da profissão e da instituição que o congrega;***
>
> ***IV – divulgar ou deixar que sejam divulgadas listas de clientes e demandas;***
>
> ***V – insinuar-se para reportagens e declarações públicas.***

O art. 42 contém proibições da mesma natureza das que se encontram no art. 40, as quais, igualmente, derivam da diretriz assentada no art. 39. Trata-se, aí, de condutas do advogado que podem configurar formas indiretas de publicidade ou servir de pretexto à divulgação subliminar dos seus serviços.

A primeira proibição é a de *responder com habitualidade a consulta sobre matéria jurídica, nos meios de comunicação social* (inciso I). O advogado somente pode participar de programas de televisão ou de rádio, assim como de entrevistas ou reportagens, na mídia em geral, *eventualmente*, como está dito no art. 41. Não pode o profissional, portanto, manter, como doublé de advogado e comunicador, programas no rádio ou na televisão, com o fim de responder a consultas ou tirar dúvidas dos interessados, ainda que em torno de fatos momentosos que ocupem a atenção dos meios de comunicação. Programas do tipo dos consultórios jurídicos, em que o protagonista, permanente ou eventual, é o advogado, contrariam a norma do Código, por se considerarem formas de captação de clientela ou de concorrência desleal.

No trabalho já referido, Edgard Luiz Cavalcanti de Albuquerque traz à colação parecer do Tribunal de Ética da Seccional do Paraná, em resposta a consulta sobre o tema, cuja ementa é a seguinte:

> *"A veiculação de publicidade do advogado em programa de rádio, mesmo que às expensas de Instituição Assistencial Evangélica, contraria o disposto no art. 29 do Código de Ética e Disciplina da OAB."*[19]

O objeto da consulta assim respondida pelo Tribunal de Ética do Paraná motiva especial preocupação no que diz respeito ao exercício da advocacia *pro bono*. Cabe relembrar, a esse propósito, a disposição do § 3º do art. 30, no sentido de que a advocacia *pro bono* não pode servir de instrumento *à publicidade para captação de clientela*.

A Segunda Câmara do Conselho Federal já teve oportunidade de examinar hipótese que se enquadraria, hoje, no contexto do dispositivo em comento, na qual o veículo utilizado para as consultas jurídicas seria o telefone. Tratava-se, aliás, de serviço adicional que determinada empresa de telefonia pretendia oferecer, contando com a participação de advogado para o atendimento das perguntas formuladas pelos usuários e cabendo àquele uma quota na tarifa cobrada pelo serviço. A Câmara, atuando como relator o autor destes comentários, manifestou-se pela inadmissibilidade do procedimento, por considerar a hipótese subsumida à norma do art. 33, I, do

---

19 Autor e texto cits, *ibidem*, p. 208. A ementa transcrita corresponde a julgado de 23.09.96, no Proc. nº 099/95, relator o Dr. Antonio Acir Breda.

Código de Ética de 1995, que dispunha no mesmo sentido do preceito ora comentado. É a seguinte a ementa do acórdão proferido:

> *Ementa nº 050/95/SCA. Não é lícita, à luz do Código de Ética e Disciplina, a participação do advogado em contatos estabelecidos por via telefônica, com o fim de atender a consultas de usuários, mediante a discagem de determinado prefixo, para tanto adotado pela empresa de telecomunicações.*[20]

Caberia invocar, em abono do entendimento então firmado, a velha parêmia: *"Se o fim é vedado, consideram-se proibidos todos os meios próprios para o atingir."*[21]

Não pode o advogado *debater, em qualquer meio de comunicação, causa sob o patrocínio de outro advogado* (inciso II). Procedimento desse jaez contraria o *dever de lealdade*, prescrito no art. 2º, II, além de fugir à *discrição e sobriedade* inerentes à publicidade profissional (art. 39).

Cioso como deve ser da dignidade da profissão e do prestígio da OAB, não pode o advogado abordar tema, na mídia, de forma a atingir esses valores por que deve zelar (inciso III).

A divulgação de listas de clientes e demandas, seja qual for a circunstância em que isso se verifique, é, igualmente, vedada (inciso IV). A proibição estende-se a entrevistas ou reportagens, em que o profissional figure como protagonista. E prevalece também na divulgação do *curriculum vitae*, em qualquer meio ou para qualquer fim. Desavisadamente, candidatos a vagas destinadas à classe nos tribunais chegam a apresentar currículos em que relacionam, com jactância, grandes empresas para as quais já advogaram. É uma infração ética grave.

Quando o advogado se insinua para reportagens e declarações públicas, está em busca de notoriedade ou arquitetando forma de captar clientela. Por isso, a prática é vedada (inciso V). Não se trata de um comportamento que se coadune com a discrição e a sobriedade exigidos do profissional.

O Tribunal de Ética e Disciplina da Seccional de São Paulo da OAB, ainda na vigência do Código de Ética de 1934, pronunciou-se sobre entrevista concedida a determinada publicação por prestigioso advogado daquele estado, em termos que bem ilustram o sentido da proibição que ora se co-

---

20 *Diário da Justiça*, 20.12.1996, Seção I, 52294.

21 Cf. Carlos Maximiliano, *Hermenêutica e Aplicação do Direito*, cit., p. 326, nº 315.

menta e se mantêm atuais, em face do Código de 2015, segundo se vê da ementa do respectivo parecer:

> *Publicidade do advogado. Artigo, com entrevista, sobre advogado, em revista de grande circulação. "Conteúdo indicativo, pelos fatos profissionais e detalhes pessoais narrados, de contribuição direta do entrevistado. Configuração da busca de notoriedade ou valorização de reputação. Inconveniência ética, por "solicitar, provocar ou sugerir publicidade que importe propaganda de seus merecimentos ou atividades" (CEP, Seção I, inc. II, letra "d"). Inconveniente e danosa conversão da sobriedade da advocacia em sentimento de mercantilização dos serviços profissionais".*[22]

Outra importante decisão do Tribunal de Ética de São Paulo – esta, mais recente –, sobre matéria que envolve, a um tempo, publicidade, uso da internet e captação de clientela, é a que a se traduz na seguinte ementa:

> *Sítio eletrônico. Consultas jurídicas. Indicação de advogados cadastrados como decorrência de consultas no sítio. Impossibilidade.*
>
> *Não há óbice na criação ou desenvolvimento de "sites", "portais" ou "blogs" por advogados. Já é tema, pacificado nesta Turma, que quando ditos meios eletrônicos são destinados a informações e contenham cunho social, devem respeitar e observar as normas estabelecidas no Provimento nº 94/2000 do Conselho Federal da OAB e nos arts. 28 a 31 do Código de Ética e Disciplina. Sítios eletrônicos, portais e "blogs" não se prestam a responder consultas jurídicas. Constitui-se captação de causas e clientela, como também concorrência desleal. Não é possível, ademais, que tais perguntas sejam respondidas sem identificação do profissional do Direito, sob pena de violação dos arts. 1º e 14 do Estatuto da Advocacia. Destinar ou dirigir a advogados cadastrados consultas veiculadas em sítios eletrônicos configura, a um só tempo, inculca [ção], captação indevida de causas e clientela, concorrência desleal e mercantilização da profissão: arts. 32, 33 e 39 do CED, art. 36, inciso I, do EOAB e arts. 7º e 8º do Provimento nº 94/2000 (Processo nº E-4.571/2015, parecer e ementa do Rel. Pedro Paulo Wendel Gasparini. Decisão de 5/11/2015, in Boletim AASP, nº 2.973, 11 a 17 de janeiro de 2016, p. 13).*

---

22 Parecer de 10/02/1994, relator Dr. Elias Farah, revisor Dr. Bruno Sammarco. In: *Julgados do Tribunal de Ética Profissional*, OAB / SP, 1997, vol. III, p. 65.

6. PARTICIPAÇÃO NA MÍDIA

***Art. 43.** O advogado que eventualmente participar de programa de televisão ou de rádio, de entrevista na imprensa, de reportagem televisionada ou veiculada por qualquer outro meio, para manifestação profissional, deve visar a objetivos exclusivamente ilustrativos, educacionais e instrutivos, sem propósito de promoção pessoal ou profissional, vedados pronunciamentos sobre métodos de trabalho usados por seus colegas de profissão.*

***Parágrafo único.** Quando convidado para manifestação pública, por qualquer modo e forma, visando ao esclarecimento de tema jurídico de interesse geral, deve o advogado evitar insinuações com o sentido de promoção pessoal ou profissional, bem como o debate de caráter sensacionalista.*

Ao tratar das participações do advogado em eventos da mídia, o Código tem sempre a preocupação de preservar a discrição e a sobriedade com que deve agir o profissional, evitando que este se prevaleça da ocasião para *promoção pessoal ou profissional* ou que atribua à sua intervenção *caráter sensacionalista,* conforme está dito no parágrafo único.

7. OUTRAS DISPOSIÇÕES

***Art. 44.** Na publicidade profissional que promover ou nos cartões e material de escritório de que se utilizar, o advogado fará constar seu nome, nome social ou o da sociedade de advogados, o número ou os números de inscrição na OAB. (Cf. Resolução n. 07/2016)*

***§ 1º** Poderão ser referidos apenas os títulos acadêmicos do advogado e as distinções honoríficas relacionadas à vida profissional, bem como as instituições jurídicas de que faça parte, e as especialidades a que se dedicar, o endereço, e-mail, site, página eletrônica, QR code, logotipo e a fotografia do escritório, o horário de atendimento e os idiomas em que o cliente poderá ser atendido.*

***§ 2º** É vedada a inclusão de fotografias pessoais ou de terceiros nos cartões de visitas do advogado, bem como menção a qualquer emprego, cargo ou função ocupado, atual ou pretérito, em qualquer órgão ou instituição, salvo o de professor universitário.*

Na linha de discrição e sobriedade por que deve pautar-se a publicidade profissional, restringem-se as referências admissíveis, nos cartões e material de escritório, ao nome do advogado ou da sociedade de advogados, aos números de inscrição na OAB, aos títulos acadêmicos e às distinções honoríficas relacionadas à vida profissional, bem como às instituições jurídicas de que faça parte e às especialidades a que se dedique, além de informações úteis à sua localização e aos contatos pessoais.

Veda-se o uso de fotografias pessoais, permitida, contudo, a foto do escritório, como elemento de sua localização. Por extensão, é de admitir-se a confecção de *folders*, os quais veicularão a foto da sede do escritório ou da sociedade.

Não é lícita, igualmente, a menção a cargos públicos já exercidos, em qualquer dos Poderes da República, salvo o cargo de professor universitário. O objetivo é o de evitar que profissionais que exerceram cargos dessa natureza ou fizeram carreira noutras áreas, especialmente aquelas vinculadas ao Judiciário, se prevaleçam dessa condição para se apresentar como advogados supostamente dotados de poder de influência.

> ***Art. 45. São admissíveis como formas de publicidade o patrocínio de eventos ou publicações de caráter científico ou cultural, assim como a divulgação de boletins, por meio físico ou eletrônico, sobre matéria cultural de interesse dos advogados, desde que sua circulação fique adstrita a clientes e a interessados do meio jurídico.***

O Código, sintonizado com as exigências do nosso tempo e tendo em vista o papel social desempenhado pelos advogados e respectivas sociedades no campo cultural, avançou, consideravelmente, em termos de publicidade, ao admitir, de modo expresso, no art. 45, *o patrocínio de eventos ou publicações de caráter científico ou cultural, assim como a divulgação de boletins, por meio físico ou eletrônico, sobre matéria cultural de interesse dos advogados, desde que sua circulação fique restrita a clientes e a interessados do meio jurídico.*

O patrocínio de eventos implica a divulgação de *folders*, com o nome do advogado ou da sociedade de advogados que figurar como patrocinador. É evidente que deverão ser observados os requisitos da discrição e da sobriedade, a que alude o art. 39. O feitio dessas publicações há de ser condizente com a natureza do evento e com a dignidade da profissão.

Também se consideram relacionados ao referido patrocínio, os *banners* e faixas alusivos ao evento, segundo a praxe seguida nesse tipo de promoção. E ainda outros tipos de material, como pastas e fichas de inscrição. Sobretudo nos *banners* e nas faixas, é importante que se evite o sentido espalhafatoso, tendo-se sempre presente que se trata de uma forma de publicidade profissional e não de propaganda comercial. A menção ao patrocinador deve ser feita discretamente, em letras menores, que não façam sobressair, sobre o título do evento, a pessoa do advogado ou o nome da sociedade de advogados.

O intérprete deve sempre buscar o *"resultado mais razoável, que melhor corresponda às necessidades da prática"*, optando pela *"exegese de que resulte eficiente a providência legal*, uma vez que *"deve o direito ser interpretado inteligentemente"*. É a recomendação de Carlos Maximiliano, a que, ainda uma vez, cumpre recorrer[23]. Não faria sentido admitir-se o patrocínio de eventos sem possibilitar o uso, para esse fim, do material de divulgação que lhe é inerente e indispensável.

> ***Art. 46. A publicidade veiculada pela internet ou por outros meios eletrônicos deverá observar as diretrizes estabelecidas neste capítulo.***
>
> ***Parágrafo único. A telefonia e a internet podem ser utilizadas como veículo de publicidade, inclusive para o envio de mensagens a destinatários certos, desde que estas não impliquem o oferecimento de serviços ou representem forma de captação de clientela.***

O art. 46 manda observar, na publicidade veiculada pela internet ou por outros meios eletrônicos, as diretrizes nele estabelecidas, permitindo, ainda, *o envio de mensagens a destinatários certos, desde que estas não impliquem o oferecimento de serviços ou representem forma de captação de clientela* (cf. parágrafo único do cit. artigo).

O uso da internet para fins de publicidade já era admitido pelas normas anteriores ao Código. O Provimento nº 205/2021, aprovado pelo Conselho Federal da OAB, na conformidade do que dispõe o art. 47 do Código em comento, regula amplamente a publicidade veiculada pela internet, como se verá no item seguinte.

A possibilidade de ser usada também para o mesmo fim a telefonia constitui novidade. O parágrafo único do art. 46, que dispõe sobre o assunto, não constava do anteprojeto nem do substitutivo apresentado pelo relator originário: resultou de emenda apresentada em plenário. A disposição pertinente deve ser interpretada com cautela. É evidente que não seria admissível o emprego indiscriminado da telefonia, abrangendo até mesmo os serviços de telemarketing. Isso não seria compatível com a diretriz básica

---

23 *Hermenêutica e Aplicação do Direito*, cit., pp. 209/210, nº 178.

que o art. 39 estabelece em matéria de publicidade, destoando, mesmo, do sistema adotado pelo Código.

Vê-se que a norma, como ficou redigida, diz mais do que pretenderia dizer. Por isso, requer interpretação restritiva ou estrita (como prefere Carlos Maximiliano). Ensina, a esse respeito, o clássico Ferrara:

> *"A interpretação restritiva tem lugar particularmente nos seguintes casos: 1º se o texto, entendido no modo tão geral como está redigido, viria a contradizer outro texto da lei; 2º se a lei contém em si uma contradição íntima (é o chamado argumento ad absurdum; 3º se o princípio, aplicado sem restrições, ultrapassa o fim para que foi ordenado."*[24].

No que tange ao *envio de mensagens a destinatários certos*, a norma visa a ampliar as possibilidades de comunicação entre o advogado ou a sociedade de advogados com os seus clientes, muito mais do que a servir de veículo à publicidade profissional. Informações sobre andamento dos processos, comunicações de mudança de endereço ou de alteração do horário de atendimento, assim como de eventual ampliação das áreas de atuação do escritório, poderão, sem dúvida, ser transmitidas pela via telefônica ou pela internet, em contatos diretos. Mais do que isso, dificilmente, ocorrerá, sem que o uso desses meios de comunicação implique o *oferecimento de serviços ou represente forma de captação de clientela* – o que o dispositivo veda.

> ***Art. 47. As normas sobre publicidade profissional constantes deste capítulo poderão ser complementadas por outras que o Conselho Federal aprovar, observadas as diretrizes do presente Código.***

A norma constante do art. 47, que encerra o capítulo da publicidade profissional, tem em vista mostrar que o Código de Ética não pretendeu esgotar a disciplina da matéria, senão estabelecer as diretrizes que devem regê-la. Houve proposta, aliás, no sentido de que se excluísse o tema *publicidade* do texto do Código, de modo que fosse objeto de ampla disciplina em provimento. A sugestão não nos pareceu de bom aviso, porquanto uma das matérias que constituem objeto essencial de um Código de Ética é a da publicidade profissional. As normas fundamentais que a regulam devem figurar, pois, no corpo do Código, conforme, afinal, se fez. Nem poderia ser de outra forma, em face do disposto no art. 33, parágrafo único, do Estatuto

---

24 Francesco Ferrara, *Interpretação e Aplicação das Leis*. Traduzido por Manuel A. D. de Andrade. Coimbra: Armênio Amado, Editor, Sucessor, 1963, p. 149.

da Advocacia e da Ordem dos Advogados do Brasil, que, expressamente, indica a *publicidade* como um dos conteúdos essenciais do Código de Ética.

Art. 47-A. Será admitida a celebração de termo de ajustamento de conduta no âmbito dos Conselhos Seccionais e do Conselho Federal para fazer cessar a publicidade irregular praticada por advogados e estagiários.

Parágrafo único. O termo previsto neste artigo será regulamentado mediante edição de Provimento do Conselho Federal, que estabelecerá seus requisitos e condições. (Cf. Resolução n. 04/2020))

O artigo em referência foi acrescentado ao texto do Código de Ética e Disciplina pela Resolução n. 04/2020.

A solução adotada, no dispositivo, inspira-se em critérios de política disciplinar e visa a evitar que a prática de infrações às normas que regulam a publicidade profissional acarrete, desde logo, a instauração de processo ético-disciplinar, nos casos em que a conduta irregular possa ser corrigida pelos meios suasórios, de forma que cesse ou se ajuste às normas pertinentes, evitando a punição do infrator.

A celebração de termo de ajustamento de conduta, com vistas a esse objetivo, é regulada no Provimento n. 200/2020, de 27 de outubro de 2020. Este estabelece as condições a que o ato fica sujeito, a primeira das quais é a de que o advogado ou estagiário que dele pretenda beneficiar-se, estando regularmente inscrito nos quadros da OAB, não tenha "contra si condenação transitada em julgado por representação ético-disciplinar, ressalvando-se as hipóteses de reabilitação." (Provimento n. 200/2020, art. 2º, parágrafo único).

O procedimento assim regulado tem em vista a circunstância de que a publicidade veiculada de forma irregular decorre, muita vez, de desconhecimento ou mau entendimento das normas que a regulam, quando não resulta da ânsia de formar clientela, num meio em que a competitividade é cada vez maior. Daí o caráter pedagógico do dispositivo incorporado ao texto original do Código. Ver-se-á, a seguir, que o recente Provimento n. 205/2021, que dispõe sobre a publicidade e a informação da advocacia, parece seguir essa mesma linha de orientação, ao instituir órgão que tem em vista regular e orientar a publicidade – o Comitê Regulador do Marketing Jurídico – e ao prever a existência, no âmbito das Seccionais, de Comissões de Fiscalização da publicidade, que deverão atuar com o mesmo escopo pedagógico.

8. A PUBLICIDADE PROFISSIONAL SEGUNDO O PROVIMENTO Nº 205/2021

8.1. A regulamentação da publicidade profissional

O Provimento nº 205/2021, do Conselho Federal da OAB (v. texto integral nos Anexos do presente volume) regula a publicidade profissional, na conformidade do art. 47 do Código de Ética e Disciplina. Este prevê a complementação das diretrizes que estabelece sobre a matéria por normas que o órgão máximo da Ordem dos Advogados do Brasil venha a aprovar. Aliás, vigorava, já então, o Provimento nº 94/2000, cujas disposições haveriam de ser ajustadas ao Código – e isso vem de ser feito pelo Provimento nº 205, de 15 de julho de 2021. O novo Provimento tem, pois, caráter, regulamentar. Seu escopo é o de sistematizar, em um conjunto normativo, as formas de publicidade, observadas as diretrizes traçadas pelo Código de Ética.

A fonte primária das normas sobre publicidade profissional é o Código de Ética, por força do disposto no art. 33, parágrafo único, do Estatuto. Neste, já se encontram princípios que hão de ser obedecidos pelo Código na disciplina conferida ao tema. Assim, o Estatuto define a natureza da advocacia, atribuindo-lhe caráter de *serviço público* destinado ao cumprimento de uma *função social* (art. 2º, § 1º), em consonância com o papel que a Constituição confere ao advogado de atuar como elemento essencial à administração da justiça (Constituição da República, art. 133); veda ao advogado *valer-se de agenciador de causas* (Estatuto, art. 34, III), assim como *angariar ou captar causas (art. cit., IV),* além de conter outras disposições de sentido ético que realçam o caráter da advocacia como profissão liberal (isto é, profissão intelectual de natureza científica), distinguindo-a, na linha do que preceitua o Código Civil (art. 966), da atividade empresarial. Da natureza de profissão liberal peculiar à advocacia, derivam os parâmetros a ser observados na disciplina da sua publicidade, os quais, conjugados às citadas disposições do Estatuto, permitem delinear os contornos das normas disciplinadoras da matéria, situadas no Código de Ética e Disciplina.

A publicidade profissional do advogado deve obedecer, pois, a princípios e regras contidos em normas de tríplice natureza: o Estatuto (que é lei federal), o Código de Ética e Disciplina (que é diploma normativo aprovado pelo Conselho Federal da OAB) e o Provimento por este colegiado maior adotado (que é o regulamento daquela parte do Código).

O regulamento não inova, complementa; não institui princípios, aplica-os; não estabelece proibições, delimita-lhes o alcance.

Esta é a premissa de que se deve partir no exame do Provimento em referência.

8.2. *Marketing jurídico e Marketing de conteúdos jurídicos*

A ideia central do Provimento nº 205/2021 é a de que a publicidade profissional do advogado constitui instrumento do chamado marketing jurídico.

O vocábulo *marketing* é designativo de atividades e estratégias relacionadas ao mercado, as quais se desenvolvem com o fim de ensejar melhor exploração de suas potencialidades ou no sentido de promover a oferta de bens e serviços que nele devam circular, com vistas à obtenção de bons resultados ou à otimização de lucros, para isso adotando formas de propaganda capazes de atingir grande número de consumidores. O termo associa-se ao conceito de mercadologia, originando-se, na língua inglesa, do verbo *to marker*, cuja acepção é a de "*negociar em mercado".* Antônio Herman de Vasconcellos e Benjamin observa que "*o marketing é uma das modalidades de práticas comerciais*", acrescentando que, segundo Ulf Bernitz, no seu entender, *"o maior comercialista sueco"*, *"entende-se por marketing todas as medidas que se destinam a promover a comercialização de produtos, serviços e outras coisas de valor"*[25].

Houve, sem dúvida, nos últimos tempos, uma evolução semântica do termo, de que emerge uma terminologia específica, adotada por outros setores de atividade, como a de *marketing político, marketing social* e *marketing jurídico*. Este procura aplicar o conceito puro de *marketing* às atividades desenvolvidas pelos escritórios de advocacia e sociedades de advogados. Sua utilização parte do princípio de que o panorama da advocacia mudou, substancialmente, já não comportando o exercício artesanal da profissão, como outrora, mas exigindo, ao revés, uma atuação mais avançada do advogado, tanto do ponto de vista da organização do seu escritório quanto da maneira como se propõe enfrentar a concorrência, na área da sua atividade. Sob esse prisma, o advogado, para obter êxito na carreira, ver-se-ia na contingência de tornar-se competitivo em relação aos colegas,

---

25 *Código Brasileiro de Defesa do Consumidor comentado pelos autores do anteprojeto.* Rio de Janeiro: Forense Universitária, 8ª edição, 2004, pp. 245/246, nº 5.

agindo como um profissional que almeje, por assim dizer, *"vender os seus serviços"*. Para isso, é preciso que os clientes potenciais saibam o que ele pode oferecer, conheçam a qualidade dos serviços que é capaz de proporcionar, exponha-se mais, em suma, diante do "mercado" em que pretende inserir-se.

O certo, porém, é que a nova terminologia e os objetivos que ela pretende atingir são, nitidamente, peculiares às práticas mercadológicas. Traduzem, na verdade, uma nova filosofia de exercício profissional e pretendem forjar um novo tipo de publicidade da advocacia. Mas, não parecem coadunar-se com um dos princípios norteadores do Código de Ética, expresso no seu art. 5º: *O exercício da advocacia é incompatível com qualquer procedimento de mercantilização.*

Não se ignora que o termo *marketing jurídico* já esteja em voga, há algum tempo[26]. Trata-se de um neologismo construído por analogia com o *marketing* autêntico, cujo emprego tem-se dado com o cuidado de ajustá-lo às normas do Código de Ética. Assim, o Tribunal de Ética de São Paulo, no Proc. IE-5.296/2019, relator o Dr. Eduardo Augusto Alckmin Jacob, decidiu, a 13/11/2019:

> Ao advogado não é proibido fazer marketing ou anunciar os seus serviços profissionais, desde que o faça com discrição e moderação. O que lhe é vedado é sair da área discreta e moderada da publicidade, se envolvendo em métodos ou táticas que buscam a captação desleal de clientes, denegrindo o serviço público e a função social do ministério do advogado e configurando clara hipótese de mercantilização. Essas diretrizes se aplicam a informes e publicidade em sítios eletrônicos e locais/eventos físicos.
>
> (Boletim AASP, nº 3.126, 1ª. quinzena de maio/2021, p. 26)

Reconheça-se que o Provimento nº 205/2021 situa-se nessa linha de orientação. No seu art. 1º, *caput,* dispõe que

> *É permitido o marketing jurídico, desde que exercido de forma compatível com os preceitos éticos e respeitadas as limitações impostas pelo Estatuto da Advocacia, Regulamento Geral, Código de Ética e Disciplina e por este Provimento.*

O *marketing jurídico* é concebido pelo Provimento (art. 2º, I), como *Especialização do marketing destinada aos profissionais da área jurídica,*

---

26 Há, até mesmo, literatura sobre o tema, com o emprego dessa terminologia: Alexandre Motta, *Marketing Jurídico*, Migalhas, edição digital (e-book).

consistente na utilização de estratégias planejadas para alcançar objetivo do exercício da advocacia.

O *marketing* é, assim, admitido numa versão adaptada ao plano da advocacia e com as reservas que a legislação pertinente impõe. Isso o poria a salvo de qualquer contradição que se pudesse vislumbrar em face do citado art. 5º do Código de Ética.

Sucede, porém, que as palavras ou expressões empregadas pelo texto normativo costumam ganhar dimensão maior, na prática, influindo na interpretação de seus dispositivos ou forjando *aplicação mais flexível desses. Daí a cautela especial que o intérprete deve ter em face do termo marketing jurídico*, sendo recomendável não perder de vista o contexto em que ele se insere, no citado Provimento, de modo que a dicção normativa se ajuste ao conjunto da legislação.

Ferrara, citado no item anterior, recomendava adotar interpretação restritiva, *"se a lei contém em si uma contradição íntima"*. Carlos Maximiliano advertia para a necessidade de adotar "exegese rigorosa" quando haja, no texto, expressão que contradiz outro preceito[27]. Parece ser a conduta recomendável do aplicador do Provimento, no que concerne ao termo *marketing jurídico* e seu alcance.

Teria sido preferível evitar o emprego do vocábulo, que, a rigor, não condiz com o espírito que preside à disciplina da publicidade profissional, a qual, como salientado, decorre da lei que contém o Estatuto da Advocacia. O Instituto dos Advogados de Minas Gerais, nos subsídios que ofereceu à elaboração do Provimento, propôs que, em vez de *marketing jurídico*, se usasse a expressão *metodologia publicitária.* [28]

Na linha da orientação adotada – e que se afina, certamente, com uma nova visão do exercício da advocacia –, o Provimento regula também o denominado *Marketing de conteúdos jurídicos,* concebido como *estratégia de marketing* ou como forma de divulgação, pelo advogado, *por meio de ferramentas de comunicação*, de *conteúdos jurídicos* de teor informativo,

27 *Hermenêutica e Aplicação do Direito*, ob. cit., p. 256, nº 234.

28 Resultaram tais subsídios do trabalho realizado, no âmbito do IAMG, por Comissão Especial designada pelo seu Presidente, Dr. Felipe Martins Filho, a qual foi composta pelos seguintes membros, sob a presidência do autor destes Comentários, que atuou também como relator da matéria: Décio de Carvalho Mitre e José Anchieta da Silva (ex-Presidentes do Instituto); Fernando Gonzaga Jayme e Natália Cristina Chaves (professores da Faculdade de Direito da UFMG); Maria Flávia Cardoso Máximo (advogada empresarial).

suscetíveis de alcançar eventuais interessados, contribuindo para tornar conhecidas posições por ele adotadas acerca de temas jurídicos (cf. art. 2º, II). Desse modo, as pessoas que acessam, habitualmente, *sites* jurídicos poderão encontrar, aí, uma referência ou uma indicação útil à escolha do advogado que acaso cogitem procurar. O advogado há de divulgar esses conteúdos com a necessária discrição, formulando-os em tese e sem, por esse meio, se insinuar no sentido de atrair novos clientes – o que configuraria captação de clientela. Cabe lembrar, a esse propósito, a ponderação feita, acima, em comentário ao art. 41 do Código, no sentido de que não é lícito ao advogado, invocar o êxito obtido em determinadas causas para atrair novos clientes a quem a mesma questão jurídica possa interessar. Isso implica, igualmente, captação de clientela.

8.3. *Conceitos novos: publicidade ativa e publicidade passiva*

O Provimento adota duas estratégias de *marketing* cuja compatibilização com a publicidade permitida ao advogado requer especial cuidado, mormente no que tange à primeira: a da publicidade ativa e a da publicidade passiva. As respectivas definições encontram-se no art. 2º, incisos VI e VII e a disciplina de ambas é feita no art. 4º.

Trata-se de conceitos peculiares às redes sociais, visando a regular o impulsionamento de mensagens que veiculem conteúdos jurídicos produzidos pelo advogado ou transmitam informações de interesse do seu escritório, com um alcance maior, no caso da publicidade ativa ou mais restrito, no caso da publicidade passiva. A publicidade ativa busca atingir um segmento da sociedade em que o advogado deseje penetrar, enquanto a publicidade passiva desenvolve-se no âmbito de um grupo que já pertença ao relacionamento profissional do advogado, ainda que nem todos os integrantes desse grupo sejam seus clientes. A distinção entre as duas modalidades está, portanto, no público-alvo das mensagens publicitárias e, consequentemente, no alcance do impulsionamento.

A grande dificuldade no uso dessas estratégias está em evitar que elas se transformem em meio de promover captação de clientela. Daí a ressalva que o *caput* do art. 4º faz ao seu uso, dizendo que ambas poderão ser utilizadas *desde que não esteja incutida a mercantilização, captação de clientela ou emprego excessivo de recursos financeiros*.

Na mesma linha de preocupação e procurando preservar a discrição e a sobriedade por que deve pautar-se a publicidade profissional do advogado, o Provimento (art. 6º, *caput*) veda, *na publicidade ativa, qualquer informação relativa às dimensões, qualidades ou estrutura física do escritório, assim como a menção à promessa de resultados ou à utilização de casos concretos para oferta de atuação profissional.* Não há razão, porém, para restringir tal vedação à publicidade ativa, uma vez que se trata de práticas proibidas por incompatíveis com a conduta ética e não em razão do alcance maior ou menor da publicidade. Lembre-se que o uso de fotografias do escritório é permitido pelo Código de Ética (art. 44, § 1º).

Por outro lado, é indispensável conciliar a característica fundamental da publicidade ativa, que é a *de atingir número indeterminado de pessoas*, com a ressalva do art. 46, parágrafo único do Código de Ética no sentido de que a internet pode ser utilizada *para o envio de mensagens a destinatários certos*. Tal só poderá ser alcançado admitindo que, na publicidade ativa, não se cogita, propriamente, do envio de mensagens, mas da simples apresentação de conteúdos jurídicos ou de cenas da atuação profissional do advogado, como aquelas a que alude o Provimento no art. 4º, § 2º. [29]

8.4. *Comitê Regulador do Marketing Jurídico*

A criação, pelo Provimento (art. 9º) de um Comitê Regulador do Marketing Jurídico tem em vista o controle dos novos meios de *marketing, publicidade e informação* previstos no seu Anexo, segundo se vê do disposto no § 1º do referido artigo.

Trata-se de um órgão consultivo, que atuará no âmbito do Conselho Federal da OAB, tendo sua composição definida no citado art. 9º. A dificuldade que poderá surgir em função da existência desse órgão, está em conciliar sua competência com a dos Tribunais de Ética, a qual é estabelecida no Código de Ética e Disciplina (art. 71, II). Com efeito, em determinada hipótese, se não se fixar limite à atuação do Comitê, a competência que lhe é atribuída poderá conflitar, na prática, com a dos Tribunais de Ética. É

---

29 Ana Tereza Basílio e Nicole Contardo Pereira Aló consideram a disposição do Provimento nº 205/2021 que faculta a utilização da publicidade ativa como a *"alteração mais relevante" por ele introduzida na regulamentação da publicidade profissional do advogado (Marketing Jurídico, in O Advogado do Século XXI*, obra coletiva sob coordenação de José Roberto de Castro Neves e Ronnie Duarte. Rio de Janeiro: Editora Nova Fronteira – OAB Nacional, 2021, p. 107. Texto integral do citado ensaio às págs. 99/113.).

que o Provimento lhe atribui a faculdade de apresentar, ao Órgão Especial do Conselho Federal, *sugestões de interpretação dos dispositivos sobre publicidade e informação, com a finalidade de pacificar e unificar a interpretação dos temas pertinentes perante os Tribunais de Ética*, tanto quanto em relação às Comissões de Fiscalização da publicidade, que passam a existir, nas Seccionais da OAB (cf. art. 9º, § 2º). Parece evidente que tais sugestões de interpretação, traduzidas, certamente, em enunciados ou súmulas, não poderão ter caráter vinculante para os Tribunais de Ética. Estes são órgãos instituídos pelo Estatuto da Advocacia e da OAB (art. 58, XIII) para o exercício de competência definida no Código de Ética e Disciplina. Hierarquicamente, situam-se em plano superior ao do Comitê Regulador do Marketing Jurídico. Há que buscar, pois, uma interpretação das normas do Provimento nº 205/2021 com as do Código de Ética, nesse particular, de modo a não violar a autonomia dos Tribunais de Ética e Disciplina.

8.5. *Comissões de Fiscalização da Publicidade*

Um dos pontos mais relevantes do Provimento nº 205/2021 é o da ênfase que atribui ao papel a ser desempenhado pelas *Comissões de Fiscalização das Seccionais*. A elas, o Provimento se refere de passagem (v. art. 9º, § 2º e art. 10), partindo do pressuposto de que já existam no âmbito das Seccionais da Ordem dos Advogados do Brasil. Teria sido aconselhável (antes de tudo, do ponto de vista da técnica legislativa) que, em disposição expressa, o Provimento previsse a criação de tais Comissões. Na verdade, estas vêm preencher uma lacuna e, certamente, contribuirão para que a Ordem, afinal, atue, com a desejável eficácia, no controle da publicidade profissional, o que, até aqui, em geral, não tem ocorrido. Queixa-se, muitas vezes, dos limites rigorosos que as normas pertinentes conferem à publicidade, mas, na prática, as formas de promovê-la, não raro, vão além de todos os limites admissíveis, tornando-se ostensivas e espalhafatosas, em nada condizentes com a discrição e a sobriedade recomendadas. A efetiva atuação das Comissões de Fiscalização poderá conter esses abusos e, ao mesmo tempo, dar aos advogados orientação mais segura quanto à conduta que devem seguir, nesse campo.

Há muito, defendemos este ponto de vista. Em tese apresentada à XVII Conferência Nacional dos Advogados, realizada no Rio de Janeiro, em setembro de 1999, propúnhamos:

> que sejam criadas, no âmbito das Seções da OAB, comissões de acompanhamento da propaganda profissional, com o fito de levantar os casos de desobediência às normas pertinentes e propor as medidas corretivas cabíveis[30].

O Provimento nº 94, de 05 de setembro de 2000, que se seguiu à referida Conferência Nacional, tendo se ocupado de outros pontos suscitados na citada tese, como o da propaganda veiculada pela internet, omitiu-se, no entanto, com relação às mencionadas comissões. Em boa hora, o novo Provimento veio suprir essa lacuna, sinalizando no sentido de que as Seccionais da OAB instituam Comissões de Fiscalização da publicidade profissional.

8.6. *A publicidade veiculada por meio da internet e suas expressões características: palavras-chave, chatbot, grupos de whatsApp e realização de lives*

A utilização da internet para fins publicitários é regulada minudentemente no Provimento nº 205/2021, que, para tanto, lhe dedica a maior parte dos enunciados contidos no seu Anexo Único. O referido Anexo é parte integrante do corpo normativo, conforme se vê do art. 11, adotando-se, assim, uma técnica legislativa singular que permitiu simplificar a disciplina da matéria, tornando o texto do Provimento mais enxuto, além de facilitar a identificação dos conceitos aí relacionados.

Entre os ditos enunciados, cumpre destacar aqueles que envolvem conceitos próprios da internet, cujos contornos convém precisar, à luz das noções técnicas surgidas com o advento da rede mundial de computadores. Entre tais conceitos figura, em primeiro lugar, o que alude à *aquisição de palavra-chave, a exemplo do Google Ads* (terceiro enunciado).

Palavra-chave, no campo da publicidade, é a que, contendo uma indicação do tipo de serviço oferecido, permite que o usuário nele interessado acesse informações a seu respeito. O Google Ads é a ferramenta mais comum para fins publicitários, sendo oferecida pelo Google para a veiculação de anúncio de serviços e produtos. A palavra-chave utilizada pelo advoga-

---

30 *Propaganda Profissional e Ética, in Anais da XVII Conferência Nacional dos Advogados – Justiça: Realidade e Utopia*. Brasília: 2000, vol. II, pp. 1719/1729, V. Conclusões, nº 2. No texto, referimo-nos à propaganda profissional, seguindo a terminologia empregada no título atribuído ao tema, mas, como temos acentuado, mais adequado se faz falar em publicidade profissional do advogado.

do indicará, por exemplo, sua especialidade, possibilitando a quem procura profissional de determinada área encontrar-lhe o anúncio respectivo. Este poderá conter os demais dados permitidos pelo Código de Ética, no art. 44. É expressamente *proibido o uso de anúncios ostensivos em plataformas de vídeo*, como está dito no respectivo enunciado.

Chatbot é outro desses conceitos. O termo foi criado em 1994 e deriva de *chatter* (falatório) e *bot* (abreviatura de *robot*). Trata-se de um *software* que permite manter uma conversa com o interlocutor por meio de aplicativos de mensagens, sites e outras plataformas digitais, utilizando a inteligência artificial (por meio de um robô) para o atendimento preliminar. Não se pode, no caso da publicidade profissional aqui regulada, *afastar a pessoalidade da prestação de serviços jurídicos nem suprimir a imagem, o poder decisório e as responsabilidades do profissional*. É a ressalva que faz o enunciado respectivo (quinto enunciado) do Anexo Único.

Grupos de whatsApp são os que se formam, por meio dessa plataforma, reunindo *pessoas determinadas, das relações do advogado ou do escritório de advocacia*, como está dito no nono enunciado. A referência aos participantes desses grupos parece um tanto vaga, mas há de relacionar-se, segundo se infere do contexto do Provimento, ao público-alvo da publicidade passiva (v. art. 2º, VII, do Provimento).

A *realização de lives nas redes sociais e no youtube* será útil, sobretudo, na propaganda ativa, embora a esta não esteja adstrita. O Anexo Único a admite, no décimo enunciado, limitando-se a dizer que *seu conteúdo deverá respeitar as normas do Código de Ética e Disciplina e do presente Provimento.* Deixa, portanto, muito vaga sua disciplina, que deverá requerer, por isso, a expedição de instruções do Comitê Regulador do Marketing Jurídico capazes de orientá-la.

8.7. *Outras disposições*

Merecem referidas outras disposições do Provimento nº 205/2021, algumas das quais já constantes do Estatuto ou do Código de Ética.

Assim, a do art. 3º, que enfatiza o *caráter meramente informativo* da publicidade do advogado, que deve primar *pela discrição e sobriedade, não podendo configurar captação de clientela ou mercantilização da profissão* (cf. Código de Ética, art. 39). No referido artigo, explicitam-se condutas vedadas ao advogado, na realização da publicidade profissional.

Contém o Provimento disposição, na linha do que preceitua o Estatuto, no art. 1º, § 3º, bem como o Código de Ética, no art. 40, IV, no sentido de que *não é permitido vincular os serviços advocatícios com outras atividades ou* [promover a] *a divulgação conjunta de tais atividades*. O art. 8º, *caput*, do Provimento, reproduzindo essa proibição, faz uma ressalva, aparentemente fora do contexto, quanto à atividade de magistério, tendo em vista, por certo, que a menção ao título de professor é permitida nos cartões de visita, assim como na publicidade profissional (Código de Ética, art. 44, § 1º). O dispositivo, como a intercalada acima (entre colchetes) por si só indica, carecia de revisão, do ponto de vista redacional, que aprimorasse o texto e o fizesse mais claro. É difícil entender como se daria o exercício de serviços advocatícios vinculados à atividade de magistério, conforme o aludido artigo, a ter sentido a mencionada ressalva, pretenderia permitir. Conclui-se, pois, que o artigo em questão, na sua parte final, diz mais do que deveria dizer.

No mesmo artigo 8º, do Provimento, encontra-se, no parágrafo único, disposição que prevê e autoriza *o exercício da advocacia em locais compartilhados*. Trata-se do sistema de *coworking* (ou, em vernáculo, *trabalho em conjunto*), que surgiu, favorecido pela moderna arquitetura, como forma de aproveitamento de espaços e oferecimento de oportunidades, a menor custo. O *coworking* pode implicar o compartilhamento do espaço com atividades profissionais de outra natureza, desde que não se estabeleçam vínculos entre elas, mediante o exercício indistinto de umas e outras pelas mesmas pessoas, como, por exemplo, na hipótese em que o advogado pretenda cumular a advocacia com outra profissão para a qual possua habilitação, como a de contador ou a de corretor de imóveis. Do mesmo modo, não se admitirá, no sistema de *coworking*, a divulgação da atividade exercida pelo advogado juntamente com a de outra natureza também praticada no local. No espaço ocupado pelo advogado, poderá ser afixada placa indicativa, contanto que esta seja específica, dizendo respeito, tão só, à advocacia, jamais englobando outras atividades profissionais. Em suma, mesmo no sistema de *coworking*, impõe-se nítida separação entre a advocacia e outras atividades porventura exercidas no local, tanto do ponto de vista do seu exercício quanto no que se refere à divulgação publicitária.

Disposição de caráter singelo, mas, sem dúvida, justificada pelos recursos que a moderna tecnologia oferece, é a que faculta a concepção e o uso do *cartão de visitas*, tanto na forma física tradicional quanto no formato eletrônico (Anexo Único, quarto enunciado).

Outro dispositivo do Provimento que requer interpretação sistemática, no sentido de ajustá-lo a norma do Código de Ética, é o que aparece no penúltimo enunciado do Anexo Único. Veda-se, aí, a afixação, no escritório ou na residência do advogado, de *placa de identificação* do tipo anúncio luminoso. Menciona-se, à guisa de exemplo do que fica proibido, placa *luminosa tal e qual (sic) a que se costuma ver em farmácias e lojas de conveniência.* O termo de comparação parece indicar que a placa luminosa vedada no enunciado é aquela de proporções maiores ou de cores mais vivas. Se o modelo, porém, for discreto e proporcionalmente adequado à fachada do prédio em que se situa o escritório, a placa luminosa poderá ser admitida, consoante dispõe o Código de Ética no art. 40, parágrafo único.

8.8. *Conclusão*

O Provimento nº 205/2021 reflete os anseios de uma parcela considerável dos advogados, notadamente a dos que se iniciam no exercício da profissão – os da chamada *jovem advocacia* --, que buscam caminhos para a formação de clientela e sentem mais intensamente as dificuldades da concorrência crescente. A proliferação indiscriminada de cursos jurídicos, o número excessivo de vagas por muitas instituições oferecidas, têm feito com que, a cada ano, uma pletora de novos bacharéis em direito se habilite ao exercício da profissão. Num panorama em que tantos se mostram, periodicamente, aptos a advogar, torna-se sempre mais difícil a cada um afirmar-se na profissão e nela lograr êxito. Vencerão, certamente, os mais qualificados ou os que, pelas suas relações sociais e pelas oportunidades forjadas, souberem conquistar o seu espaço. Mas, para isso é preciso que se façam conhecidos, é mister que os clientes potenciais saibam com quem podem contar para uma assistência jurídica segura. O meio propício para tanto é, sem dúvida, a publicidade profissional. Daí o afã de promovê-la com mais largueza ou de modo a atingir mais rapidamente o público-alvo da sua atenção, por parte de jovens advogados.

Todavia, a publicidade deve ser feita tendo em vista o exercício digno da profissão ou de forma que os que a realizam se mostrem merecedores da confiança dos futuros clientes. Significa isso dizer que a publicidade não pode dissociar-se dos princípios éticos que norteiam a atividade do advogado. Há limites, por conseguinte, para a divulgação dos serviços que o profissional se propõe prestar e este deve ser capaz de compreendê-los e observá-los. Na mesma medida, porém, em que a competitividade aumenta, cresce também o risco de que esses princípios se tornem de mais difícil observância, numa sociedade massificada, em que o interesse no lucro fácil costuma sobrepor-se aos valores éticos, na qual o utilitarismo é dominante e a busca do *status social* a conquistar leva os mais ambiciosos a enveredar por caminhos às vezes escusos. O controle exercido sobre a publicidade é, assim, indispensável e as normas que a presidem não podem flexibilizar-se a ponto de a advocacia fugir aos padrões que deve manter, como profissão liberal, avessa, por índole, à mercantilização.

Até que ponto a regulamentação ora comentada será suscetível de conter a publicidade profissional do advogado nos limites desejáveis, sem deixar de atender às exigências do mundo atual? É fora de dúvida que o Provimento nº 205/2021 procura alcançar o desejável equilíbrio. Tão fortes são, porém, os anseios por formas de publicidade mais avançadas, que é possível prever tentativas de romper os limites estabelecidos ou de pretender encará-los com uma visão mais larga, julgando que o Provimento, que se lhes mostrou bastante receptivo, haja modificado todo o sistema de normas que rege a matéria. Cumpre, pois, relembrar que este assenta-se no Estatuto e tem sua fonte imediata no Código de Ética e Disciplina, cujas disposições a esse respeito não foram alteradas.

Um trabalho de divulgação e esclarecimento sobre o Provimento e a sua melhor interpretação precisa, pois, ser desenvolvido pelos órgãos da OAB, a fim de que ele atinja o seu objetivo e não fuja aos seus pressupostos.

Capítulo IX

DOS HONORÁRIOS PROFISSIONAIS

1. NATUREZA ÉTICA DO TEMA

Honorário, com o significado de retribuição por um serviço prestado, deriva do substantivo *honorarium, honorarii*, correlato ao adjetivo *honorarius, honoraria, honorarium*, que se refere àquilo que é alusivo à honra ou que a esta pertença[1].

António Arnaut, tendo presente este significado do vocábulo, aduz o seguinte comentário a seu respeito:

> *"A designação de 'honorários' (de honra) significa não só (etimologicamente e historicamente) que se trata de pagamento de uma dívida de honra (inicialmente não eram exigíveis e o cliente satisfazia-os espontaneamente, consoante suas posses e o resultado da demanda), mas também que a dignidade da profissão não se compadece com o pagamento do vulgar 'salário'."*[2].

Os critérios de fixação dos honorários e suas formas de pagamento, bem como todas as cláusulas pertinentes ao respectivo ajuste, antes de envolverem questões de ordem contratual, que devam ser tratadas à luz do Código Civil, têm natureza ética. A sede normativa da matéria é, por isso, fundamentalmente, o Código de Ética.

Se outras razões assim já não o determinassem, bastaria a existência, no Código, de disposição do teor daquela que se contém no seu art. 5º, para que se trouxesse ao âmbito do mesmo sistema normativo a disciplina dos honorários profissionais. Significa isso dizer que a ideia matriz, o norte natural das normas atinentes aos honorários advocatícios é aquela que o citado art. 5º expressa: *O exercício da advocacia é incompatível com qualquer procedimento de mercantilização*.

A regulamentação do que concerne aos honorários há de inserir-se, pois, por imperativo lógico ou para a preservação de uma linha de coerência legislativa, no bojo do Código de Ética e Disciplina.

---

1 Cf. Pedro José da Fonseca, *Dicionário Portuguez-Latino*, oitava edição. Lisboa: Bertramd & Cia., 1872, verbetes *honorário* e *honorário-honorária*.

2 *Estatuto da Ordem dos Advogados Anotado*, cit., pp. 119/120.

2. CONTRATO DE PRESTAÇÃO DE SERVIÇOS

O contrato celebrado entre o advogado e o cliente, para patrocínio de determinada causa, como já foi dito, é um *contrato complexo*[3], porquanto envolve elementos do contrato de *prestação de serviços* (Cód. Civil, art. 593 e seguintes) e do *mandato* (Cód. Civil, art. 653 e seguintes, especialmente art. 692), além de sujeitar-se, no que tange ao *preço dos serviços* ou *honorários*, a normas especiais do Código de Ética (art. 48/54).

Como contrato civil, sujeita-se à diretiva do art. 421 do Código Civil Brasileiro:

> *A liberdade de contratar será exercida em razão e nos limites da função social do contrato.*

Convém ter presente, a esse respeito, a assertiva de Caio Mário da Silva Pereira:

> *"A função social do contrato, portanto, na acepção mais moderna, desafia a concepção clássica de que os contratantes tudo podem fazer, porque estão no exercício da autonomia da vontade. O reconhecimento da inserção do contrato no meio social e da sua função como instrumento de enorme influência na vida das pessoas, possibilita um maior controle da atividade das partes."*[4].

A função social do contrato de prestação de serviços advocatícios transparece, claramente, do seu objeto e da circunstância de uma das partes – o advogado – atuar como elo entre a outra – o jurisdicionado – e a Justiça na postulação da prestação jurisdicional. E ganha relevo quando se considera que um dos seus elementos – os honorários – é definido em função de normas éticas, de eficácia jurídica, cuja observância pode ser exigida pelo cliente. Dessas normas derivam, portanto, limites bem claros à autonomia de vontade das partes.

---

3 Segundo a lição de Darcy Bessone, *"Os contratos podem ser simples ou complexos. Os contratos simples representam um tipo determinado. Os complexos, ou mistos, resultam de combinações de dois ou mais tipos de contratos, ou da inserção de cláusula que desfigurem um dos tipos simples." (Do Contrato.* Rio de Janeiro: Forense, 1960, p. 120, n. 42).

4 *Instituições de Direito Civil*, vol. III, *Contratos,* 11ª edição, de acordo com o Código Civil de 2012. Rio de Janeiro: Forense, 2003, pp. 15/16, n. 185.

3. COMPATIBILIZAÇÃO ENTRE OS HONORÁRIOS CONTRATUAIS E OS HONORÁRIOS DA SUCUMBÊNCIA

Com o escopo de evitar abuso na cobrança de honorários ou prevenir o enriquecimento sem causa, o Código de Ética e Disciplina de 1995 assim dispunha, no § 1º do art. 35:

> *Os honorários da sucumbência não excluem os contratados, porém devem ser levados em conta no acerto final com o cliente ou constituinte, tendo sempre presente o que foi ajustado na aceitação da causa.*

O anteprojeto do novo Código procurou manter essa orientação, consignando, na segunda parte do § 1º do art. 49, o seguinte preceito:

> *Conforme a natureza da causa, será recomendável que o contrato disponha sobre o cômputo, no acerto final, dos honorários resultantes da sucumbência, de forma que a remuneração profissional guarde proporcionalidade com o proveito obtido pelo cliente em virtude da decisão que lhe tenha sido favorável.*

Esse preceito, contudo, não subsistiu, no texto final do Código, em que restou, por isso, omissa a recomendação que ele traduzia.

Como sucede com a definição do pacto de *quota litis*, de que se tratará a seguir, também aqui o espírito da norma tende mantê-la viva, tal a força de sua substância ética e de tal modo representa um corolário do sistema adotado pelo Código.

Conforme o princípio fundamental assentado no art. 49, *os honorários profissionais devem ser fixados com moderação*. Ora, a percepção conjunta das duas verbas honorárias – a contratual e a sucumbencial – não pode fugir a esse princípio.

Para que assim se proceda, convém que o contrato de honorários disponha sobre o cômputo, no acerto final, da parcela advinda da condenação judicial, quando for o caso. A forma de pagamento dos honorários que, em geral, se adota, consoante prevê o Estatuto (Lei n. 8.906/1994, no art. 22, § 3º), facilitará esse ajuste, na medida em que estabeleça que um terço dos honorários seja pago no início do serviço, outro terço até a decisão de primeira instância e o restante no final do processo. Haverá, dessa forma, um acerto definitivo a fazer no encerramento do trabalho profissional e, nessa ocasião, será computado o valor dos honorários da sucumbência.

Sobre esse aspecto do tema, reportamo-nos ao que escrevemos para a obra coletiva *Honorários Advocatícios*, lançada pela Editora JusPodivm[5].

4. CONTRATAÇÃO DOS HONORÁRIOS POR ESCRITO: OUTROS ASPECTOS

> ***Art. 48. A prestação de serviços profissionais por advogado, individualmente ou integrado em sociedades, será contratada, preferentemente, por escrito.***
>
> ***§ 1º O contrato de prestação de serviços de advocacia não exige forma especial, devendo estabelecer, porém, com clareza e precisão, o seu objeto, os honorários ajustados, a forma de pagamento, a extensão do patrocínio, esclarecendo se este abrangerá todos os atos do processo ou limitar-se-á a determinado grau de jurisdição, além de dispor sobre a hipótese de a causa encerrar-se mediante transação ou acordo.***
>
> ***§ 2º A compensação de créditos, pelo advogado, de importâncias devidas ao cliente, somente será admissível quando o contrato de prestação de serviços a autorizar ou quando houver autorização especial do cliente para esse fim, por este firmada.***
>
> ***§ 3º O contrato de prestação de serviços poderá dispor sobre a forma de contratação de profissionais para serviços auxiliares, bem como sobre o pagamento de custas e emolumentos, os quais, na ausência de disposição em contrário, presumem-se devam ser atendidos pelo cliente. Caso o contrato preveja que o advogado antecipe tais despesas, ser-lhe-á lícito reter o respectivo valor atualizado, no ato de prestação de contas, mediante comprovação documental.***
>
> ***§ 4º As disposições deste capítulo aplicam-se à mediação, à conciliação, à arbitragem ou a qualquer outro método adequado de solução dos conflitos.***
>
> ***§ 5º É vedada, em qualquer hipótese, a diminuição dos honorários contratados em decorrência da solução do litígio por qualquer mecanismo adequado de solução extrajudicial.***
>
> ***§ 6º Deverá o advogado observar o valor mínimo da Tabela de Honorários instituída pelo respectivo Conselho Seccional onde for realizado o serviço, inclusive aquele referente às diligências, sob pena de caracterizar-se aviltamento de honorários.***

---

5 *Honorários Advocatícios*, obra coletiva coordenada por Marcus Vinicius Furtado Coelho e Luiz Henrique Volpe de Camargo. Salvador: Editora JusPodivm, 3ª edição, 2019, pp. 317/329, Capítulo 12 – Honorários da sucumbência e honorários contratuais: a compatibilização necessária.

§ 7º O advogado promoverá, preferentemente, de forma destacada a execução dos honorários contratuais ou sucumbenciais.

O anteprojeto era mais incisivo na recomendação de que os honorários fossem contratos por escrito, dizendo que a prestação de serviços *deve ser contratada previamente por* escrito, conforme dispunha o seu art. 49, *caput*. Afinava-se, assim, mais proximamente, com a disposição do art. 35, *caput*, do Código de 1995 (*Os honorários... devem ser previstos em contrato escrito*) e com o preceito contido na Seção VIII, I, do Código de 1934 (*É recomendável que se contrate, previamente, por escrito, a prestação dos serviços profissionais*).

A norma do Código de 2015 tem, como se vê, caráter de recomendação. Esta cederá ante as circunstâncias do caso concreto ou os costumes locais, cumprindo ao advogado, porém, tanto quanto possível celebrar o contrato por escrito, o que melhor resguardará os interesses de ambas as partes e prevenirá eventuais litígios futuros.

Há certos ajustes, como os que vêm previstos nos §§ 2º e 3º do art. 48, que vão exigir, necessariamente, previsão em instrumento escrito. Assim, eventual *compensação de créditos* e *contratação de profissionais para serviços auxiliares, bem como pagamento de custas e emolumentos*. É conveniente, pois, que isso conste, desde logo, no contrato de prestação de serviços. Além desses aspectos, cumpre ter em vista o que se ressaltará, a seguir, nos comentários ao § 7º, que contém disposição de relevante interesse para o advogado e tem como pressuposto a existência de contrato escrito de prestação de serviços.

Diz o § 1º do citado art. 48 que *O contrato de prestação de serviços de advocacia não exige forma especial*. O referido parágrafo indica, porém, algumas cláusulas que lhe são essenciais: *o seu objeto, os honorários ajustados, a forma de pagamento, a extensão do patrocínio, esclarecendo se este abrangerá todos os atos do processo ou limitar-se-á a determinado grau de jurisdição,* além da que disponha *sobre a hipótese de a causa encerrar-se mediante transação ou acordo.* Tenha-se presente, quanto a esta última cláusula, a disposição do § 5º do mesmo artigo, que veda *a diminuição dos honorários contratados em decorrência da solução do litígio por qualquer mecanismo adequado de solução extrajudicial*. A ressalva que se vem de destacar parte do princípio de que o trabalho do advogado quando exercido nas vias alternativas de composição de conflitos, como a arbitragem ou mediante o auxílio da mediação, não será menos relevante do que o desenvolvido na esfera judicial ou sem intervenção de mediador.

Aliás, o § 4º prevê que *as disposições deste capítulo aplicam-se à mediação, à conciliação, à arbitragem ou a qualquer outro método de solução de conflitos.*

Disposição inovadora é a que manda observar, na contratação, *o valor mínimo da Tabela de Honorários instituída pelo respectivo Conselho Seccional onde for realizado o serviço* (§ 6º do art. 48).

Consoante o disposto no art. 58, V, do Estatuto (Lei n. 8.906/1994),

> *Compete privativamente ao Conselho Seccional... fixar a tabela de honorários, válida para todo o território estadual.*

O Regulamento Geral do Estatuto, por sua vez, estabelece, no art. 111:

> *O Conselho Seccional fixa tabela de honorários advocatícios, definindo as referências mínimas e as proporções, quando for o caso.*

Na esteira dessas disposições, o Código de Ética, ao regular a contratação dos honorários profissionais, preceitua, no citado § 6º do art. 48:

> *Deverá o advogado observar o valor mínimo da Tabela de Honorários instituída pelo respectivo Conselho Seccional onde for realizado o serviço, inclusive aquele referente às diligências, sob pena de caracterizar-se aviltamento de honorários.*

Como já vimos, é dever do advogado *abster-se de contratar honorários advocatícios em valores aviltantes* (Cód. de Ética, art. 2º, VIII, "f").

Ver-se-á, a seguir, que *os honorários profissionais devem ser fixados com moderação* (art. 49, *caput*). Maurice Garçon observava que

> *"A cifra dos honorários deve, portanto, ser razoável, comportar-se nos limites de uma justa moderação.".*

O *princípio da razoabilidade,* que, segundo o art. 8º do Código de Processo Civil, é um dos princípios informativos do processo, deve também guiar o advogado na fixação dos honorários, de modo a prevenir tanto o abuso na fixação dos honorários quanto o seu aviltamento.

Fecha as disposições do art. 48 o preceito contido no seu § 7º, assim concebido:

> *O advogado promoverá, preferentemente, de forma destacada a execução dos honorários contratuais ou sucumbenciais.*

Tem o advogado legitimação ativa autônoma para promover a cobrança judicial dos honorários da sucumbência, isto é, aqueles que resultam de condenação judicial em favor do advogado da parte vencedora (CPC, art. 85, *caput*). Qualquer que seja a sua natureza – quer se trate de honorários contratuais, quer se cuide de honorários sucumbenciais – os honorários *têm natureza alimentar* (CPC, art. 85, § 14), constituindo *direito do advogado* (CPC, *ibidem*).

O Supremo Tribunal Federal consagrou o caráter alimentar dos honorários na Súmula Vinculante 47:

> *Os honorários advocatícios incluídos na condenação ou destacados do montante principal devido ao credor consubstanciam verba de natureza alimentar cuja satisfação ocorrerá com a expedição de precatório ou requisição de pequeno valor, observada ordem especial restrita aos créditos dessa natureza.*

Havendo contrato por instrumento escrito, o advogado terá, ainda, a faculdade de promover a execução destacada dos honorários da sucumbência, conforme prevê o Estatuto (Lei n. 8.906/1994), no art. 22, § 4º:

> *Se o advogado fizer juntar aos autos o seu contrato de honorários antes de expedir-se o mandado de levantamento ou precatório, o juiz deve determinar que lhe sejam pagos diretamente por dedução da quantia a ser recebida pelo constituinte, salvo se este provar que já os pagou.*

O pressuposto da execução destacada é a existência de contrato escrito de prestação de serviços – o que reforça a recomendação no sentido de que o advogado tenha a cautela de contratar por essa forma os seus serviços.

5. CRITÉRIOS PARA FIXAÇÃO DOS HONORÁRIOS

> ***Art. 49. Os honorários profissionais devem ser fixados com moderação, atendidos os elementos seguintes:***
>
> ***I – a relevância, o vulto, a complexidade e a dificuldade das questões versadas;***
>
> ***II – o trabalho e o tempo a ser empregados;***
>
> ***III – a possibilidade de ficar o advogado impedido de intervir em outros casos, ou de se desavir com outros clientes ou terceiros;***
>
> ***IV – o valor da causa, a condição econômica do cliente e o proveito para este resultante do serviço profissional;***

V – o caráter da intervenção, conforme se trate de serviço a cliente eventual, frequente ou constante;

VI – o lugar da prestação dos serviços, conforme se trate do domicílio do advogado ou de outro;

VII – a competência do profissional;

VIII – a praxe do foro sobre trabalhos análogos.

Os critérios de fixação dos honorários estão definidos no presente artigo.

A regra básica é da *moderação*, como consta do *caput*.

António Arnaut, escrevendo à luz do Estatuto da Ordem dos Advogados de Portugal, observa, a esse respeito:

> *"A moderação ou, na terminologia actual, a adequação aos serviços prestados, é, pois, o critério essencial da fixação dos honorários. Moderação significa justeza, e o advogado deve ser justo numa matéria tão delicada."*[6].

Já se ressaltou, ao comentar-se o art. 48, que o advogado, na fixação dos honorários, deve tomar por norte o *princípio da razoabilidade*, de modo a não cometer abusos nem incidir em aviltamento. Com relação a esta hipótese, basta que observe a tabela mínima de honorários. Quanto ao primeiro risco, é importante que o profissional não procure auferir, a título de honorários, mais vantagens que o seu constituinte.

Voltaremos ao exame desses aspectos mais adiante.

Cumpre que se considerem, neste passo, os elementos que devem ser levados em conta na fixação dos honorários.

Não há novidade, neste particular. Os elementos que o art. 49 arrola, nos seus oito incisos, correspondem aos que o Código de 1995 elencava (art. 36) e estes, por sua vez, reproduziam o que já constava do Código de 1934 (Seção VIII, III).

Henri Robert os resume, nestas palavras:

> "Os honorários devem ser proporcionais ao trabalho requerido pelo caso, ao serviço prestado, à situação do cliente, e finalmente à arte do advogado e ao seu valor profissional."[7]

---

6 *Estatuto da Ordem dos Advogados Anotado*, cit., p. 120, nº 7.

7 *O Advogado*, cit., p. 103.

Realmente, o elenco do art. 49 contempla todas essas circunstâncias, acrescentando, ainda, outras, que, igualmente, devem ser levadas em conta na fixação dos honorários: a *complexidade e a dificuldade das questões versadas; a possibilidade de ficar o advogado impedido de intervir em outros casos ou de se desavir com outros clientes ou terceiro; o caráter da intervenção, conforme se trate de serviço a cliente eventual, frequente ou constante; o lugar da prestação dos serviços, conforme se trate do domicílio do advogado ou de outro, e a praxe do foro sobre trabalhos análogos.*

A *competência do advogado* (inciso VII) corresponde aos atributos a que se refere Henri Robert ao aludir *"à arte do advogado e ao seu valor profissional"*. Trata-se do conceito firmado pelo profissional, mercê de sua notoriedade ou do renome alcançado – como, aliás, se considera na França[8]. Esse requisito atende não propriamente ao seu poder de influência, mas à sua maior ocupação, ao número de processos que, presumivelmente, profissional desse nível deva atender. Advogados de nomeada, como Rui Barbosa, tornaram-se conhecidos por reputarem, condignamente, os seus serviços.

O último elemento – *a praxe do foro* – traduz um critério final, de grande relevo e significativa abrangência. A praxe forense é boa conselheira, nesse campo, como, em mais de uma oportunidade, será ressaltado.

O texto do art. 49, ora em comento, não trouxe, como já foi dito, inovações substanciais. Apenas na forma, procurou adotar expressões mais adequadas, como se vê, especialmente, na referência do inciso V a *cliente eventual, frequente ou constante*[9].

Os dois extremos a evitar, na cobrança de honorários, são o abuso e o aviltamento.

Colhem-se na jurisprudência da Segunda Câmara do Conselho Federal da OAB precedentes bastante expressivos da dimensão que esses vícios podem tomar, nas relações entre advogados e clientes.

No que tange ao abuso na cobrança de honorários, cumpre observar que tal poderá caracterizar *locupletamento à custa do cliente*, infração disciplinar tipificada no inciso XX do art. 34 do Estatuto (Lei nº 8.906/1994).

---

8 Cf. Jean-Jacques Taisne, *La déontologie de l'avocat*, cit., p. 109.

9 O Código de 1995, na esteira do que dispunha o de 1934, falava em *cliente avulso, habitual ou permanente* (art. 36, V), terminologia que não parecia a mais adequada.

A esse respeito, decidiu a Segunda Turma da Segunda Câmara, a 12 de abril de 2011, em julgamento unânime, no Rec. nº 2010.08.08294-05, sob a relatoria do autor destes comentários:

> *Caracteriza-se o locupletamento quando, por qualquer forma, o advogado aufere vantagem indevida do cliente ou da parte adversa. Hipótese em que o contrato de honorários celebrado entre as partes era abusivo e leonino, estabelecendo, a esse título, percentual de 30 % (trinta por cento) sobre o valor apurado em favor do cliente, mais um salário mínimo por audiência a que a advogada comparecesse e verba estimada de cinco salários a título de despesas processuais, dispensadas de comprovação e prevendo, ainda, que o que fosse devido à advogada ficava sujeito a correção monetária, não incidindo esta, todavia, sobre a importância correspondente ao crédito da cliente.*[10].

Em outro julgamento, a 20 de outubro de 2008, também sob a nossa relatoria, a mesma Turma, abordando diferentes aspectos relacionados ao tema, pronunciou-se, também à unanimidade, nos seguintes termos:

> *A cobrança de honorários na base de cinquenta por cento do valor recebido em acordo trabalhista considera-se abusiva, não se compadecendo com a moderação recomendada na fixação dos honorários. Não é aceitável como justificativa para tanto a alegação de que os honorários destinavam-se a remunerar a atuação das advogadas em outras causas do mesmo cliente, porque isso configuraria compensação de créditos, somente admissível se houvesse contrato escrito de prestação de serviços entre as partes. Nem tem o efeito de convalidar o abuso cometido o fato de o credor haver dado quitação da importância que lhe foi entregue, já que a questão é de ordem pública, na medida em que se verifica violação de preceito ético que a OAB empenha-se em preservar, em defesa do bom conceito da classe. A cobrança abusiva de honorários caracteriza locupletamento indevido. Recurso do autor da representação de que se conhece, por envolver nova valoração da prova e a que se dá provimento, em parte, para impor às advogadas recorridas pena de suspensão pelo prazo de 30 (trinta) dias*[11].

Tem-se como regra, segundo a praxe, em geral, observada nessa matéria, a fixação dos honorários na base de 20% (vinte por cento) do que, efeti-

---

10 *Diário Oficial da União,* Seção 1, p. 201.

11 Ementa n. 148/2008/2ª. T, *Diário da Justiça*, 01.12.2008, Seção I, p. 187.

vamente, o cliente recebeu. Em acórdão mais antigo da Segunda Câmara do Conselho Federal, mas de permanente atualidade, assim se decidiu:

> *Honorários advocatícios cobrados de forma excessiva, não objeto de contrato, devendo ser devolvido ao constituinte o valor excedente a 20% (vinte por cento), devidamente corrigido*[12].

Por outro lado, verberando o aviltamento de honorários, encontra-se na jurisprudência da Segunda Câmara interessante acórdão da Terceira Turma, cuja ementa é a seguinte:

> *"Contrato de honorários condicionando a devolução dos honorários profissionais contratados em caso de insucesso de ordem de habeas corpus. Impossibilidade. Aviltamento de honorários. O advogado não deve estabelecer cláusula contratual determinando a devolução de honorários profissionais em caso de insucesso da demanda, sob pena de aviltamento de honorários, uma vez que, restituídos os valores ao cliente, implicará, necessariamente, a prestação de serviços profissionais de forma gratuita, fora dos casos legalmente admitidos"*[13].

Ressalta, no acórdão por último referido, o procedimento duplamente equivocado do profissional: primeiro, por condicionar o recebimento de honorários ao êxito da ação, sem que se tratasse, ao menos, de *pacto de quota litis* (tema, a seguir, abordado); segundo por não se dar conta de que a obrigação do advogado, como a do médico, é uma *obrigação de meios e não de resultados*, o que significa dizer que o advogado não pode responsabilizar-se pelo êxito da demanda. De qualquer modo, no que interessa ao assunto abordado, importa assinalar que o advogado, no caso, tratou a cobrança de sua remuneração como algo secundário, não se preocupando com o fato de que, assim agindo, protagonizava um caso de aviltamento de honorários.

A regra da moderação – cumpre acrescentar – tem em vista os contratos comuns ou, como sói verificar-se nas disposições legais, aquilo *"que mais comumente acontece" – "quod plerumque accidit".* No mundo dos negócios, celebram-se, muita vez, contratos de tal monta, envolvendo grandes empresas ou conglomerado de empresas, em relação aos quais o ajuste de

---

12 Acórdão no Proc. nº 1.950/99, de 12.04.1999, rel. Conselheiro Federal José Carlos Sousa Silva, *Diário da Justiça* de 07/5/99 e Revista da Ordem dos Advogados do Brasil, 68/233.

13 *Diário Oficial da União*, Seção 1, p. 133, acórdão de 09.12.2015, rel. *ad hoc* a Conselheira Federal Valéria Lauande Carvalho Costa.

honorários para atuação dos advogados foge aos padrões ordinários, não fazendo sentido invocar, nesses casos, os limites da moderação. Em tais situações, vigora amplamente o princípio da autonomia da vontade, tanto mais porque não se vislumbra, aí, risco de locupletamento em prejuízo do cliente, cuja capacidade de discernir quanto aos seus interesses está acima de qualquer dúvida. Como anotam GEOFFREY C. HAZARD JR. E ÂNGELO DONDI, na linha desse entendimento *"Os clientes envolvidos em negociações de grande escala geralmente têm bom preparo em questões financeiras e experiência no trato com advogados."*[14]

6. CLÁUSULA *QUOTA LITIS*

> ***Art. 50. Na hipótese da adoção de cláusula quota litis, os honorários devem ser necessariamente representados por pecúnia e, quando acrescidos dos honorários da sucumbência, não podem ser superiores às vantagens advindas a favor do cliente.***
>
> ***§ 1º A participação do advogado em bens particulares do cliente só é admitida em caráter excepcional, quando esse, comprovadamente, não tiver condições pecuniárias de satisfazer o débito de honorários e ajustar com o seu patrono, em instrumento contratual, tal forma de pagamento.***
>
> ***§ 2º Quando o objeto do serviço jurídico versar sobre prestações vencidas e vincendas, os honorários advocatícios poderão incidir sobre o valor de umas e outras, atendidos os requisitos da moderação e da razoabilidade.***

O preceito deste artigo corresponde à norma do art. 38, *caput*, do Código anterior. A redação, em ambos, não prima pela clareza e tem o inconveniente, do ponto de vista da boa técnica legislativa, de aludir à cláusula *quota litis*, sem defini-la ou sem dizer em que termos esta é admitida.

Em vão, o anteprojeto procurou sanar essa impropriedade, dispondo, no *caput* do seu art. 51:

> *O pacto de quota litis, assim entendido o que proporcione ao advogado honorários acrescidos em função do êxito obtido na causa, somente será admissível se os referidos ganhos corresponderem a valores pecuniários.*

---

14 *Ética Jurídica – Um Estudo Comparativo.* Tradução do original em inglês *Legal Ethics, A Comparative Study*, por Luiz Gonzaga de Carvalho Neto, com revisão de Lenita Ananias do Nascimento. São Paulo: Martins Fontes, 2011, p. 348.

Depois de acolhida pela Comissão Especial, essa redação caiu, inopinadamente, em plenário, por força de emenda ali apresentada.

Convém, por isso, recolocar nos devidos termos a noção de *quota litis,* distinguindo as duas concepções existentes a seu respeito.

O *pacto de quota litis* é uma *"convenção que associa o advogado aos riscos da demanda, conferindo-lhe por honorários uma parte do que o cliente conseguir em juízo."*[15]. Na sua concepção ortodoxa, o referido pacto implica uma sociedade entre o advogado e o cliente no ato de litigar, de tal modo que o litígio passa a ser de interesse comum, à semelhança de um negócio, a cujos riscos se sujeitasse o profissional, tanto quanto a parte por ele representada.

Nesse sentido, o *pacto de quota litis* sempre foi vedado, entre nós, na esteira de uma longa tradição, que vem do Direito Romano, passando pelas Ordenações Filipinas. O Código de Ética de 1934, no nº II da Seção VIII, expressamente dispunha:

> *O advogado não se associará com o cliente, em causa que patrocine, (...)*

Mas, logo ressalvava, na sequência do dispositivo:

> *... podendo, no entanto, contratar honorários variáveis segundo o resultado conseguido, ou consistentes em percentagem sobre o valor liquidado.*

Ao ver de Ruy de Azevedo Sodré, a primeira parte do dispositivo vedava o *pacto de quota litis*, cuja essência residia no fato de *"associar-se o advogado ao cliente, no patrocínio da causa".* A faculdade conferida na segunda parte não caracterizava, segundo o seu entendimento, o aludido pacto[16].

À luz do novo Código de Ética, admite-se, implicitamente, que se contratem honorários variáveis, desde que traduzidos em pecúnia, considerando-se essa prática como forma de *quota litis.* Cuida-se, aí, do pacto correspondente em sua versão moderada, no sentido da qual evoluiu o nos-

---

15 Cf. Gabriel José Rodrigues de Rezende Filho, *Curso de Direito Processual Civil.* 6ª edição. São Paulo: Saraiva, 1959, vol. I, p. 281, nº 307.

16 *O Advogado, seu Estatuto e a Ética Profissional.* 2ª edição. São Paulo: Editora Revista dos Tribunais, 1967, pp. 435, nº 349 e 442, nº 352.

so direito, desde o Decreto nº 5.737, de 2 de setembro de 1874, segundo informa Manoel Aureliano de Gusmão[17].

O *pacto de quota litis* é, assim, admitido apenas na sua versão moderada, conforme previsto no art. 50, *caput*, podendo ter o seu alcance dilatado nas circunstâncias excepcionais a que se refere o § 1º[18].

O pacto de *quota litis* corresponde, assim, à contratação dos honorários *ad exitum* ou conforme o êxito obtido na causa. Mário Guimarães de Souza considerava *"justo e prático que o honorário do advogado esteja em função da utilidade de sua atuação. Se ele consegue o êxito desejado, nada obsta a que receba o seu pagamento proporcionalmente ao conseguido; e, ao contrário, se, por causas mesmo estranhas à sua vontade e ao seu saber, o resultado obtido foi nenhum, não é de boa equidade exigir do cliente a mesma paga."*[19]

7. HIPÓTESE DE PRESTAÇÕES VENCIDAS E VINCENDAS

O § 2º do art. 50 trata da hipótese em que o proveito da causa para o cliente não se restrinja a prestações já vencidas, mas implique também prestações vincendas.

A norma corresponde à praxe seguida no foro – e seria, até, despicienda. Preferiu-se não estabelecer a forma de cálculo das parcelas vincendas, por entender-se que isso é próprio das tabelas de honorários, extrapolando, pois, os lindes de um Código de Ética. Não é demais lembrar, todavia, que o parâmetro a ser observado, na hipótese, está expresso no § 9º do art. 85 do Código de Processo Civil, que, tratando da verba de sucumbência, diz que, na ação de indenização por ato ilícito, a base de cálculo das prestações vincendas, para efeito de sua incidência, corresponderá a 12 (doze) prestações.

---

17 *Processo Civil e Comercial*. São Paulo: Livraria Acadêmica – Saraiva, 1921, vol. I, p. 261. No mesmo sentido, João Monteiro, *Teoria do Processo Civil*, 6ª edição, atualizada por J. M. Carvalho Santos. Rio de Janeiro: Editor Borsoi, 1956, Tomo I, pp. 245/246, nota de rodapé nº 19.

18 Alberto de Paula Machado, antigo Conselheiro Federal e ex-Presidente da Seccional do Paraná, escrevendo à luz do Código de Ética de 1995, admitiu que aquele Código consagrou o *pacto de quota litis* sem outras restrições que não fossem o pagamento dos honorários em pecúnia e desde que estes não fossem *"superiores às vantagens advindas em favor do constituinte ou do cliente"* (Honorários Advocatícios. In: *Ética na Advocacia*. Editora Forense-OAB, cit., p. 121, nº 5).

19 *O Advogado*. Recife: 1935, p. 204, nº. 170.

Nesse sentido, decidiu, recentemente, o Tribunal de Ética da Seccional de São Paulo:

> *Honorários advocatícios sobre parcelas de prestação continuada. Prestações vencidas e vincendas. Base de cálculo. Limites éticos.*
>
> *A base de cálculo para o pagamento dos honorários sobre prestações vencidas é o valor determinado pelo comando sentencial até a prolação da sentença transitada em julgado, recebido pelo cliente no final do processo. Quando houver prestações vincendas, os princípios da moderação e da proporcionalidade mandam que a base de cálculo para a incidência de honorários sobre as parcelas de prestação continuada e sequencial deva ser sobre a soma de 12 parcelas a vencer (Processo n. E-4.575/2015, parecer e ementa do Rel. Dr. Luiz Antonio Gambelli. Decisão unânime de 5/11/2015, Boletim AASP, nº 2.976, 1º a 7 de fevereiro de 2016, p. 13).*

8. EXECUÇÃO E PAGAMENTO DOS HONORÁRIOS

> ***Art. 51. Os honorários da sucumbência e os honorários contratuais, pertencendo ao advogado que houver atuado na causa, poderão ser por ele executados, assistindo-lhe direito autônomo para promover a execução do capítulo da sentença que os estabelecer ou para postular, quando for o caso, a expedição de precatório ou requisição de pequeno valor em seu favor.***
>
> ***§ 1º No caso de substabelecimento, a verba correspondente aos honorários da sucumbência será repartida entre o substabelecente e o substabelecido, proporcionalmente à atuação de cada um no processo ou conforme haja sido entre eles ajustado.***
>
> ***§ 2º Quando for o caso, a Ordem dos Advogados do Brasil ou os seus Tribunais de Ética e Disciplina poderão ser solicitados a indicar mediador que contribua no sentido de que a distribuição dos honorários da sucumbência, entre advogados, se faça segundo o critério estabelecido no § 1º.***
>
> ***§ 3º Nos processos disciplinares que envolverem divergência sobre a percepção de honorários da sucumbência, entre advogados, deverá ser tentada a conciliação destes, preliminarmente, pelo relator.***

O art. 51, *caput*, na esteira do que dispõe o art. 23 do Estatuto (Lei nº 8.906/1994), adota o princípio de que os honorários da sucumbência, tanto quanto os honorários contratuais, pertencem ao advogado – assim como faz o Código de Processo Civil, no art. 85, *caput*, já referido. Portanto, os honorários poderão ser pelo advogado executados, nas condições processuais ali mencionadas.

Na hipótese de dois ou mais advogados haverem atuado na causa, *a verba correspondente aos honorários da sucumbência será repartida entre o substabelecente e o substabelecido* (ou substabelecidos), *proporcionalmente à atuação de cada um no processo ou conforme haja sido entre eles ajustado* (§ 1º). A mesma regra haverá de ser observada no caso de renúncia ao mandato, uma vez que os honorários da sucumbência dizem respeito à atuação dos advogados ao longo de todo o processo, devendo, assim, contemplar os serviços prestados por aquele que, tendo representado a parte até determinado ponto da causa, contribuiu, durante certo tempo, para o êxito final obtido. Prevalece, na hipótese, a mesma solução que o Código atribui para o término dos serviços do advogado por iniciativa do cliente, que lhe revoga o mandato (art. 17).

No que se refere aos honorários contratuais, é conveniente que o contrato preveja a ocorrência de hipótese semelhante. De qualquer forma, nesse caso, ao desvincular-se da causa o advogado acertará, com o cliente, os honorários que lhe sejam devidos – o que, em geral, afasta a possibilidade de desentendimentos futuros.

Preocupa-se o Código em prevenir e solucionar, pelos meios suasórios, eventuais conflitos de interesses que possam surgir entre dois ou mais advogados que hajam atuado na causa. Por isso, quando for o caso, *a Ordem dos Advogados do Brasil ou os seus Tribunais de Ética e Disciplina poderão ser solicitados a indicar mediador* (§ 2º) e, quando tais conflitos resultarem em processo disciplinar, *deverá ser tentada a conciliação* dos envolvidos, *pelo relator*. No mesmo sentido, dispõe o art. 71, VI, ao tratar da competência dos Tribunais de Ética e Disciplina. Aliás, é de regra, nos processos disciplinares entre advogados, a tentativa de conciliação, como prevê o Provimento nº 83/1996.

Art. 52. O crédito por honorários advocatícios, seja do advogado autônomo, seja de sociedade de advogados, não autoriza o saque de duplicatas ou qualquer outro título de crédito de natureza mercantil, podendo, apenas, ser emitida fatura, quando o cliente assim pretender, com fundamento no contrato de prestação de serviços, a qual, porém, não poderá ser levada a protesto.

Parágrafo único. Pode, todavia, ser levado a protesto o cheque ou a nota promissória emitido pelo cliente em favor do advogado, depois de frustrada a tentativa de recebimento amigável.

Aspectos relacionados ao pagamento e à cobrança extrajudicial dos honorários são objeto dos arts. 52 e 53. Veda o primeiro, que ora se comenta, o *saque de duplicatas ou qualquer outro título de crédito de natureza mercantil*, permitindo, apenas, a emissão de *fatura*, desde que não seja esta levada a protesto. Tais práticas destoariam do princípio assente no art. 5º, que procura coibir qualquer procedimento de mercantilização. Ressalva o parágrafo único do art. 52, a possibilidade de ser levado a protesto o cheque emitido em favor do advogado, *depois de frustrada a tentativa de recebimento amigável*.

Art. 53. É lícito ao advogado ou à sociedade de advogados empregar, para o recebimento de honorários, sistema de cartão de crédito, mediante credenciamento junto a empresa operadora do ramo.

Parágrafo único. Eventuais ajustes com a empresa operadora que impliquem pagamento antecipado não afetarão a responsabilidade do advogado perante o cliente, em caso de rescisão do contrato de prestação de serviços, devendo ser observadas as disposições deste quanto à hipótese.

Inovação importante trazida pelo art. 53, quanto aos meios adotados para o pagamento de honorários, é a do emprego, para esse fim, do *sistema de cartão de crédito, mediante credenciamento junto a empresa operadora do ramo*. Cuida-se, aí, de aspecto de ordem operacional, cuja regulamentação corresponde à praxe das relações econômicas, válida tanto para a atividade empresarial quanto para a prestação de serviços por profissional liberal.

Não há censurar semelhante forma de pagamento, sob color de suposta vinculação que possa ter com as práticas comerciais. O uso de cartões de crédito está de tal modo difundido, superando, mesmo, o emprego do cheque, que essa impressão se mostraria inteiramente divorciada da realidade. Sem qualquer risco para os seus estilos sóbrios de atuação, os advogados poderão adotá-los, em consonância com as exigências dos tempos atuais.

De resto, modernas formas de pagamento como o PIX (que consiste numa transferência de valores para a conta do credor, por meio eletrônico) não podem ser recusadas, dada a sua aplicabilidade genérica aos atos da vida civil, não adstrita à atividade mercantil.

Art. 54. Havendo necessidade de promover arbitramento ou cobrança judicial de honorários, deve o advogado renunciar previamente ao mandato que recebera do cliente em débito.

A razão da norma insculpida no presente artigo é óbvia. A partir do instante em que passa a litigar com o próprio cliente, o advogado já não tem condições de isenção para representá-lo, desaparecendo, além do mais, o laço da confiabilidade entre ambos.

Nota-se, no particular, lamentável omissão do Código. Suprimiu-se do texto a disposição do anteprojeto (art. 54), segundo a qual, em tal hipótese, *deve o advogado fazer-se representar por colega*. A recomendação constava do Código de 1995 (art. 43) e vinha do Código de 1934 (Seção VIII, V).

Ainda que suprimida, a orientação traçada pelos Códigos anteriores subsiste, em forma de diretiva. Certamente, os Tribunais de Ética e Disciplina, tendo de responder a consulta sobre o tema, não fugirão a esse entendimento. Este, sem dúvida, preserva a dignidade da profissão, na medida em que estará o advogado agindo, em tal situação, com elegância e grandeza.

TÍTULO II
DO PROCESSO DISCIPLINAR

1. NATUREZA DO PROCESSO DISCIPLINAR

O processo disciplinar de que trata o Código de Ética e Disciplina da OAB é uma subespécie do processo administrativo disciplinar. Constitui modalidade de processo administrativo, inserindo-se no âmbito do Direito Administrativo Disciplinar.

Como ensina Romeu Felipe Bacellar Filho,

> *"O direito administrativo disciplinar, genericamente, tem como pressuposto a competência constitucional da administração pública para impor modelos de conduta e as respectivas sanções não só aos seus servidores, mas também às pessoas físicas ou jurídicas que, de alguma forma, incidam em condutas administrativamente reprováveis."*[1].

O mesmo autor – antigo e atuante Conselheiro Federal pelo estado do Paraná –, em estudo específico sobre o processo disciplinar do advogado, atribui-lhe o caráter de processo administrativo disciplinar[2]. Parece-nos conveniente aprofundar a especificação, classificando o processo disciplinar no que se refere à conduta profissional com o *nomen juris* de *processo ético-disciplinar*. Tem o referido processo, com efeito, características peculiares que o tornam, na verdade, subespécie do processo administrativo disciplinar.

Compreende-se que o novo Código de Ética, mantendo a orientação do Código anterior, adotasse a terminologia *processo disciplinar*, mais simples e, de qualquer forma, incensurável do ponto de vista técnico. No plano doutrinário, porém, onde o rigor científico deve ser mais apurado, a classificação que propomos tem plena adequação. Aliás, cabe ressaltar que o Código, ao empregar a expressão *processo disciplinar*, fê-lo, especialmente, pela conveniência de adotar, ao longo do texto, terminologia mais simples, sem que isso representasse uma tomada de posição do ponto de vista doutrinário. Tanto

---

1 *Processo administrativo disciplinar.* 3ª edição. São Paulo: Saraiva, 2012, p. 32, nº 1.2.

2 O Poder Disciplinar da Ordem dos Advogados do Brasil exercido através do Tribunal de Ética. Natureza jurídica do Tribunal. Aspectos Polêmicos de sua atividade. In: *Ética, Disciplina e Processo,* cit. pp. 25/76.

que, ao definir a competência dos Tribunais de Ética e Disciplina para julgar, em primeiro grau, tais processos, usou a denominação que se diria completa, referindo-se ao *processo ético-disciplinar* (cf. art. 71, I).

O processo ético-disciplinar é instrumento da chamada *jurisdição censória* exercida pela Ordem dos Advogados do Brasil. Frederico Marques, aludindo ao *poder disciplinar da magistratura*, insere-o no que qualifica de *jurisdição censória*[3]. *Mutatis mutandis*, a mesma expressão pode ser empregada em relação ao poder disciplinar da OAB.

Observe-se que, *"no âmbito das relações disciplinares, em que há relações de sujeição especial, nos chamados Colégios Profissionais"*, há particularidades a notar, tanto no aspecto material do direito administrativo disciplinar (ou seja, na definição dos tipos disciplinares), quanto no aspecto instrumental (isto é, na estrutura do processo respectivo)[4].

Há, pois, conotação especial a assinalar o processo disciplinar que se instaura e se desenvolve no âmbito da OAB para o exercício do poder disciplinar dessa entidade – a sua *jurisdição censória* –, relativamente às infrações éticas e disciplinares em que, porventura, incorram os advogados. Já se salientou, aliás, que o processo disciplinar da OAB tem em vista a aplicação de sanções distintas, conforme se trate de infração ética ou de infração disciplinar. Mais abrangente se afigura, portanto, a denominação *processo ético-disciplinar* para qualificar o tipo de processo regulado no Código de Ética e Disciplina da OAB.

Trata-se, de qualquer sorte, de um processo cuja natureza jurídica é administrativa, pouco tendo em comum com o processo penal.

Alberto de Paula Machado – também antigo Conselheiro Federal pela representação do Paraná – viu bem esse aspecto, em estudo sobre o processo disciplinar da OAB. Daí o reparo que opôs ao tratamento dado à questão pelo Estatuto da Advocacia e da Ordem dos Advogados do Brasil (Lei nº 8.906/1994), cujo art. 68 assim dispõe:

> *Salvo disposição em contrário, aplicam-se subsidiariamente ao processo disciplinar as regras da legislação processual penal comum e, aos demais processos, as regras gerais do procedimento administrativo comum e da legislação processual civil, nessa ordem.*

---

3 José Frederico Marques, *Ensaio sobre a Jurisdição Voluntária*. 2ª edição. São Paulo: Saraiva, 1959, p. 40, nº 3.

4 Cf. Fábio Medina Osório, *Direito Administrativo Sancionador*. 2ª edição. São Paulo: Revista dos Tribunais, 2005, p. 286.

Observa o autor citado, com base na sua experiência na Segunda Câmara do Conselho Federal, a que emprestou brilhante concurso:

> *"Ao longo dos anos tem-se verificado problemas na adoção de normas processuais penais ao processo administrativo disciplinar. A ausência de norma específica na nossa legislação (Lei nº 8.906/94 e Código de Ética) acerca de determinado procedimento tem induzido, muita vez, à aplicação de dispositivos do Código de Processo Penal que, em verdade, têm pouca compatibilidade com a simplicidade e agilidade que deve nortear o processo administrativo."*

Na sequência do seu raciocínio, acrescenta o autor:

> *"há muito mais identidade entre o processo disciplinar da OAB e o processo administrativo regulado pela Lei nº 9.784/99 do que com o processo penal."*[5]

Cremos assistir razão ao ilustre advogado paranaense. Mas, *legem habemus...* E a interpretação dos dispositivos do Código de Ética concernentes ao processo disciplinar não pode fugir ao parâmetro do citado art. 68 da Lei nº 8.906/1994. É certo que isso há de fazer-se com os necessários temperamentos.

A aplicação subsidiária tanto pode ser invocada no campo da interpretação, como servir de elemento de integração de lacunas de uma lei. Não se confunde, pois, com a analogia, que visa, apenas, a essa última finalidade. Têm ambas em comum, todavia, o pressuposto da afinidade que deve existir entre o preceito incompleto ou dúbio e aquele do qual se subsidia. O critério da *maior afinidade* é que leva o intérprete a optar por essa ou aquela norma, ao buscar a aplicação subsidiária de determinada lei no ato de interpretação de outra. Disso resulta que, a despeito do mandamento contido no art. 68 do Estatuto, não se exclui a hipótese de aplicação subsidiária de normas do processo administrativo ao suprimento de lacunas ou à interpretação do processo ético-disciplinar.

Em se tratando, por exemplo, da interpretação dos dispositivos do Código de Ética relativos à *revisão* e à *reabilitação* (arts. 68 e 69) – institutos peculiares ao processo penal –, pode dar-se eventual aplicação subsidiária do Código de Processo Penal. Mas, em matéria de nulidades, os princípios do processo administrativo não poderão deixar de ser levados em conta, especialmente o *princípio do formalismo moderado*.

---

5 O processo disciplinar na OAB e a Lei federal que regula processos administrativos. In: *Ética na Advocacia,* 2º volume, cit., p. 374, nº 1.2.

A natureza jurídica do processo ético-disciplinar, como modalidade do processo administrativo disciplinar, será, pois, fator preponderante na exegese e na aplicação das normas do processo regido pelo Código de Ética e Disciplina da OAB.

2. PROCESSO E PROCEDIMENTO DISCIPLINAR NO CÓDIGO DE ÉTICA

O termo *processo*, antes vinculado ao exercício da função jurisdicional, ganhou maior abrangência, nos últimos anos, passando a ser usado também na terminologia do Direito Administrativo. O fenômeno da *processualidade* teve significativa expansão nesse ramo do Direito. *"A doutrina administrativista vem oferecendo contribuição de relevo à percepção de uma processualidade ampla, embora, paradoxalmente, os estudos aprofundados sobre processo administrativo sejam mais recentes que os de processo civil."*[6]. Desapareceu, assim, como nota Odete Medauar, *"o monopólio jurisdicional do processo"*[7].

Sintonizada com essas novas ideias, a Constituição da República, de 1988, emprega o termo processo, indistintamente, tanto com relação ao processo judicial quanto no que se refere ao processo administrativo (cf. art. 5º, LV).

Daí a incensurável propriedade técnica do Título em referência do Código de Ética e Disciplina ao empregar a terminologia *processo disciplinar.*

E o Código não só usa, adequadamente, o termo *processo*, como adota a distinção que a teoria geral do processo há muito consagrou entre *processo* e *procedimento*, atribuindo ao Capítulo I do mesmo Título epígrafe correspondente a este último termo.

Como procuramos mostrar alhures, invocando a lição de Sérgio Bermudes, *"o processo é o conjunto de todos os atos constitutivos da relação jurídica destinada ao exercício da jurisdição"* (noção estática), ao passo que *o procedimento é a ordem ou a maneira de se sucederem os atos processuais* (ideia dinâmica)[8].

---

6 Cf. Odete Medauar, *A Processualidade no Direito Administrativo.* 2ª edição. São Paulo: Revista dos Tribunais, p. 22, nº 4.

7 Ob. cit., p. 15, nº 1.

8 Sérgio Bermudes, *Introdução ao Processo Civil.* 5ª edição. Rio de Janeiro: Forense, 2010, p. 142. Paulo Roberto de Gouvêa Medina, *Teoria Geral do Processo.* Belo Horizonte: Del Rey, 2012, p. 183 e seguintes.

João Mendes de Almeida Júnior, que introduziu, *ex professo*, a distinção entre os dois termos na doutrina processual brasileira, acentuava a circunstância de que *"o processo é o movimento em sua forma intrínseca; o procedimento é esse mesmo movimento em sua forma extrínseca"*[9].

A ideia de movimento ou de um caminhar para frente é ínsita à palavra *processo*. Processo, com efeito, deriva de *pro – cedere*, ou seja, é um vocábulo formado pela junção da preposição *pro* – indicativa de um movimento para frente – ao verbo *cedo, cedere* – que tem as acepções de *ir, caminhar, suceder*[10].

O procedimento do processo ético-disciplinar tem uma só forma; é um procedimento padrão, disciplinado, como se verá a seguir, nos arts. 55 a 62 do Código.

Do ponto de vista didático, o referido procedimento pode ser decomposto nas seguintes fases:

a) *fase de instauração* (arts. 55/58) e *defesa prévia* (art. 59, *caput* e §§ 1º, 2º e 3º);

b) *fase de saneamento* (art. 59, § 3º, segunda parte);

c) *fase de instrução e razões finais* (art. 59, §§ 4º, 5º, 6º, 7º e 8º);

d) fase de julgamento (arts. 60/62).

e) *fase recursal* (Estatuto, arts. 75/77; Cód. de Ética, art. 67).

Os Conselhos Seccionais ou Subseccionais, de um lado e os Tribunais de Ética e Disciplina, de outro, têm competência distinta em relação aos atos do procedimento disciplinar. Trata-se, pois, de *competência funcional*, cujo exercício atribui a participação de cada um desses órgãos em uma ou mais fases do procedimento, conforme a disciplina conferida à matéria pelo Capítulo I deste Título.

As linhas gerais do procedimento disciplinar são fixadas pelo Estatuto da Advocacia e da Ordem dos Advogados do Brasil (Lei nº 8.906/1994), nos seus arts. 70 a 74, cabendo ao Código de Ética e Disciplina estabelecer *os critérios de admissibilidade da representação e os procedimentos disciplinares* (art. 72, § 1º).

Em princípio, o procedimento disciplinar tramita, nas três primeiras fases, perante o órgão competente do Conselho Seccional ou perante o

---

9 *Direito Judiciário Brasileiro*. 5ª edição. Rio de Janeiro – São Paulo: Livraria Freitas Bastos, 1960, p. 244.

10 Cf. Nicolau Firmino, *Dicionário Latino-Português*. São Paulo: Companhia Melhoramentos, 1949, verbete *cedo, ere, cessi, cessum*.

Conselho Subseccional, nas Subseções que contarem com mais de cem advogados (Estatuto, art. 60, § 3º), o qual terá, assim, a mesma competência do Conselho Seccional para *instaurar e instruir processos disciplinares* (Estatuto, art. 61, IV, "c"). Ao Tribunal de Ética e Disciplina do Conselho Seccional competente, caberá *julgar os processos disciplinares, instruídos pelas Subseções ou por relatores do próprio Conselho* (Estatuto, art. 70, § 1º).

Mas, conforme prevê o Código de Ética e Disciplina, o Regimento Interno da Seccional pode atribuir competência ao respectivo Tribunal de Ética e Disciplina para *instaurar o processo ético disciplinar* (art. 56, parágrafo único) ou delegar a atribuição de instruí-lo ao referido Tribunal (art. 58, § 1º). Tais atribuições visam a agilizar a instauração e a instrução dos processos nas Seccionais em que os respectivos Conselhos ou os das Subseções, sentirem a necessidade de assim agir, para racionalizar o trabalho que lhes cumpre realizar e torná-lo mais eficiente. Assim já se procedia na maior das Seccionais, a do estado de São Paulo. O novo Código de Ética, pelos fundamentos apresentados na exposição de motivos do anteprojeto, veio, pois, normatizar precedente já admitido, atendendo, aliás, a instantes solicitações nesse sentido.

Nas Seccionais que optarem por esse modelo, todo o processo ético-disciplinar, até a fase de julgamento, poderá transcorrer perante o Tribunal de Ética e Disciplina, com a ressalva do disposto no art. 73, § 2º, do Estatuto, que atribui competência privativa ao Presidente do Conselho Seccional para determinar o arquivamento da representação, quando, em face da defesa prévia, o relator propuser-lhe o indeferimento liminar.

Na aplicação das normas referentes ao processo ético-disciplinar, os órgãos competentes da OAB devem ter em vista o Manual de Procedimentos, aprovado pela Resolução n. 02/2018, da Segunda Câmara do Conselho Federal da Ordem dos Advogados do Brasil.

Capítulo I

DOS PROCEDIMENTOS

1. DOS PROCEDIMENTOS EM GERAL

Cuida o presente capítulo do Código de Ética e Disciplina dos vários procedimentos regidos por suas disposições – a saber, o procedimento do processo disciplinar por infração (arts. 55/62), o procedimento cautelar para a suspensão preventiva em caso de conduta cuja repercussão seja prejudicial à dignidade da advocacia (art. 63, c/c art. 70, § 3º, do Estatuto), o procedimento das consultas submetidas ao Tribunal de Ética e Disciplina (art. 64), o procedimento de revisão do processo disciplinar (art. 68) e o procedimento de reabilitação (art. 69).

Será analisado, em primeiro lugar, o mais complexo deles que é o procedimento do processo disciplinar instaurado em virtude de infração ética ou de infração disciplinar.

2. COMPETÊNCIA

Cumpre ter em vista, preliminarmente, as regras de *competência* a que deve obedecer a instauração do procedimento ético-disciplinar.

A regra básica está no art. 70, *caput*, do Estatuto (Lei nº 8.906/1994):

> *O poder de punir disciplinarmente os inscritos na OAB compete exclusivamente ao Conselho Seccional em cuja base territorial tenha ocorrido a infração, salvo se a falta for cometida perante o Conselho Federal.*

A instauração do processo disciplinar atende, assim, à regra de competência *ratione loci*, ainda que na Seção correspondente da OAB o advogado não mantenha inscrição principal (Estatuto, art. 10, *caput*) ou nem mesmo inscrição suplementar (Estatuto, art. 10, § 2º). É, portanto, no lugar da infração que o processo se instaura.

Como sói acontecer nas leis processuais comuns, as normas processuais dos processos ético-disciplinares também contemplam foro especial ou competência por prerrogativa de função. Assim, consoante o disposto no art. 58, § 5º, do Código de Ética,

> *A representação contra membros do Conselho Federal e Presidentes*

> *de Conselhos Seccionais é processada e julgada pelo Conselho Federal, sendo competente a Segunda Câmara reunida em sessão plenária. A representação contra membros da Diretoria do Conselho Federal, Membros Honorários Vitalícios e detentores da Medalha Rui Barbosa será processada e julgada pelo Conselho Federal, sendo competente o Conselho Pleno.*

A primeira parte do dispositivo já constava do Código anterior (art. 51, § 3º), salvo no que tange à previsão da competência da Segunda Câmara, com a sua composição plena, que, aliás, não tinha razão de ser, quando aquele Código foi aprovado, uma vez que a divisão da Segunda Câmara em Turmas ocorreu posteriormente. A segunda parte, agora acrescentada, atende à circunstância de que os destinatários da regra de competência aí estabelecida compõem a Mesa Diretora do Conselho Federal, devendo ser julgados, portanto, em caso de infração disciplinar, pelos seus pares do Conselho Pleno.

Membros Honorários Vitalícios são os ex-Presidentes da OAB Nacional (Estatuto, art. 51, II). Titulares da Medalha Rui Barbosa são os agraciados com a referida insígnia – *a comenda máxima conferida pelo Conselho Federal às grandes personalidades da advocacia brasileira*, que é outorgada a um advogado, em cada triênio –, os quais têm assento no Conselho Federal, com direito a voz (Regulamento Geral, art. 63, c/c art. 152)[1].

3. DO PROCEDIMENTO DO PROCESSO ÉTICO-DISCIPLINAR

Representação

> ***Art. 55. O processo disciplinar instaura-se de ofício ou mediante representação do interessado.***
>
> ***§ 1º A instauração, de ofício, do processo disciplinar dar-se-á em função do conhecimento do fato, quando obtido por meio de fonte idônea ou em virtude de comunicação da autoridade competente.***
>
> ***§ 2º Não se considera fonte idônea a que consistir em denúncia anônima.***

O processo disciplinar instaura-se de ofício ou mediante representação do interessado – é o que diz o *caput* do art. 55. O dispositivo traduz o comando emergente do art. 72, *caput*, do Estatuto. A interpretação literal

1 A inclusão dos titulares da Medalha Rui Barbosa entre os detentores de foro especial resultou de emenda apresentada em plenário.

deste pode dar a entender que exista uma terceira via para a iniciativa da instauração do processo disciplinar, que seria aquela correspondente à *representação de qualquer autoridade*. Tal hipótese, no entanto, não é, do ponto de vista processual, uma forma de representação, senão mera *notitia infractionis*. Tanto assim, que a autoridade que comunica a ocorrência de fato suscetível de caracterizar infração ética ou disciplinar não se torna parte do processo disciplinar. Na verdade, recebida a comunicação da autoridade, o órgão competente da OAB instaura, de ofício, o processo disciplinar. Em geral, tais comunicações partem de autoridades judiciárias ou do Ministério Público, ou, em casos menos comuns, de autoridades policiais. Mas, qualquer autoridade perante a qual a conduta irregular do advogado se verifica poderá tomar essa iniciativa, provocando a instauração do processo disciplinar.

Recebida a representação, considera-se requerida a instauração do processo disciplinar, verificando-se, assim, o conhecimento oficial do fato por parte da Ordem dos Advogados do Brasil.

Esse primeiro efeito da representação é de suma importância, uma vez que assinala o termo inicial do prazo referente à prescrição da pretensão punitiva.

Segundo dispõe o Estatuto da Advocacia e da Ordem dos Advogados do Brasil (Lei nº 8.906/1994) no art. 43, *caput,*

> *A pretensão à punibilidade das infrações disciplinares prescreve em cinco anos, contados da data da constatação oficial do fato.*

A constatação oficial do fato punível dá-se na *data do protocolo da representação ou na data das declarações do interessado tomadas por termo perante órgão da OAB, a partir de quando começa a fluir o prazo* prescricional. É o que estabelece a Súmula nº 01/2011 do Conselho Pleno do Conselho Federal da OAB.

> ***Art. 56. A representação será formulada ao Presidente do Conselho Seccional ou ao Presidente da Subseção, por escrito ou verbalmente, devendo, neste último caso, ser reduzida a termo.***
>
> ***Parágrafo único. Nas Seccionais cujos Regimentos Internos atribuírem competência ao Tribunal de Ética e Disciplina para instaurar o processo ético disciplinar, a representação poderá ser dirigida ao seu Presidente ou será a este encaminhada por qualquer dos dirigentes referidos no*** **caput** ***deste artigo que a houver recebido.***

A representação pode ser feita por escrito, sob a forma de requerimento, ou verbalmente, sendo, neste caso, tomada por termo. Será dirigida à autoridade competente da OAB. Em regra, cabe ao Presidente da Seccional recebê-la. Nas Subseções que contem com Conselhos locais (Estatuto, art. 60, § 3º), poderá ser dirigida ao Presidente da Subseção. Ou, então, segundo o que dispuser o Regimento Interno da Seccional, será encaminhada ao Presidente do Tribunal de Ética. Tais são os destinatários da representação, competentes para instaurar o processo ético-disciplinar.

> ***Art. 57. A representação deverá conter:***
>
> ***I – a identificação do representante, com a sua qualificação civil e endereço;***
>
> ***II – a narração dos fatos que a motivam, de forma que permita verificar a existência, em tese, de infração disciplinar;***
>
> ***III – os documentos que eventualmente a instruam e a indicação de outras provas a ser produzidas, bem como, se for o caso, o rol de testemunhas, até o máximo de cinco;***
>
> ***IV – a assinatura do representante ou a certificação de quem a tomou por termo, na impossibilidade de obtê-la.***

O dispositivo estabelece os requisitos formais da representação.

Seria escusado dizer que tais requisitos não devem ser analisados com rigor, dado o *princípio do formalismo moderado,* que preside ao processo administrativo. Faltando algum deles, a autoridade a quem é dirigida ou o relator designado poderá determinar seja a representação emendada, assinando prazo razoável para tanto.

A representação é essencial para a instauração do processo e importante para o seu desenvolvimento, em especial no que se refere à instrução. De ressaltar que, se o representante pretender produzir prova testemunhal, deverá fazer constar da peça inaugural o rol de testemunhas (cf. inciso III).

> ***Art. 58. Recebida a representação, o Presidente do Conselho Seccional ou o da Subseção, quando esta dispuser de Conselho, designa relator, por sorteio, um de seus integrantes, para presidir a instrução processual.***
>
> ***§ 1º Os atos de instrução processual podem ser delegados ao Tribunal de Ética e Disciplina, conforme dispuser o regimento interno do Conselho Seccional, caso em que caberá ao seu Presidente, por sorteio, designar relator.***

§ 2º Antes do encaminhamento dos autos ao relator, serão juntadas a ficha cadastral do representado e certidão negativa ou positiva sobre a existência de punições anteriores, com menção das faltas atribuídas. Será providenciada, ainda, certidão sobre a existência ou não de representações em andamento, a qual, se positiva, será acompanhada da informação sobre as faltas imputadas.

§ 3º O relator, atendendo aos critérios de admissibilidade, emitirá parecer propondo a instauração de processo disciplinar ou o arquivamento liminar da representação, no prazo de 30 (trinta) dias, sob pena de redistribuição do feito pelo Presidente do Conselho Seccional ou da Subseção para outro relator, observando-se o mesmo prazo.

§ 4º O Presidente do Conselho competente ou, conforme o caso, o do Tribunal de Ética e Disciplina, proferirá despacho declarando instaurado o processo disciplinar ou determinando o arquivamento da representação, nos termos do parecer do relator ou segundo os fundamentos que adotar.

§ 5º A representação contra membros do Conselho Federal e Presidentes de Conselhos Seccionais é processada e julgada pelo Conselho Federal, sendo competente a Segunda Câmara reunida em sessão plenária. A representação contra membros da diretoria do Conselho Federal, Membros Honorários Vitalícios e detentores da Medalha Rui Barbosa será processada e julgada pelo Conselho Federal, sendo competente o Conselho Pleno.

§ 6º A representação contra dirigente de Subseção é processada e julgada pelo Conselho Seccional.

§ 7º Os Conselhos Seccionais poderão instituir Comissões de Admissibilidade no âmbito dos Tribunais de Ética e Disciplina, compostas por seus membros ou por Conselheiros Seccionais, com atribuição de análise prévia dos pressupostos de admissibilidade das representações ético-disciplinares, podendo propor seu arquivamento liminar. (Ver Resolução nº 04/2016, DOU, S.1, 20.06.2016, pp. 162/163)

Instauração do processo

Autuada a representação, *serão juntadas a ficha cadastral do representado e certidão negativa ou positiva sobre a existência de punições anteriores, com menção das faltas atribuídas*, bem como *certidão sobre a existência ou não de representações em andamento, a qual, se positiva, será acompanhada da informação sobre as faltas imputadas (cf. art. 58, § 2º)*. Tais informações justificam-se porque, no processo ético-disciplinar, é importante conhecer a conduta do representado, já que a maior flexibilidade dos tipos infracionais faz com que essa conduta, em muitos casos, influa no enquadramento legal da infração ou na dosimetria da sanção imposta, além de ser levada em conta para a apreciação de determinadas circunstâncias atenuantes (Estatuto, art. 40).

O primeiro ato da autoridade que preside o processo disciplinar é o de designar relator para emitir parecer sobre a admissibilidade da representação e presidir, se for o caso, a instrução processual – o que deverá fazer mediante sorteio de que participem todos os Conselheiros ou julgadores (Cód. de Ética, art. 58, *caput* e § 3º).

O relator, no prazo de 30 (trinta) dias, emitirá parecer sobre a admissibilidade da representação, considerando, em primeiro lugar, se o fato imputado ao representado acha-se tipificado, em tese, como infração ética ou como infração disciplinar, e, ainda, se a representação mostra-se fundada ou verossímil. Se isso não ocorrer, o relator proporá o arquivamento da representação, motivando a proposta à luz do Estatuto e do Código de Ética (Cód. de Ética, art. 58, § 4º). O parecer do relator não é vinculativo para a autoridade que preside o processo, à qual competirá proferir despacho, acolhendo ou não a proposta de arquivamento ou determinando, conforme o caso, a instauração do processo disciplinar. Ter-se-á, então, o despacho de instauração do processo, ato processual de duplo relevo: de um lado, porque formaliza o início do processo disciplinar, de outro porque poderá servir de elemento interruptivo da prescrição, como previsto no art. 43, § 2º, I, do Estatuto.

Nada impede que o relator, antes de proferir parecer conclusivo, determine a notificação dos interessados – inclusive o autor da representação – para prestar esclarecimentos adicionais ou, mesmo, emendar a representação. Não se deve perder de vista, porém, a circunstância de que o processo ético-disciplinar, como subespécie de processo administrativo, é dominado pelo princípio do *formalismo moderado*, de modo que não se há de exigir que a peça inaugural do processo apresente o mesmo apuro técnico da denúncia, no processo penal. Prevalece, aqui, em larga medida, a regra do direito processual civil *da mihi factum, dabo tibi jus* (Dá-me o fato, dar-te-ei o direito a se aplicar).

O Código de Ética, na linha do entendimento que, ultimamente, prevalecia na Segunda Câmara do Conselho Federal, rejeita a tese de que a instauração do processo disciplinar é automática, consumando-se na medida em que a representação seja protocolada. Tal concepção não se ajusta ao modelo de processo administrativo que a Constituição delineia nem se compadece com a diretriz emanada do art. 72, § 1º, do Estatuto, segundo a qual

> *O Código de Ética e Disciplina estabelece os critérios de admissibilidade da representação e os procedimentos disciplinares.*

Ora, se há pressupostos de admissibilidade da representação, esta só poderá ser aceita se os referidos pressupostos estiverem atendidos, o que exige um exame prévio, realizado pelo relator, de modo a só recomendar a instauração do processo disciplinar se os respectivos pressupostos concorrerem, no caso concreto. Daí a previsão, no texto do Código (art. 58, § 4º) de um despacho de instauração do processo. Este despacho traduz o atendimento dos pressupostos de admissibilidade da representação, ensejando, portanto, a instauração do processo ético-disciplinar segundo os cânones do *devido processo legal*.

O § 7º, introduzido pela Resolução nº 04/2016, resultou de sugestões aprovadas, por unanimidade, no X Encontro de Presidentes de Tribunais de Ética e Disciplina e no VI Encontro de Corregedores da OAB, ambos os eventos realizados em 2016.

Prevê-se, no referido parágrafo, a possibilidade de serem criadas, a critério dos Conselhos Seccionais, Comissões de Admissibilidade, no âmbito dos Tribunais de Ética e Disciplina, com atribuição de proceder à "*análise prévia dos pressupostos de admissibilidade das representações ético-disciplinares*". Cuida-se de comissões de assessoramento dos órgãos julgadores, que serão compostas por membros dos TEDs ou por Conselheiros Seccionais. Embora não esteja explícito no texto, infere-se do sentido atribuído a tais comissões que elas poderão atuar de forma coletiva ou monocrática, conforme dispuser o Regimento do Conselho Seccional respectivo. Aliás, dada a natureza do trabalho a ser desenvolvido pela Comissão de Admissibilidade, parece mais razoável entender que, nela, os processos serão distribuídos entre os seus membros, cabendo a cada um deles analisar os processos que lhe couberem e apresentar parecer prévio, propondo o desfecho adequado à representação oferecida. Se se for exigir que a comissão atue sempre como um colegiado, o objetivo de sua criação, que é o de facilitar a tramitação dos processos ético-disciplinares, frustrar-se-á, na medida em que, assim, a comissão passe a ser mais uma instância deliberativa na apreciação dos processos.

Observa-se que o texto do parágrafo em referência foi redigido na perspectiva dos Regimentos Internos das Seccionais que houveram por bem delegar aos respectivos Tribunais de Ética e Disciplina competência para instaurar e julgar os processos ético-disciplinares. Naquelas Seccionais, porém, em que tal não ocorrer, é de admitir que as Comissões de Admissibilidade sejam, do mesmo modo, criadas, para que se mantenha simetria no ordenamento dos processos ético-disciplinares. É significativo que o parágrafo preveja que as referidas comissões tanto possam ser compostas por membros dos Tribunais de Ética e Disciplina quanto por Conselheiros Seccionais. A presença destes nas Comissões de Admissibilidade mais se justificará nos casos em que os processos sejam instaurados no âmbito dos referidos Conselhos.

Cumpre advertir que as Comissões de Admissibilidade não têm poder decisório. Sua atribuição é, apenas, a de propor o encaminhamento a seguir ou o desfecho que devam ter os processos, atuando, assim, como simples órgãos de assessoramento. Nem poderia ser de outra forma, porquanto, no Estatuto da Advocacia e da Ordem dos Advogados do Brasil, que traça os lineamentos do processo ético-disciplinar (arts. 70/74), não se prevê a existência de tais comissões.

Hipótese de suspensão do processo instaurado

> ***Art. 58-A. Nos casos de infração ético-disciplinar punível com censura, será admissível a celebração de termo de ajustamento de conduta, se o fato apurado não tiver gerado repercussão negativa à advocacia.***
>
> ***Parágrafo único. O termo de ajustamento de conduta previsto neste artigo será regulamentado em provimento do Conselho Federal da OAB. (Cf. Resolução n. 04/2020)***

Admite-se, aqui, a suspensão de processo ético-disciplinar quando, tratando-se de infração punível com censura, o advogado ou estagiário que incorreu em semelhante conduta, desde que seja primário, do ponto de vista da punibilidade disciplinar, possa celebrar, perante o órgão competente, termo de ajustamento, consoante as normas que o regulamentam. Pelo referido termo, o "interessado obrigar-se-á a cessar a conduta objeto do TAC, reparar o dano eventualmente causado, fazer cessar os efeitos da infração, quando for o caso, bem como se abster de praticar a mesma conduta no prazo fixado no instrumento correspondente.". Tal é a condição que a norma regulamentar (Provimento n. 200/2020), prevista no parágrafo único do artigo em comento, estabelece para a suspensão do processo ético-disciplinar instaurado (cf. art. 4º, caput, do cit. Provimento). A suspensão dar-

-se-á "pelo prazo de 03 (três) anos, após o qual [o processo] será arquivado definitivamente, sem anotações nos assentos profissionais." (art. 4º, § 1º, do cit. Provimento). Para tanto, como dito acima, o interessado há de ser primário, isto é, não pode ter contra si "condenação transitada em julgado por representação ético-disciplinar, ressalvando-se as hipóteses de reabilitação." (Provimento n. 200/2020, art. 2º, caput).

Significa isso dizer que, na hipótese considerada, ocorrida a infração e instaurado, em consequência, processo ético-disciplinar, a punibilidade ficará, em princípio, afastada sob uma condição suspensiva, a de que o apontado como infrator firme termo de ajustamento de conduta, subordinando-se às condições neste estabelecidas; cumpridas estas, arquivar-se-á, então, o processo respectivo.

O art. 58-A, inserido pela Resolução n. 04/2020, é norma de caráter processual. Foi esse entendimento que levou o Conselho Federal da OAB a aprovar sua incorporação ao texto do Código de Ética e Disciplina, embora das formas de sanção disciplinar cuide o Estatuto (Lei n. 8.906/1994) nos seus arts. 35 a 38. Do ponto de vista da técnica legislativa, mais bem situado estaria o referido artigo no corpo do Estatuto da Advocacia e da OAB; as dificuldades práticas para alteração da lei que contém o Estatuto e os fins sociais da solução adotada justificaram, porém, o tratamento da matéria no texto do Código. Teve-se em vista a circunstância de que a censura é sanção disciplinar mais branda, suscetível, até mesmo, de "ser convertida em advertência, em ofício reservado, sem registro nos assentamentos do inscrito, quando presente circunstância atenuante." (Estatuto, art. 36, parágrafo único). Adotou-se, assim, como solução de política disciplinar, o tratamento especial disciplinado no artigo em foco, no qual se nota o escopo pedagógico de induzir o infrator a reconhecer a irregularidade de sua conduta e assumir o compromisso de, em tal conduta, não perseverar, em vez de puni-lo, tout court.

Art. 59. Compete ao relator do processo disciplinar determinar a notificação dos interessados para prestar esclarecimentos ou a do representado para apresentar defesa prévia, no prazo de 15 (quinze) dias, em qualquer caso.

§ 1º A notificação será expedida para o endereço constante do cadastro de inscritos do Conselho Seccional, observando-se, quanto ao mais, o disposto no Regulamento Geral.

§ 2º Se o representado não for encontrado ou ficar revel, o Presidente do Conselho competente ou, conforme o caso, o do Tribunal de Ética e Disciplina designar-lhe-á defensor dativo.

> ***§ 3º Oferecida a defesa prévia, que deve ser acompanhada dos documentos que possam instruí-la e do rol de testemunhas, até o limite de 5 (cinco), será proferido despacho saneador e, ressalvada a hipótese do § 2º do art. 73 do EAOAB, designada, se for o caso, audiência para oitiva do representante, do representado e das testemunhas.***
>
> ***§ 4º O representante e o representado incumbir-se-ão do comparecimento de suas testemunhas, salvo se, ao apresentarem o respectivo rol, requererem, por motivo justificado, sejam elas notificadas a comparecer à audiência de instrução do processo.***
>
> ***§ 5º O relator pode determinar a realização de diligências que julgar convenientes, cumprindo-lhe dar andamento ao processo, de modo que este se desenvolva por impulso oficial.***
>
> ***§ 6º O relator somente indeferirá a produção de determinado meio de prova quando esse for ilícito, impertinente, desnecessário ou protelatório, devendo fazê-lo fundamentadamente.***
>
> ***§ 7º Concluída a instrução, o relator profere parecer preliminar, a ser submetido ao Tribunal de Ética e Disciplina, dando enquadramento legal aos fatos imputados ao representado.***
>
> ***§ 8º Abre-se, em seguida, prazo sucessivo de 15 (quinze), ao interessado e ao representado, para apresentação de razões finais. (Cf. Resolução n. 09/2021).***

Notificação e defesa prévia

Em regra, diante do parecer do relator, a autoridade competente determina a notificação do representado para apresentar defesa prévia, no prazo de 15 (quinze) dias (Cód. de Ética, art. 59, *caput*).

Consoante o disposto no § 1º do citado artigo,

> *A notificação será expedida para o endereço constante do cadastro de inscritos do Conselho Seccional, observando-se, quanto ao mais, o disposto no Regulamento Geral.*

O Regulamento Geral do Estatuto da Advocacia e da Ordem dos Advogados do Brasil dispõe sobre o *modus procedendi* da notificação no art. 137-D. A notificação é expedida por via postal, pelo sistema de *aviso de recebimento*, comum, não se exigindo (e, na verdade, nem se admitindo, em razão do caráter sigiloso) declaração de conteúdo. A remessa se dá para o *endereço profissional ou residencial constante do cadastro do Conselho Seccional* (cf. *caput* do citado artigo). É importante notar o dever que se impõe ao advogado, no § 1º do citado artigo:

> *Incumbe ao advogado manter sempre atualizado o seu endereço residencial profissional no cadastro do Conselho Seccional, presumindo-se recebida a correspondência enviada para o endereço nele constante.*

O sistema adotado para a notificação inicial não envolve uma ficção, ou seja, não torna o ato de comunicação processual modalidade de notificação ficta. Trata-se de notificação real, ainda que fundada na presunção de que, tendo o advogado o dever de manter seus dados cadastrais atualizados, tem-se como recebida a correspondência que haja sido remetida para o endereço dele constante.

À notificação ficta somente se recorre quando a correspondência, por qualquer motivo (como, por exemplo, o de não haver, no local, quem a receba) se frustra. Aí, então, se procede à *notificação por edital*, devendo este ser publicado na imprensa oficial do Estado (Reg. Geral, art. 137-D, § 2º). O edital observará o sigilo processual, que é característica do processo ético-disciplinar (Estatuto, art. 72, § 2º), cumprindo que, para tanto, observe as cautelas do § 3º do art. 137-D do Regulamento Geral – isto é, dele não poderá *constar qualquer referência de que se trate de matéria disciplinar, constando apenas o nome completo do advogado, o seu número de inscrição e a observação de que ele deverá comparecer à sede do Conselho Seccional ou da Subseção para tratar de assunto de seu interesse* (Reg. Geral, art. 137-D, § 3º).

Se o representado não for encontrado ou, de qualquer forma, ficar revel, ser-lhe-á nomeado *defensor dativo* (Cód. de Ética, art. 59, § 2º). O defensor dativo acompanhará o processo até o final, cumprindo-lhe desempenhar-se do encargo como dever ético (cf. Cód. de Ética, art. 2º, parágrafo único, XI) que haverá de cumprir com zelo e diligência.

Na *defesa prévia*, o representado defender-se-á amplamente em face da imputação que lhe seja feita. Não há, no processo disciplinar, como no processo civil, um ônus de impugnação especificada dos fatos, na defesa prévia, de modo que ficará sempre aberta ao representado a oportunidade de produzir novas alegações em sua defesa, especialmente nas razões finais e em sustentação oral que pretenda fazer, perante o Tribunal de Ética e Disciplina. A não apresentação de defesa prévia implicará revelia do representado, devendo ser-lhe, então designado defensor dativo, como já foi dito. Portanto, a falta de defesa prévia não acarreta presunção de verdade quanto aos fatos alegados na representação.

A defesa prévia deverá ser instruída com os documentos pertinentes, sem prejuízo da apresentação de outros documentos, ao longo do processo disciplinar. Se o representado pretender que sejam ouvidas testemunhas sobre os fatos, em audiência de instrução para tanto designada, deverá, indispensavelmente, apresentar o rol respectivo na defesa prévia (Cód. de Ética, art. 59, § 3º). A mesma exigência vale para a representação.

A regra é a de que as partes se incumbam do comparecimento de suas testemunhas. A notificação destas pela OAB somente se fará quando a parte requerer que assim se proceda, *por motivo justificado* (art. 59, § 4º). Significa isso dizer que a notificação da testemunha, por correspondência enviada pelo órgão competente da OAB, constituirá procedimento excepcional. E, como em todos os casos de exceção legal, a interpretação do requerimento da parte, nesse sentido, haverá de ser estrita e rigorosa. Isso se impõe não só porque a regra é a de que a parte compareça à audiência acompanhada das testemunhas que arrolou, mas também porque a Ordem dos Advogados do Brasil não tem poder coercitivo para a convocação de pessoas a fim de deporem nos processos em tramitação perante os seus órgãos, em razão do que a notificação que faça para tanto tem caráter subsidiário. Observe-se, ademais, que, hoje, até mesmo no processo civil, procede-se dessa forma, como está expresso no art. 455, § 4º, II, do Código de Processo Civil, o qual, adotando procedimento análogo ao do Código de Ética quanto ao comparecimento espontâneo da testemunha, prevê que a intimação judicial somente se fará, entre outras hipóteses relacionadas ao processo judicial, quando *sua necessidade for devidamente demonstrada pela parte ao juiz*. O requerimento de notificação de testemunha, no processo disciplinar, em que o interessado, porventura, insista, sem motivo plausível, evidenciando propósito de protelar o andamento do feito, caracterizará *conduta temerária*, sujeitando-o à sanção prevista no art. 68 do Código de Ética. De resto, cumpre salientar que, se se exige para a notificação da testemunha, por via postal, a existência de *motivo justificado*, tal haverá de ser aferido pelo relator, a quem compete ajuizar sobre sua efetiva configuração.

Despacho saneador

Dissertando sobre o despacho saneador, à luz do Código de Processo Civil de 1939, Moacyr Amaral Santos destacava-lhe a *tríplice finalidade: "limpar o processo, liquidar o processo, ordenar o processo"*[2]. *Mutatis mutandis,*

---

2 *Primeiras Linhas de Direito Processual Civil*, 2º volume. 2ª edição. São Paulo: Max Limonad, 1967, p. 215, nº 455.

a mesma síntese será válida para o despacho de igual natureza previsto no art. 59, § 3º, do Código de Ética e Disciplina. Este, porém, não esgota a atividade de saneamento, que, como já vimos, começa a ser exercida antes mesmo da defesa prévia. Desdobra-se, portanto, a rigor, em mais de um ato processual. Há, na verdade, muito mais do que simples *despacho saneador*, uma *atividade saneadora* exercida pelo relator.

No despacho saneador – que se segue à apresentação da defesa prévia (art. 59, § 3º) –, o relator determinará a realização de diligências que julgar convenientes (art. 59, § 5º), deferirá a produção das provas requeridas ou indeferirá, fundamentadamente, o meio de prova que *for ilícito, impertinente, desnecessário ou protelatório* (art. 59, § 6º). Poderá, ainda, o relator, por aplicação analógica do disposto no art. 71, § 3º, do Regulamento Geral, *requisitar informações* e adotar outras medidas tendentes à boa instrução do processo. Essa atividade do relator atende ao primeiro objetivo do despacho saneador, que é o de *limpar o processo*, isto é, escoimá-lo de vícios, lacunas e imperfeições que, porventura, apresente, de modo que esse possa, em seguida, passar à fase de instrução. Dá-se cumprimento, em seguida, à segunda finalidade do despacho saneador, que é a de *ordenar* o processo, para a qual já contribuem as diligências porventura determinadas pelo relator, nos termos do Regulamento Geral.

O ato de ordenar o processo desdobra-se também em mais de uma providência, a principal das quais se verifica após o término da instrução, quando competirá ao relator emitir *parecer preliminar,* sumariando o que houver sido apurado e *dando enquadramento legal aos fatos imputados ao representado* (art. 59, § 7º). É esta uma inovação do Código que visa a melhor resguardar a observância do contraditório, compatibilizando a exigência de tipificação dos fatos com as peculiaridades do processo administrativo disciplinar. Tal providência nem sempre pode ser adotada após o oferecimento da representação, na qual os fatos, muita vez, apresentam-se de forma incompleta ou, mesmo, tosca, ainda que sem impedir a instauração do processo. Só após a coleta de provas será possível conhecer os fatos de modo a dar-lhes enquadramento legal, tipificando a infração. Muito se assemelha, no particular, o processo ético-disciplinar ao processo administrativo disciplinar aplicável aos servidores públicos da União, no qual, concluída a instrução a que se procede, na fase do inquérito, a comissão competente, antes de promover a indiciação do acusado (abrindo, então, o processo, propriamente), deve tipificar a infração (Lei nº 8.112/1990, art. 161, *caput*).

Só não cabe ao relator, na fase de saneamento, propor a extinção do processo – o que corresponderia ao ato de *liquidar o processo.* Mas, o processo ético-disciplinar não se divide em fases estanques; estas se interpenetram, tal como no processo judicial, possibilitando a prática de atos próprios de uma fase em outro momento do processo. Assim, não está afastada a hipótese de o processo encerrar-se após a defesa prévia, como, aliás, o Estatuto prevê, em seu art. 73, § 2º.

Cuida-se, aí, de providência excepcional, cabível, apenas, quando, à vista da defesa prévia, verifica-se que a infração imputada ao representado não se configurou, seja porque a prova produzida pelo defendente em torno dos fatos, por si só, demonstra sua inocorrência, seja porque a falta de responsabilidade atribuível ao representado, desde logo, se evidencia. Nesse caso, o relator emitirá parecer propondo, ao Presidente da Seccional, o *indeferimento liminar da representação.* Este ato distingue-se do arquivamento a que se refere o art. 58, § 3º, mais se aproximando, na verdade, da extinção do processo por força de uma *tutela de evidência*, como aquela de que trata o Código de Processo Civil. É que, enquanto o arquivamento da representação verifica-se em virtude de falta de admissibilidade ou de não atendimento de seus pressupostos, o chamado indeferimento liminar funda-se em considerações de mérito.

Observe-se que a competência atribuída pelo art. 73, § 2º, do Estatuto ao Presidente da Seccional é privativa deste e, pela sua natureza de ato decisório, indelegável.

Instrução

Havendo sido requerida a produção de provas orais, o relator designará audiência de instrução, determinando a notificação das partes para que a ela possam comparecer. Será lavrado termo, consignando tudo o que na audiência ocorrer, bem como as declarações do representante e do representado. Do mesmo modo, far-se-á a assentada dos depoimentos das testemunhas. Proceder-se-á, em suma, segundo as disposições e as praxes do processo judicial. Se for o caso, será cabível a acareação do representante e do representado.

Nesta fase, poderá haver a realização de prova pericial, quando se verificar que o fato a provar requer conhecimento técnico de *expert* que seja, para tanto, designado pelo relator. Isso ocorrerá, por exemplo, no caso de prova da autenticidade ou falsidade de documento ou na hipótese de levantamento contábil relacionado a importância devidas pelo representado. Em geral, porém, a instrução do processo ético-disciplinar é bastante simples, não requerendo produção de prova técnica.

Todos os meios lícitos ou moralmente legítimos, hábeis para provar a verdade dos fatos, serão, em tese, admissíveis no processo administrativo disciplinar. Aplicar-se-á, no particular, subsidiariamente, o processo penal comum, podendo, igualmente, ser invocada, se for o caso, a aplicação analógica do processo civil ou do processo disciplinar dos servidores públicos federais. Como é sabido, o Direito Processual admite o suprimento de lacunas mediante aplicação analógica, o que é comum ao processo civil e ao processo penal.

Parecer preliminar: tipificação dos fatos. Razões finais

Concluída a instrução, o relator profere o parecer preliminar a que se refere o § 7º do art. 59. Trata-se de *parecer preliminar* em relação à fase de julgamento, na qual atuará outro relator. Aliás, salvo na Seccional cujo Regimento Interno atribuir ao respectivo Tribunal de Ética competência para instrução processual, o processo a este será remetido, após a apresentação das razões finais ou uma vez decorrido *in albis* o prazo para esse fim, ali sendo designado relator um de seus membros.

No parecer preliminar, o relator dará *enquadramento legal aos fatos imputados ao representado.* É a tipificação, considerada, hoje, indispensável pela doutrina, no processo administrativo, uma vez que este pressupõe a ocorrência de fatos típicos, isto é, fatos cujos elementos constitutivos sejam definidos em lei. Daí o cuidado do Código em exigir tal providência, no processo disciplinar que regula – o que constitui, certamente, uma das mais importantes inovações do novo diploma.

Como já se observou, os fatos típicos ou as infrações éticas e disciplinares que podem ser imputados aos advogados, na medida em que incidam em conduta ilícita, estão definidos no art. 34 do Estatuto (Lei nº 8.906/1994).

A tipificação no processo ético-disciplinar, como já foi dito, faz-se após a instrução, quando a prova dos fatos narrados na representação já permite enquadrá-los na previsão legal.

De acordo com a sistemática adotada pelo Código de Ética e Disciplina, uma vez realizado o enquadramento legal dos fatos, *abre-se prazo de 15 (quinze) dias para apresentação de razões finais* (cf. § 8º do artigo em comento).

É importante observar que o Código não exige a designação de defensor dativo para o ato específico de apresentação de razões finais. Já estando a parte representada no processo, decorrido o prazo respectivo sem que as razões sejam apresentadas, o processo seguirá seu curso normal. Se nele estiver atuando defensor dativo, este terá, naturalmente, a obrigação de apresentá-las; se não o fizer, deverá ser afastado, respondendo, disciplinarmente, pela omissão e sendo, então, designado outro defensor para substituí-lo.

Julgamento

> ***Art. 60. O Presidente do Tribunal de Ética e Disciplina, após o recebimento do processo, devidamente instruído, designa, por sorteio, relator para proferir voto.***
>
> ***§ 1º Se o processo já estiver tramitando perante o Tribunal de Ética e Disciplina ou perante o Conselho competente, o relator não será o mesmo designado na fase de instrução.***
>
> ***§ 2º O processo será incluído em pauta na primeira sessão de julgamento após a distribuição ao relator. (NR. Ver Resolução nº 1/2016. DOU, S.1, 26.02.2016, p. 303)***
>
> ***§ 3º O representante e o representado são notificados pela Secretaria do Tribunal, com 15 (quinze) dias de antecedência, para comparecerem à sessão de julgamento.***
>
> ***§ 4º Na sessão de julgamento, após o voto do relator, é facultada a sustentação oral pelo tempo de 15 (quinze) minutos, primeiro pelo representante e, em seguida, pelo representado.***

O julgamento do processo disciplinar, como já lembrado, é da competência do Tribunal de Ética e Disciplina, em primeiro grau. Neste, será indicado, por sorteio, relator para a fase que, então, se inicia – o que ocorrerá mesmo que o referido Tribunal disponha de competência para instruir o processo, segundo as normas do Regimento Interno da Seccional (Cód. de Ética, art. 60, *caput* e § 1º). Isso significa que o relator, na fase de julgamento, será sempre outro, ainda que o processo já esteja tramitando perante o Tribunal de Ética, nos termos do que disponha o Regimento Interno da Seccional.

Já estando o processo instruído, será posto em pauta na primeira sessão após a distribuição dos autos ao relator. As partes serão notificadas com 15 (quinze) dias de antecedência (§ 3º). Anote-se que havia, a esse respeito, uma redundância na dicção dos §§ 2º, parte final e 3º, do art. 60, que foi eliminada por meio da Resolução nº 01/2016, do Conselho Federal, aprovada na sessão de 24 de fevereiro de 2016, em virtude da qual o referido § 2º ganhou nova redação.

A referência ao prazo da notificação das partes para a sessão de julgamento fica, pois, constando apenas do § 3º, evitando-se a repetição, como convém à boa técnica legislativa e como era importante para facilitar a interpretação do texto.

Na sessão de julgamento, apregoado o processo e estando presentes, ou não, o representante e o representado, ou seus procuradores, o relator procede à leitura do relatório e do voto, após o que, estando inscrita para tanto, a parte interessada terá a palavra para a sustentação oral, pelo tempo de 15 (quinze) minutos. A sustentação oral perante órgãos da OAB é sempre produzida após o voto do relator. A Ordem mantém-se coerente, a esse respeito, com a norma inserida, originariamente, no inciso IX do art. 7º do Estatuto, que o Supremo Tribunal Federal julgou inconstitucional, considerando-a ineficaz para os tribunais judiciários, ao argumento de que se tratava de norma própria dos regimentos internos desses.

Acórdão

> ***Art. 61. Do julgamento do processo disciplinar lavrar-se-á acórdão, do qual constarão, quando procedente a representação, o enquadramento legal da infração, a sanção aplicada, o quórum de instalação e o de deliberação, a indicação de haver sido esta adotada com base no voto do relator ou em voto divergente, bem como as circunstâncias agravantes ou atenuantes consideradas e as razões determinantes de eventual conversão da censura aplicada em advertência sem registro nos assentamentos do inscrito.***

A decisão do Tribunal de Ética consubstancia-se em acórdão. Este deverá atender aos requisitos dos arts. 61 e 62, § 1º, do Código de Ética.

Acórdão é o julgamento colegiado proferido pelos tribunais – segundo a definição adotada pelo art. 204 do Código de Processo Civil, com a qual o Regulamento Geral mostra-se, aliás, coerente (cf. art. 96, *caput*). Os tribunais de ética, como tribunais administrativos, consubstanciam, portanto, suas decisões em acórdãos.

> ***Art. 62. Nos acórdãos serão observadas, ainda, as seguintes regras:***
>
> ***§ 1º O acórdão trará sempre a ementa, contendo a essência da decisão.***
>
> ***§ 2º O autor do voto divergente que tenha prevalecido figurará como redator para o acórdão.***
>
> ***§ 3º O voto condutor da decisão deverá ser lançado nos autos, com os seus fundamentos.***

§ 4º O voto divergente, ainda que vencido, deverá ter seus fundamentos lançados nos autos, em voto escrito ou em transcrição na ata de julgamento do voto oral proferido, com seus fundamentos.

§ 5º Será atualizado nos autos o relatório de antecedentes do representado, sempre que o relator o determinar.

Do art. 62, originário de emenda apresentada em plenário, constam exigências de ordem formal relativas aos julgamentos. Dizem respeito ao acórdão, aos votos condutor ou divergente e à atualização do relatório de antecedentes.

Como sói acontecer em relação aos aspectos formais dos atos jurídicos, a interpretação do dispositivo e a análise dos acórdãos, em cada processo, não devem ser feitas com rigor formalístico. A tanto se opõe, aliás, o *princípio do formalismo moderado*, peculiar ao processo administrativo.

Neste passo, cabe observar que, a partir da publicação do acórdão, começa a correr o prazo para a interposição do recurso cabível. Veja-se, a esse respeito, o art. 67, na sequência dos comentários.

4. DO PROCEDIMENTO CAUTELAR DE SUSPENSÃO PREVENTIVA (ESTATUTO, ART. 70, § 3º)

Art. 63. Na hipótese prevista no art. 70, § 3º, do EAOAB, em sessão especial designada pelo Presidente do Tribunal, serão facultadas ao representado ou ao seu defensor a apresentação de defesa, a produção de prova e a sustentação oral.

Contém-se, no art. 63, norma especial sobre o julgamento de que trata o art. 70, § 3º, do Estatuto, a que já se fez referência. Cuida-se, aí, de um procedimento cautelar destinado a ensejar a suspensão, pelo Tribunal de Ética e Disciplina, do acusado da prática de infração disciplinar suscetível de acarretar *repercussão prejudicial à dignidade da advocacia*. A inovação contemplada pelo Código de Ética consistiu, apenas, em assegurar ao acusado, também nessa hipótese, direito à defesa, à produção de prova e à sustentação oral.

5. DO PROCEDIMENTO DAS CONSULTAS

Art. 64. As consultas submetidas ao Tribunal de Ética e Disciplina receberão autuação própria, sendo designado relator, por sorteio, para o

seu exame, podendo o Presidente, em face da complexidade da questão, designar, subsequentemente, revisor.

Parágrafo único. O relator e o revisor têm prazo de 10 (dez) dias cada um para elaboração de seus pareceres, apresentando-os na primeira sessão seguinte, para deliberação.

Além da competência que lhes é conferida para julgar os processos administrativos disciplinares, os Tribunais de Ética têm, ainda, atribuição de apreciar consultas, em tese, sobre matéria de ordem ético-disciplinar (Cód. de Ética, art. 71, II).

O procedimento das consultas é bastante singelo. Designa-se, por sorteio, um relator, ao qual competirá emitir parecer sobre a questão, submetendo-a, em seguida, à apreciação do Tribunal. Se o Presidente deste entender que, pela sua complexidade, a consulta requer análise mais ampla, designará, em seguida, revisor (Cód. de Ética, art. 64).

A consulta será submetida ao julgamento do Tribunal, traduzindo-se em acórdão, com a respectiva ementa, a decisão que for proferida sobre a matéria.

6. DISPOSIÇÕES CORRELATAS

6.1. Sessões do TED

Art. 65. As sessões do Tribunal de Ética e Disciplina obedecerão ao disposto no respectivo Regimento Interno, aplicando-se-lhes, subsidiariamente, o do Conselho Seccional.

O funcionamento dos Tribunais de Ética e Disciplina obedece às disposições do respectivo Regimento Interno. Este é aprovado pelo próprio Tribunal e homologado pelo Conselho Seccional de que faça parte, sendo, em seguida, submetido ao Conselho Federal. O art. 74, a seguir comentado, trata da elaboração ou atualização dos Regimentos Internos dos Tribunais de Ética e Disciplina.

O Regimento de cada Tribunal disporá sobre as suas sessões, tomando por parâmetros, naturalmente, o Regimento da própria Seccional e o Regulamento Geral do Estatuto da OAB.

6.2. Comportamento processual dos interessados

Art. 66. A conduta dos interessados, no processo disciplinar, que se revele temerária ou caracterize a intenção de alterar a verdade dos

> ***fatos, assim como a interposição de recursos com intuito manifestamente protelatório, contrariam os princípios deste Código, sujeitando os responsáveis à correspondente sanção.***

O presente artigo cuida do comportamento processual das partes.

O Código anterior já continha dispositivo sobre a matéria, inserido no seu art. 58:

> *Comprovado que os interessados no processo nele tenham intervindo de modo temerário, com sentido de emulação ou procrastinação, tal fato caracteriza falta de ética passível de punição.*

O Código de 2015, no artigo em referência, é mais explícito, aludindo, inclusive, à *interposição de recursos com intuito meramente protelatório*. A norma mostra-se afinada com a orientação da Segunda Câmara, que, especialmente por sua Segunda Turma, já vinha aplicando o antigo art. 58 nos casos de embargos de declaração reiterados, por meio dos quais o recorrente, a toda evidência, buscava adiar, indefinidamente, o desfecho do processo.

6.3. Recursos

> ***Art. 67. Os recursos contra decisões do Tribunal de Ética e Disciplina, ao Conselho Seccional, regem-se pelas disposições do Estatuto da Advocacia e da Ordem dos Advogados do Brasil, do Regulamento Geral e do Regimento Interno do Conselho Seccional.***
>
> ***Parágrafo único. O Tribunal dará conhecimento de todas as suas decisões ao Conselho Seccional, para que determine periodicamente a publicação de seus julgados.***

Publicado o acórdão na imprensa oficial (Estatuto, art. 45, § 6º), abre-se o prazo de 15 (quinze) dias para o recurso cabível. O prazo para todos os recursos, nos processos de competência da OAB, é de 15 (quinze) dias, conforme o disposto no art. 139, *caput*, do Regulamento Geral.

Há Seccionais cujos Regimentos Internos preveem a possibilidade de recursos contra decisões não unânimes para órgão colegiado da própria Seção. Nessa hipótese, essa via recursal haverá de ser esgotada antes da interposição de recurso para o Conselho Federal.

O cabimento de recurso ao Conselho Federal da OAB é regulado no art.75 do Estatuto (Lei nº 8.906/1994). Cumpre tê-lo em consideração, máxime em face do que dispõe o art. 67 do Código de Ética.

Se a decisão do Tribunal de Ética e Disciplina for proferida por maioria de votos, o recurso será de natureza ordinária. Se, contudo, houver sido unânime, o recurso terá natureza de recurso extraordinário. Isto significa que o recorrente haverá de indicar, no recurso que interponha, a existência de uma *quaestio juris*, traduzida na alegação de que a decisão contraria o próprio Estatuto (Lei nº 8.906/1994), decisão do Conselho Federal ou de outro Conselho Seccional e, ainda, o Regulamento Geral, o Código de Ética e Disciplina ou Provimentos emanados do Conselho Federal. Haverá de ser apontada, portanto, violação de preceito legal ou normativo ou, então, dissídio jurisprudencial, para que o recurso seja admitido. Tal é o pressuposto do recurso extraordinário para o Conselho Federal, o qual compreende também, obviamente, eventual violação da Constituição Federal. São comuns, aliás, as alegações de desrespeito ao princípio da ampla defesa ou do contraditório, o que será bastante para que o recurso seja admitido, desde que verossímeis, ou seja, com um algum vislumbre de procedência.

Não há, porém, para o recurso extraordinário no âmbito da OAB, as mesmas exigências que prevalecem para o recurso especial ao STJ ou para o recurso extraordinário propriamente dito ao STF. Inexiste, por exemplo, a exigência de prequestionamento da questão jurídica suscitada. E, dado o princípio do formalismo moderado, poderá o relator extrair da petição de recurso fundamento jurídico para a admissão deste, em tal hipótese, ainda que a questão não tenha sido expressamente ventilada pelo recorrente.

Não cabe, porém, recurso extraordinário ao Conselho Federal fundado em questão meramente de fato. Aplica-se, por isso, ao processo administrativo disciplinar a Súmula 279 do STF: *"Para simples reexame de prova não cabe recurso extraordinário"*.

Ao receber os autos do processo disciplinar em que haja sido interposto recurso ao Conselho Federal, o relator a quem esse for distribuído, no referido colegiado, procede ao seu exame de admissibilidade, podendo propor ao Presidente do órgão competente (isto é, ao Presidente da Turma da Segunda Câmara à qual haja sido distribuído) o indeferimento liminar do recurso, com fundamento no art. 140 do Regulamento Geral. Se for o caso ou se isso lhe parecer mais conveniente, levará o processo a julgamento, manifestando-se, então, pelo não conhecimento do recurso.

7. DO PROCEDIMENTO DE REVISÃO

> ***Art. 68. Cabe revisão do processo disciplinar, na forma prevista no Estatuto da Advocacia e da Ordem dos Advogados do Brasil (art. 73, § 5º).***

§ 1º Tem legitimidade para requerer a revisão o advogado punido com a sanção disciplinar.

§ 2º A competência para processar e julgar o processo de revisão é do órgão de que emanou a condenação final.

§ 3º Quando o órgão competente for o Conselho Federal, a revisão processar-se-á perante a Segunda Câmara, reunida em sessão plenária.

§ 4º Observar-se-á, na revisão, o procedimento do processo disciplinar, no que couber.

§ 5º O pedido de revisão terá autuação própria, devendo os autos respectivos ser apensados aos do processo disciplinar a que se refira.

§ 6º O pedido de revisão não suspende os efeitos da decisão condenatória, salvo quando o relator, ante a relevância dos fundamentos e o risco de consequências irreparáveis para o requerente, conceder tutela cautelar para que se suspenda a execução. (Ver Resolução nº 04/2016, DOU, S.1, 20.06.2016, pp. 162/163)

§ 7º A parte representante somente será notificada para integrar o processo de revisão quando o relator entender que deste poderá resultar dano ao interesse jurídico que haja motivado a representação. (Ver Resolução nº 04/2016, DOU, S.1, 20.06.2016, pp. 162/163)

A revisão é um pedido de desconstituição da decisão condenatória, formulado por quem a sofreu, fundando-se em *erro de julgamento* ou *condenação baseada em falsa prova* (Estatuto, art. 73, § 5º). Trata-se de instituto peculiar ao processo penal, que o processo ético-disciplinar acolheu[3]. Como no processo penal, a legitimidade para requerer revisão de decisão condenatória é, exclusivamente, daquele que foi punido com sanção disciplinar. Não há revisão criminal *pro societate*, assim como não há revisão do processo ético-disciplinar *pro OAB*. É o que o § 1º do art. 68 do Código expressa.

A competência para processar e julgar o processo de revisão é do órgão de que emanou a condenação final – diz o § 2º do citado art. 68. Em sendo competente para a revisão o Conselho Federal, o julgamento processar-se-á pela Segunda Câmara, *reunida em sessão plenária* (§ 3º) – e não por qualquer das Turmas que compõem aquela Câmara isoladamente.

Para que a competência do Conselho Federal se estabeleça, no caso concreto, é mister verificar se a decisão por este proferida, no processo disciplinar, julgando o recurso interposto da decisão do órgão disciplinar *a quo*

3 Cf. Eugênio Pacelli de Oliveira, *Curso de Processo Penal*. 15ª edição. Rio de Janeiro: Lumen Juris, 2011, p. 914, nº 16.11.2).

foi, ou não, uma decisão de mérito. Se o Conselho Federal não conheceu do recurso para ele interposto, então a decisão condenatória emanou do Tribunal de Ética (ou, conforme o caso, do Conselho Seccional), devendo, portanto, a revisão perante este processar-se.

A revisão tem características de ação desconstitutiva ou de ação constitutiva negativa. Não se trata de simples recurso. Há de ser processada, pois, em autos apartados, os quais serão apensos aos do processo principal, em que a decisão condenatória haja sido proferida (§ 5º). Sua instauração somente será admitida se atendidos os pressupostos de admissibilidade acima destacados. Estes são de interpretação estrita.

O procedimento será o do processo disciplinar, que se lhe aplicará, no que couber (§ 4º).

Assim como não há prazo decadencial para a revisão criminal (CPP, art. 622), do mesmo modo a revisão da decisão condenatória em processo disciplinar pode ser requerida a qualquer tempo.

O § 6º acrescentado ao Código pela Resolução nº 04/2016 tem em vista a hipótese de a revisão ser postulada no curso da execução da sanção disciplinar. Disso decorre que a medida de que aí se cogita somente se aplica aos casos em que o advogado foi punido com suspensão ou se acha sujeito à sanção acessória de multa. Tais sanções poderão ser suspensas quando, ao promover a revisão, o interessado requerer a concessão de tutela cautelar, sustentando a relevância dos fundamentos e mostrando que o não deferimento da medida poderá trazer-lhe consequências irreparáveis (ou de difícil reparação), em face da consumação da injustiça de que julga padecer. Não se trata – é importante notar – de simples liminar antecipatória, mas de tutela cautelar que visa, estritamente, a sustar o prosseguimento da execução da sanção disciplinar, em circunstâncias que permitam fazê-lo para impedir o agravamento da situação do punido. Não é também, muito menos, um prejulgamento, dado o seu caráter de tutela provisória.

Tudo isso considerado, penso que a suspensão dos efeitos da decisão condenatória de que trata o parágrafo em comento não pode ser invocada quando se trata de advertência, censura ou exclusão, uma vez que essas sanções consumam-se com o ato que as aplica. No que concerne à exclusão, cumpre ter em vista, ademais, que, resultando sua aplicação de quórum especial de deliberação (cf. Estatuto, art. 38, parágrafo único), não seria razoável admitir pudesse ser suspensa por meio de tutela provisória.

De resto, para realçar o caráter excepcional da medida de que trata o parágrafo, cumpre ter em vista que o instituto da revisão, no processo penal – que é fonte subsidiária do processo ético-disciplinar – não tem o efeito que lhe atribui o dispositivo em comento.

Quanto ao § 7º, sua exegese não deve perder de vista a circunstância de que se trata de ato da iniciativa do punido e que em seu benefício é postulado. Não há, na revisão, o surgimento de uma relação triangular, vinculando o punido, de um lado, ao órgão julgador e, de outro, à pessoa que contra ele representara. Esta última somente será chamada ao processo quando o relator, entendendo que da revisão poderá resultar dano ao interesse jurídico que haja motivado a representação, assim o determinar. O requerente da revisão nada pede em relação ao que contra ele representara. Este, portanto, não poderá ser considerado parte no processo correspondente, mas tão só um terceiro interveniente.

Trata-se, no caso que o parágrafo tem em vista, de uma hipótese excepcional que, como toda exceção, há de ser interpretada estrita e rigorosamente.

8. DO PROCEDIMENTO DE REABILITAÇÃO

> ***Art. 69. O advogado que tenha sofrido sanção disciplinar poderá requerer reabilitação, no prazo e nas condições previstos no Estatuto da Advocacia e da Ordem dos Advogados do Brasil (art. 41).***
>
> ***§ 1º A competência para processar e julgar o pedido de reabilitação é do Conselho Seccional em que tenha sido aplicada a sanção disciplinar. Nos casos de competência originária do Conselho Federal, perante este tramitará o pedido de reabilitação.***
>
> ***§ 2º Observar-se-á, no pedido de reabilitação, o procedimento do processo disciplinar, no que couber.***
>
> ***§ 3º O pedido de reabilitação terá autuação própria, devendo os autos respectivos ser apensados aos do processo disciplinar a que se refira.***
>
> ***§ 4º O pedido de reabilitação será instruído com provas de bom comportamento, no exercício da advocacia e na vida social, cumprindo à Secretaria do Conselho competente certificar, nos autos, o efetivo cumprimento da sanção disciplinar pelo requerente.***
>
> ***§ 5º Quando o pedido não estiver suficientemente instruído, o relator assinará prazo ao requerente para que complemente a documentação; não cumprida a determinação, o pedido será liminarmente arquivado.***

Tal como o procedimento de revisão, o de reabilitação tem origem no processo penal. Diferentemente daquele, porém, o procedimento de reabilitação não visa a desconstituir a decisão condenatória, mas a apagar-lhe os efeitos.

A reabilitação poderá ser requerida pelo advogado a quem fora imposta a sanção disciplinar um ano após o efetivo cumprimento desta (Estatuto, art. 41, *caput*).

Os requisitos da reabilitação estão expressos no § 4º do art. 69.

O pressuposto fundamental da reabilitação reside, pois, na prova de que o advogado punido se reabilitou como profissional e como cidadão, assumindo, após a condenação, conduta irreprochável. Daí a prova de *bom comportamento*, que o Estatuto exige (art. 41, *caput, in fine*) e cuja produção o Código de Ética regula (art. 69, § 4º). Não estando o pedido suficientemente instruído, *o relator assinará prazo ao requerente para que complemente a documentação*, sob pena de indeferimento liminar (art. 69, § 5º).

Como se trata de um incidente da execução da sanção disciplinar, competente para o processamento da reabilitação é *do Conselho Seccional em que tenha sido aplicada a sanção disciplinar* (Cód. de Ética, art. 69, § 1º).

O procedimento a ser observado no pedido de reabilitação será, no que couber, o do processo disciplinar (art. 69, § 2º), autuando-se em apartado ou em apenso aos autos do processo disciplinar a que se refira (§ 3º).

Capítulo II

DOS ÓRGÃOS DISCIPLINARES

SEÇÃO I

DOS TRIBUNAIS DE ÉTICA E DISCIPLINA

Art. 70. O Tribunal de Ética e Disciplina poderá funcionar dividido em órgãos fracionários, de acordo com seu regimento interno.

Os Tribunais de Ética e Disciplina são órgãos das Seccionais da Ordem dos Advogados do Brasil. Previstos nos arts. 58, III e 73, *caput*, do Estatuto, bem como no art. 114 do Regulamento Geral, como tribunais administrativos dotados de competência para julgar, em primeiro grau, os processos ético-disciplinares, sucederam, na vigência da Lei nº 8.906/1994, às antigas Comissões de Ética e Disciplina, existentes no regime da Lei nº 4.215/1963 (art. 119, *caput*). Dessa sucessão cuidou a Resolução nº 02, de 02 de setembro de 1994, que estabeleceu disposição transitória sobre o exercício da competência das referidas Comissões e quanto à instalação dos Tribunais de Ética (art. 4º).

Na vigência do antigo Estatuto (Lei nº 4.215/1963), os Tribunais de Ética eram órgãos de existência facultativa, podendo ser constituídos nas Seccionais cujos regimentos internos assim dispusessem (cf. art. 31). Assinale-se que, na Seccional de São Paulo, o Tribunal de Ética reunia-se desde 1º de junho de 1937[1] e prestou os mais relevantes serviços à disciplina ética dos advogados. É um órgão pioneiro, com lugar de destaque na história dos Tribunais de Ética e Disciplina e um acervo jurisprudencial inestimável, a que, frequentemente, se recorre.

Somente no regime do vigente Estatuto é que os Tribunais de Ética tornaram-se órgãos de existência obrigatória. Sobre os TEDS, dispôs o antigo Código de Ética, nos arts. 49 e 50.

O novo Código de Ética ocupa-se dos Tribunais de Ética e Disciplina no capítulo em comento (arts. 70 e 71). Há um Tribunal em cada Seccional, po-

---

1 Cf. Modesto Souza Barros Carvalhosa, prefácio da coleção *Julgados do Tribunal de Ética Profissional*. São Paulo: Departamento Editorial da OAB/SP, 1992, vol. 1, p. 11.

dendo este *funcionar dividido em órgãos fracionários, de acordo com seus regimentos internos*. Tais órgãos fracionários (Câmaras ou Turmas) poderão ser instalados na sede da Seccional ou em cidades do interior, conforme dispuser o respectivo regimento interno.

O regimento do Tribunal deve ser aprovado pelo Conselho Seccional e, subsequentemente, pelo Conselho Federal, conforme dispõe o art. 74 do Código de Ética e Disciplina.

> ***Art. 71. Compete aos Tribunais de Ética e Disciplina:***
>
> ***I – julgar, em primeiro grau, os processos ético-disciplinares;***
>
> ***II – responder a consultas formuladas, em tese, sobre matéria ético-disciplinar;***
>
> ***III – exercer as competências que lhe sejam conferidas pelo Regimento Interno da Seccional ou por este Código para a instauração, instrução e julgamento de processos ético-disciplinares;***
>
> ***IV – suspender, preventivamente, o acusado, em caso de conduta suscetível de acarretar repercussão prejudicial à advocacia, nos termos do Estatuto da Advocacia e da Ordem dos Advogados do Brasil;***
>
> ***V – organizar, promover e ministrar cursos, palestras, seminários e outros eventos da mesma natureza acerca da ética profissional do advogado ou estabelecer parcerias com as Escolas de Advocacia, com o mesmo objetivo;***
>
> ***VI – atuar como órgão mediador ou conciliador nas questões que envolvam:***
>
> ***a) dúvidas e pendências entre advogados;***
>
> ***b) partilha de honorários contratados em conjunto ou decorrentes de substabelecimento, bem como os que resultem de sucumbência, nas mesmas hipóteses;***
>
> ***c) controvérsias surgidas quando da dissolução de sociedade de advogados.***

O artigo em tela define a competência dos Tribunais de Ética e Disciplina.

Cada Tribunal de Ética exerce, além de sua competência judicante e de sua função consultiva, atribuições de órgão cultural, no campo da ética profissional, podendo *organizar, promover e ministrar cursos, palestras, seminários e outros eventos da mesma natureza* (art. 71, especialmente, quanto à última atribuição, inciso V). Compete-lhe, ainda, segundo o disposto no inciso VI do mesmo artigo, *atuar como órgão mediador ou conciliador nas questões* entre advogados, a que se referem suas alíneas "a" e "b". Cumpre, assim, importante papel no sentido de prevenir a litigiosidade entre colegas ou pôr-lhe fim, mediante procedimento de conciliação.

SEÇÃO II

DAS CORREGEDORIAS-GERAIS

> ***Art. 72. As Corregedorias-Gerais integram o sistema disciplinar da Ordem dos Advogados do Brasil.***
>
> ***§ 1º O Secretário-Geral Adjunto exerce, no âmbito do Conselho Federal, as funções de Corregedor-Geral, cuja competência é definida em Provimento.***
>
> ***§ 2º Nos Conselhos Seccionais, as Corregedorias-Gerais terão atribuições da mesma natureza, observando, no que couber, Provimento do Conselho Federal sobre a matéria.***
>
> ***§ 3º A Corregedoria-Geral do Processo Disciplinar coordenará ações do Conselho Federal e dos Conselhos Seccionais voltadas para o objetivo de reduzir a ocorrência das infrações disciplinares mais frequentes.***

As Corregedorias-Gerais, de que trata o art. 72 do Código de Ética e Disciplina, têm atribuições de coordenação, orientação e fiscalização no âmbito dos processos disciplinares da OAB.

Na estrutura organizacional da Ordem dos Advogados do Brasil, as Corregedorias-Gerais acham-se vinculadas à Segunda Câmara do Conselho Federal (cf. Regulamento Geral, art. 89, VII), cujo Presidente – o Secretário-Geral Adjunto – é o Corregedor-Geral da OAB Nacional. O Regimento Interno da Corregedoria-Geral do Processo Disciplinar da Ordem dos Advogados do Brasil foi aprovado pela Resolução nº 03/2010.

A criação da Corregedoria-Geral, na esfera do Conselho Federal, decorreu do Provimento nº 134/2009.

Nos Conselhos Seccionais, as Corregedorias-Gerais *terão atribuições da mesma natureza, observando, no que couber, Provimento do Conselho Federal sobre a matéria* (cf. art. 72, § 2º, do Cód. de Ética). Sobre as Corregedorias das Seccionais, dispõe, presentemente, o citado Provimento nº 134/2009.

TÍTULO III

DAS DISPOSIÇÕES GERAIS E TRANSITÓRIAS

Art. 73. O Conselho Seccional deve oferecer os meios e o suporte de apoio material, logístico, de informática e de pessoal necessários ao pleno funcionamento e ao desenvolvimento das atividades do Tribunal de Ética e Disciplina.

§ 1º Os Conselhos Seccionais divulgarão, trimestralmente, na internet, a quantidade de processos ético-disciplinares em andamento e as punições decididas em caráter definitivo, preservadas as regras de sigilo.

§ 2º A divulgação das punições referidas no parágrafo anterior destacará cada infração tipificada no artigo 34 da Lei nº 8.906/94.

O dispositivo ocupa-se de aspectos operacionais do funcionamento dos Tribunais de Ética e Disciplina. Como órgãos que integram a estrutura das Seccionais, destas devem receber os Tribunais o indispensável apoio material, logístico, de informática e de pessoal. Quem estabelece os fins, dá os meios. A existência dos Tribunais de Ética não poderia ocorrer no vazio. Uma vez tornados de existência obrigatória, devem contar com os recursos necessários ao cumprimento de suas finalidades.

Não se trata, aí, portanto, de mera recomendação feita às Seccionais da OAB, senão de uma obrigação definida pelo Conselho Federal.

Cuida-se, ainda, nos §§ do artigo, da divulgação do resultado do trabalho dos Tribunais de Ética e Disciplina, para fins estatísticos e de controle por parte dos órgãos competentes, que são as Corregedorias.

Art. 74. Em até 180 (cento e oitenta) dias após o início da vigência do presente Código de Ética e Disciplina da OAB, os Conselhos Seccionais e os Tribunais de Ética e Disciplina deverão elaborar ou rever seus Regimentos Internos, adaptando-os às novas regras e disposições deste Código. No caso dos Tribunais de Ética e Disciplina, os Regimentos Internos serão submetidos à aprovação do respectivo Conselho Seccional e, subsequentemente, do Conselho Federal.

O artigo tem em vista a adaptação a este Código de Ética dos Regimentos das Seccionais e dos Tribunais de Ética. Estabelece-se, para tanto, prazo de

180 (cento e oitenta) dias, que se contará a partir da sua entrada em vigor. Veja-se, a este respeito, o disposto no art. 79.

> ***Art. 75. A pauta de julgamentos do Tribunal é publicada no Diário Eletrônico da OAB e no quadro de avisos gerais, na sede do Conselho Seccional, com antecedência de 15 (quinze) dias, devendo ser dada prioridade, nos julgamentos, aos processos cujos interessados estiverem presentes à respectiva sessão. . (Cf. Resolução n. 05/2018)***

A disposição do art. 75 preordena a elaboração do Regimento Interno de cada Tribunal de Ética e Disciplina, no que diz respeito à publicação das pautas de julgamento e à ordem de julgamento dos processos. A publicação da pauta deverá observar o prazo de antecedência de 15 (quinze) dias, como já estava previsto no art. 60, § 2º. Como é de praxe nos tribunais judiciários, dá-se preferência, nos julgamentos, aos processos cujos interessados estiverem presentes à respectiva sessão.

> ***Art. 76. As disposições deste Código obrigam igualmente as sociedades de advogados, os consultores e as sociedades consultoras em direito estrangeiro e os estagiários, no que lhes forem aplicáveis.***

A norma deste artigo explicita, no corpo do Código, o que já constava do ordenamento jurídico da OAB. Como quer que seja, a disposição tem o mérito de tornar insuscetível de qualquer controvérsia a abrangência do Código de Ética e Disciplina.

Cabe, porém, uma ressalva. A disposição pode dar a falsa ideia de que a sociedade de advogados, sendo alcançada pelo Código de Ética e Disciplina, possa ser sujeito passivo do poder disciplinar neste regulado. Tal não ocorre, entretanto.

Alfredo de Assis Gonçalves Neto esclarece a razão por que a sociedade, propriamente, como pessoa jurídica, não é passível de responsabilidade por infrações ético-disciplinares:

> *"... de um lado, quase todas as infrações disciplinares supõem o exercício da advocacia, que a sociedade não exerce; e, de outro lado, a sociedade, como pessoa jurídica, não age fisicamente, mas por meio de seus administradores, não havendo como estender a infração para além da pessoa do infrator, isto é, daquele que, concretamente, atuou em descompasso com a conduta exigida pela profissão. A pena – e isso vem de empréstimo da área penal – não pode passar da pessoa do delinquente."*[1].

1 *Sociedade de Advogados*, cit., p. 137, nº 48.

A referência que o art. 76 faz às sociedades de advogados, assim como às sociedades consultoras, deve ser entendida, pois, como direcionada aos advogados ou consultores que as integram, no seu conjunto. Evidentemente, uma sociedade não pode ser criada à margem das disposições normativas pertinentes nem funcionar em desacordo com essas disposições, servindo de biombo para atuação contrária às normas do Código de Ética, por parte de seus sócios ou integrantes. Não haverá justificativa, por exemplo, para publicidade profissional imoderada, a pretexto de que é a sociedade que promove o anúncio ou se faz protagonista da matéria publicitária.

O Provimento nº 91/2000 *dispõe sobre o exercício da atividade de consultores e sociedades de consultores em direito estrangeiro no Brasil.* Trata-se de uma abertura ao exercício, por advogados estrangeiros, de uma das atividades peculiares à advocacia, mediante autorização da OAB, nos termos do citado Provimento. Os consultores em direito estrangeiro ficam sujeitos às normas vigentes no Brasil para o exercício da advocacia.

Dispõe o art. 6º do citado Provimento nº 91/2000:

> *O consultor em direito estrangeiro autorizado e a sociedade de consultores em direito estrangeiro cujos atos constitutivos hajam sido arquivados na Ordem dos Advogados do Brasil devem, respectivamente, observar e respeitar as regras de conduta e os preceitos éticos aplicáveis aos advogados e às sociedades de advogados no Brasil e estão sujeitos à periódica renovação de sua autorização ou arquivamento pela OAB.*

Quanto ao estagiário, o simples fato de ficar sujeito, tanto quanto o advogado a inscrição na OAB, como prevê e regula o Estatuto no seu art. 9º, já o vincularia à disciplina estabelecida no Código de Ética. Lembre-se que a faculdade de atuação do estagiário é limitada no que concerne à prática de atos profissionais, a qual somente é admitida *em conjunto com advogado e sob responsabilidade deste*. A observância dessa condição é, pois, o primeiro dever ético do estagiário. Por outro lado, não se lhe pode imputar responsabilidade por atos próprios da atribuição dos advogados junto aos quais exerça suas atividades.

> ***Art. 77. As disposições deste Código aplicam-se, no que couber, à mediação, à conciliação e à arbitragem, quando exercidas por advogados.***

Trata-se de outra disposição que apenas dá ênfase à abrangência do Código de Ética e Disciplina.

As atividades de mediação, conciliação e arbitragem não são privativas dos advogados. Quando, porém, lhes caiba exercê-las, deverá o advogado proceder segundo os ditames do Código.

Recorde-se que o art. 36 deste Código, no § 2º, preceitua, como vimos, que

> *O advogado, quando no exercício das funções de mediador, conciliador e árbitro, se submete às regras do sigilo profissional.*
>
> ***Art. 78. Os autos do processo disciplinar podem ter caráter virtual, mediante adoção de processo eletrônico.***
>
> ***Parágrafo único. O Conselho Federal da OAB regulamentará em Provimento o processo ético-disciplinar por meio eletrônico.***

Prevê o artigo em referência a substituição dos autos físicos pelos autos virtuais nos processos disciplinares.

O termo *autos*, como se sabe, indica o conjunto material das peças do processo. Noutras palavras, refere-se ao continente, cujo conteúdo é formado pelos atos processuais. Os autos virtuais têm, mais precisamente, o caráter de instrumento para a prática desses atos, formando, de qualquer modo, um complexo, que corresponde ao caderno de atos peculiar aos autos físicos.

A implantação do sistema de processos disciplinares eletrônicos ou a adoção dos respectivos autos virtuais será regulada em Provimento específico.

> ***Art. 79. Este Código entra em vigor a 1º de setembro de 2016, cabendo ao Conselho Federal e aos Conselhos Seccionais, bem como às Subseções da OAB, promover-lhe ampla divulgação (Cf. Resolução nº 3, de 12 de abril de 2016, art. 1º).***

O artigo contém a cláusula de vigência do Código de Ética e Disciplina, dispondo que este entrará em vigor a 1º de setembro de 2016. O texto originário estabelecia uma *vacatio legis* de 180 (cento e oitenta) dias, a partir da publicação oficial. Esta se deu no Diário Oficial da União de 4 de novembro de 2015, Seção 1, pp. 77/80. Assim, em princípio, o Código entraria em vigor a 02 de maio de 2016.

A Resolução nº 3, de 12 de abril de 2016, aprovada pelo Plenário do Conselho Federal da OAB, dilatou o prazo de *vacatio legis* e fixou data expressa para o início da vigência do Código de Ética, considerando, sobretudo, que o prazo originariamente previsto coincidira com a transição de mandatos nos Conselhos Seccionais, resultante das eleições realizadas em novembro de 2015 e com a subsequente recomposição dos respectivos Tribunais de Ética, dificultando, assim, mais amplo conhecimento do Código por parte dos referidos órgãos e retardando, em consequência, os trabalhos de adaptação dos seus Regimentos Internos às novas disposições, como previsto no art. 74, *supra*.

A data de 1º de setembro de 2016 passou a ser, portanto, a do início da vigência deste Código.

Art. 80. Fica revogado o Código de Ética e Disciplina editado em 13 de fevereiro de 1995, bem como as demais disposições em contrário.

Contém-se, neste artigo, a cláusula de revogação do Código antecedente e de todas as disposições que lhe digam respeito.

Carlos Maximiliano observa, com a propriedade habitual:

> *"Se a lei nova cria, sobre o mesmo assunto da anterior, um sistema inteiro, completo, diferente, é claro que todo o outro sistema foi eliminado. Por outras palavras: dá-se ab-rogação, quando a norma posterior se cobre com o conteúdo todo da antiga."*[2].

Na verdade, não há antinomias a destacar entre este Código e o de 1995. Ocorreu, apenas, uma ampla atualização deste e o surgimento de novas disposições que contemplam matérias de que o referido Código não se ocupava. De qualquer sorte, o Código de 2015 não operou simples revisão do texto correspondente ao anterior. É de um novo Código que se cuida ou de um novo complexo normativo da conduta ética. O seu advento corresponde a uma nova perspectiva que se abre, no campo do ordenamento jurídico da OAB. Mas, o Código anterior não se sepulta nem ficará relegado ao esquecimento. Ao contrário, passa a compor o acervo histórico deste mesmo ordenamento e sua importância subsistirá até mesmo do ponto de vista jurídico, tão relevante é, para a hermenêutica, o método histórico de interpretação.

É ainda de Carlos Maximiliano esta lição:

> *"O confronto de disposições vigentes com outras anteriores, paralelas ou análogas, não só evidencia a continuidade, embora progressiva, de ideias e teorias preexistentes; como também prova que essa perpetua-*

---

2 *Hermenêutica e Aplicação do Direito*, cit., p. 440, nº 443.

> *ção relativa é a regra; o contraste, a mudança radical, aparecem como exceções."*[3].

Há, pois, entre este e o Código que o antecedeu uma continuidade natural, uma sucessão no tempo, que deve ser ressaltada e compreendida.

Lembra Mário Guimarães de Souza, em sua obra clássica, que *"Em todos os tempos, os advogados estiveram sujeitos a rigoroso regime disciplinar"*.[4]

A sequência dos Códigos que se têm ocupado dessa disciplina revela a permanente preocupação da Ordem dos Advogados do Brasil em preservá-la e, dessa forma, dignificar a advocacia. É este o traço comum aos nossos três Códigos de Ética e Disciplina, ao longo da história da instituição.

---

3 *Hermenêutica e Aplicação do Direito*, cit., p. 178, nº 146.

4 *O Advogado. Recife: 1935, p. 331, n.nº 282.*

BIBLIOGRAFIA

ABBAGNANO, Nicola. *Dicionário de Filosofia*. 2ª ed. São Paulo: Editora Mestre Jou, 1982.

ADEODATO, João Maurício. *Ética e Retórica*. São Paulo: Saraiva, 2002.

ALBUQUERQUE, Edgard Luiz Cavalcanti de. Publicidade na Advocacia. In: *Ética, Disciplina e Processo*. Coedição do Instituto dos Advogados do Paraná, OAB Paraná e Instituto dos Advogados Brasileiros, sob a coordenação de Carlos Fernando Corrêa de Castro. Florianópolis: Editora Conceito Editorial, 2007.

ALMEIDA JR., João Mendes de. *Direito Judiciário Brasileiro*. 5ª ed. Rio de Janeiro/ São Paulo: Livraria Freitas Bastos, 1960.

AMADO, Gilberto. *Depois da Política*. Rio de Janeiro: Livraria José Olympio Editora, 1960.

ARISTÓTELES. *Ética a Nicômacos*. Brasília: Editora UnB, 1992.

ARNAUT, António. *Estatuto da Ordem dos Advogados* – anotado. 10ª ed. Coimbra: Coimbra Editora, 2006.

ASSOCIAÇÃO DOS ADVOGADOS DE SÃO PAULO. Boletim n. 3.216, 1ª quinzena de maio/2021.

AULETE, Caldas. *Dicionário Contemporâneo da Língua Portuguesa*. 2ª ed. brasileira. Rio de Janeiro: Editora Delta, 1970.

______. *Mini Dicionário Contemporâneo da Língua Portuguesa*. Rio de Janeiro: Editora Nova Fronteira, 2004.

AVOLIO, Luiz Francisco Torquato. O Sigilo Profissional em face dos modernos meios de prova. In: *Ética Aplicada à Advocacia*. São Paulo: Tribunal de Ética Profissional da OAB-SP, edição de Fábio Vilela Leite Advogados e Consultores Jurídicos – FVLACJ, 2009.

BACELLAR FILHO, Romeu Felipe. *Processo administrativo disciplinar*. 3ª ed. São Paulo: Saraiva, 2012.

______. O Poder Disciplinar da Ordem dos Advogados do Brasil exercido através do Tribunal de Ética. Natureza jurídica do Tribunal. Aspectos Polêmicos de sua atividade. In: *Ética, Disciplina e Processo*. Coedição do Instituto dos Advogados do Paraná, OAB Paraná e Instituto dos Advogados Brasileiros, sob a coordenação de Carlos Fernando Corrêa de Castro. Florianópolis: Editora Conceito Editorial, 2007.

BARBALHO, João. *Constituição Federal Brasileira* – comentários. 2ª ed. Rio de Janeiro: F. Briguiet e Cia. Editores, 1924.

BARBI, Celso. *Comentários ao Código de Processo Civil*. 10ª ed. Rio de Janeiro: Forense, v. I, 1998.

BARBOSA, Rui. Dever do Advogado. In: GONÇALVES, Sylvino (org.). *Coletânea Forense para os Estudantes de Direito*. Rio de Janeiro: Ministério da Educação e Cultura/Casa de Rui Barbosa, 1959.

______. *Escritos e Discursos Seletos*. Rio de Janeiro: Editora José Aguilar Ltda., 1960.

______. *Oração aos Moços*. Edição comemorativa dos 150 anos de Rui Barbosa. Rio de Janeiro: Edições Casa de Rui Barbosa, 1999.

______. Garantias Constitucionais, que vêm a ser? In: ROCHA, Hildon (coord.) *República*: teoria e prática. Petrópolis: Editora Vozes Ltda, 1978.

BASILIO, Ana Tereza e ALÓ, Nicole Contardo Pereira. Marketing Jurídico. In: CASTRO NEVES, José Roberto de, e DUARTE, Ronnie (coordenadores). *O Advogado do Século XXI*. Rio de Janeiro: Editora Nova Fronteira – OAB Nacional, 2021.

BERMUDES, Sérgio. *Introdução ao Processo Civil*. 5ª ed. Rio de Janeiro: Forense, 2010.

BESSONE, Darcy. *Do Contrato*. Rio de Janeiro: Forense, 1960.

BOBBIO, Norberto. *O Filósofo e o Político* – antologia. Tradução de César Benjamin e Vera Ribeiro. Rio de Janeiro: Contraponto, 2013.

BONILLA CASTRO, Gerardo (coord.). *Ética Jurídica*: Código de deberes jurídicos, morales y éticos del profesional em Derecho. San José: Editorial Jurídica Continental, 2005.

CALAMANDREI, Piero. *Eles, os Juízes, vistos por nós, os Advogados*. Tradução do original italiano *Elogio dei Giudici scritto da um avvocato*, por Ary dos Santos. Lisboa: Livraria Clássica Editora, 1960.

CAMPOS, Diogo Leite. Ética, Direito e Ética Empresarial. In: MARTINS, Ives Gandra. *Ética no Direito e na Economia*. São Paulo: Editora Pioneira, 1999.

CARVALHO FILHO, José dos Santos. *Manual de Direito Administrativo*. 26ª ed. São Paulo: Atlas, 2013.

CARVALHOSA, Modesto Souza Barros. *Prefácio da coleção Julgados do Tribunal de Ética Profissional*. São Paulo: Departamento Editorial da OAB/SP, 1992.

CASTRO, Amílcar de. *Comentários ao Código de Processo Civil*. São Paulo: Revista dos Tribunais, v. VIII, 1974.

CASTRO, Carlos Fernando Correa de. Infrações Disciplinares e Infrações Éticas. In: *Ética, Disciplina e Processo*. Coedição do Instituto dos Advogados do Paraná, OAB Paraná e Instituto dos Advogados Brasileiros, sob a coordenação de Carlos Fernando Corrêa de Castro. Florianópolis: Editora Conceito Editorial, 2007.

CÓDIGO DE ÉTICA DEL PROFESIONAL HONDUREÑO DEL DERECHO. Tegucigalpa: Editorial Guaymuras, primeira reimpressão, 2004.

COMPARATO, Fábio Konder. *Ética* – direito, moral e religião no mundo moderno. São Paulo: Companhia das Letras, 2006.

COSTA, Elcias Ferreira da. *Deontologia Jurídica* – ética das profissões jurídicas. Rio de Janeiro: Forense, 1996.

COUTURE, Eduardo. *Os Mandamentos do Advogado*. Tradução de Ovídio A. Baptista da Silva e Carlos Otávio Athayde. Porto Alegre: Sérgio Antonio Fabris Editor, 1979.

DURKHEIM, Émile. *Ética e sociologia da moral*. Tradução de Paulo Castanheira do original *La science positive de la morale en Allemagne*. São Paulo: Landy Livraria Editora e Distribuidora Ltda, 2003.

FERRARA, Francesco. *Interpretação e Aplicação das Leis*. Tradução de Manuel A. D. de Andrade. Coimbra: Armênio Amado, Editor, Sucessor, 1963.

FERRAZ, Sérgio. Regras Deontológicas. In: *Ética na Advocacia*. Coedição Forense-OAB. Rio de Janeiro: Forense, 2000.

FIGUEIREDO, Cândido de. *Novo Dicionário da Língua Portuguesa*. 6ª ed. Lisboa: Livraria Bertrand, s/d.

FIRMINO, Nicolau. *Dicionário Latino-Português*. São Paulo: Companhia Melhoramentos, 1949.

FONSECA, Pedro José da. *Dicionário Portuguez-Latino*. Lisboa: Casa da Viúva Bertrand & Cia., 1872.

FREITAS FILHO, Roberto Gonçalves de. Ética e Advocacia Pro Bono. In: FERRAZ, Sérgio; MACHADO, Alberto de Paula (coord.). *Ética na Advocacia*. Brasília: OAB Editora, v. 2, 2004.

GARÇON, Maurice. *O Advogado e a Moral*. Tradução de A. S. Madeira Pinto. Lisboa: Armênio Amado, Editor, Sucessor, 1963.

GOMES, Orlando. *Obrigações*. 5ª ed. Rio de Janeiro: Forense, 1978.

GONÇALVES NETO, Alfredo de Assis. *Sociedade de Advogados*. 5ª ed. São Paulo: LEX Editora S. A., 2010.

GROPPALI, Alessandro. *Introdução ao Estudo do Direito*. Tradução de Manuel de Alarcão. Coimbra: Coimbra Editora L. DA, 1978.

GUEIROS, Nehemias. Discursos de posse no cargo de Presidente da Ordem dos Advogados do Brasil, pronunciado em 11-8-1956. In: *A Advocacia e o seu Estatuto*. Rio de Janeiro: Livraria Freitas Bastos S. A., 1964.

GUSMÃO, Manoel Aureliano de. *Processo Civil e Comercial*. São Paulo: Livraria Acadêmica, 1921.

HAZARD JR., Geoffrey C. e DONDI, Ângelo. *Ética Jurídica – Um Estudo Comparativo*. São Paulo: Martins Fontes, 2011.

HUNGRIA, Nélson. *Comentários ao Código Penal*. 4ª ed. Rio de Janeiro: Forense, v. VI, 1958.

JORNAL DO CONSELHO FEDERAL DA OAB, n. 40/1995.

KANT, Immanuel. *A Metafísica dos Costumes*. São Paulo: Folha de S. Paulo, 2010.

KAUFFMAN, Kent. *Legal Ethics*. 3ª ed. Stamford: Cengage Learning, 2013.

KELLY, Prado. *Missão do Advogado*. Rio de Janeiro: Forense, 1977.

KIRKPATRICK, Jerry. *Em Defesa da Propaganda*. Tradução do original *In Defense of Advertising,* por Gisela Madureira. São Paulo: Geração Editorial, 1997.

LAMACHIA, Cláudio Pacheco Prates. A Inviolabilidade do Sigilo Profissional na Advocacia. In: *Prerrogativas do Advogado*. Brasília: Conselho Federal da OAB – Comissão Nacional de Prerrogativas e Valorização da Advocacia, 2015.

LIEBMAN, Enrico Tullio. *Manual de Derecho Procesal Civil* Tradução de Santiago Sentis Melendo. Buenos Aires: Ediciones Jurídicas Europa-América, 1980.

LÔBO, Paulo. *Comentários ao Estatuto da Advocacia e da OAB*. 6ª ed. São Paulo: Saraiva, 2011.

MACHADO, Alberto de Paula. Honorários Advocatícios. In: *Ética na Advocacia*. Coedição Forense-OAB. Rio de Janeiro: Forense, 2000.

______. O processo disciplinar na OAB e a Lei federal que regula processos administrativos. In: FERRAZ, Sérgio; MACHADO, Alberto de Paula (coord.). *Ética na Advocacia*. Brasília: OAB Editora, v. 2, 2004.

MAGALHÃES, Dario de Almeida. *Figuras e Momentos*. Rio de Janeiro: Nova Fronteira, 1985.

MAGANO, Octávio Bueno. *Dicionário de trechos escolhidos de Joaquim Nabuco*. Rio de Janeiro: Expressão e Cultura, 1999.

MARQUES, José Frederico. *Ensaio sobre a Jurisdição Voluntária*. 2ª ed. São Paulo: Saraiva, 1959.

MAXIMILIANO, Carlos. *Hermenêutica e Aplicação do Direito*. 7ª ed. Rio de Janeiro: Livraria Freitas Bastos S. A., 1961.

MEDAUAR, Odete. *Direito Administrativo Moderno*. 7ª ed. São Paulo: Revista dos Tribunais, 2003.

______. *A Processualidade no Direito Administrativo*. 2ª ed. São Paulo: Revista dos Tribunais, 2008.

MEDINA, Paulo Roberto de Gouvêa. *Teoria Geral do Processo*. Belo Horizonte: Del Rey, 2012.

______. *Ensino Jurídico, Literatura e Ética*. 2ª ed. Brasília: Conselho Federal da OAB, 2014.

______. COELHO, Marcus Vinicius Furtado; CAMARGO, Luiz Henrique Volpe de (coord.). *Honorários Advocatícios*. 3ª edição. Salvador: JusPodivm, 2019

______. *Teoria Geral do Processo*. 2ª ed. Salvador: JusPodivm, 2016.

______. *Propaganda Profissional e Ética. Anais (vol. II) da XVII Conferência Nacional dos Advogados. Justiça: Brasília: Realidade e Utopia, 2000.*

MENEGALE, J. Guimarães. *A Advocacia como Arte*: consciência profissional e amadorismo. Rio de Janeiro: Editor Borsoi, 1958.

MONTEIRO, Washington de Barros. *Curso de Direito Civil*. 28ª ed. São Paulo: Saraiva, v. 5, 1995.

MOOG, Vianna. *Bandeirantes e Pioneiros*. 15ª ed. Rio de Janeiro: Civilização Brasileira, 1985.

MOREIRA NETO, Diogo de Figueiredo. *Curso de Direito Administrativo*. 11ª ed. Rio de Janeiro: Forense, 1996.

NADER, Paulo. *Curso de Direito Civil*. 5ª ed. Rio de Janeiro: Forense, 2010.

NUNES, Pedro. *Dicionário de Tecnologia Jurídica*. 4ª ed. Rio de Janeiro: Livraria Freitas Bastos S. A., v. I, s/d.

OLIVEIRA, Eugênio Pacelli de. *Curso de Processo Penal*. 15ª ed. Rio de Janeiro: Lumen Juris, 2011.

OLIVEIRA, Rafael Francisco de. *Advocacia e Ética* – o Exercício da Profissão. URBANO, Alexandre Figueiredo de Andrade et al (coord.). Belo Horizonte: Del Rey, 2015.

OSÓRIO, Fábio Medina. *Direito Administrativo Sancionador*. 2ª ed. São Paulo: Revista dos Tribunais, 2005.

PEREIRA, Caio Mário da Silva. *Instituições de Direito Civil*. Contratos, 11ª ed. de acordo com o Código Civil de 2012. Rio de Janeiro: Forense, v. III, 2003.

PEREIRA, Lafayette Rodrigues. *Vindiciae* (segunda parte) – "O Sr. Sílvio Romero Crítico e Philosofo". 3ª ed. Rio de Janeiro: Livraria José Olympio Editora, 1940.

REALE, Miguel. Variações sobre ética e moral. In: *O Estado de S. Paulo*, edição de 13/10/2001, apud Wilhelmus Godefridus Hermans, *Ética* – Ensaio sociofilosófico. Brasília: Editora OAB, 2004.

______. *Variações, 3. São Paulo: Migalhas, 2010.*

RECONDO, Felipe. *Teori Zavascki autoriza quebra de sigilo bancário e fiscal de advogados*. Disponível em: <http://jota.uol.com.br/teori-zavascki-autoriza-quebra-de-sigilo-bancario-e-fiscal-de-advogados>. Acesso em: 28 out. 2016.

REZENDE FILHO, Gabriel José Rodrigues de. *Curso de Direito Processual Civil*. 6ª ed. São Paulo: Saraiva, 1959.

ROBERT, Henri. *O Advogado*. Tradução do original *L'Avocat*, por Rosemary Costhek Abílio. São Paulo: Martins Fontes, 1997.

SANTOS, Moacyr Amaral. *Primeiras Linhas de Direito Processual Civil*. 2ª ed. São Paulo: Max Limonad, v. 2, 1967.

SILVA, Antonio de Moraes. *Diccionario da Língua Portugueza*. 9ª ed. Lisboa: Empreza Litteraria Fluminense de Santos, Vieira & Commandita, s/d.

SILVA, Evandro Lins e. *O Salão dos Passos Perdidos* – Depoimento ao CPDOC. Rio de Janeiro: Nova Fronteira, 1997.

SILVA, José Afonso da. *Comentário Contextual à Constituição*. São Paulo: Malheiros, 2005.

______. *Direito Constitucional*: estudos e pareceres. Brasília: Fórum, OAB, Conselho Federal, 2014.

SISTI, Newton J. de. Ética Profissional do Advogado. In: *Ética, Disciplina e Processo*.

Coedição do Instituto dos Advogados do Paraná, OAB Paraná e Instituto dos Advogados Brasileiros, sob a coordenação de Carlos Fernando Corrêa de Castro. Florianópolis: Editora Conceito Editorial, 2007.

SODRÉ, Ruy de Azevedo. *O Advogado, seu Estatuto e a Ética Profissional*. 2ª ed. São Paulo: Revista dos Tribunais, 1967.

SOUZA, Mário Guimarães de. *O Advogado*. Recife, 1935.

TAISNE, Jean-Jacques. *La déontologie de l'avocat*. 8ª ed. Paris: Dalloz, 2013.

VASCONCELLOS E BENJAMIN, Antônio Herman de. *Código Brasileiro de Defesa do Consumidor comentado pelos autores do anteprojeto. GRINOVER,* Ada Pellegrini *et alii*. 8ª edição. Rio de Janeiro: Forense Universitária, 2004.

VIEIRA, Oscar Vilhena. Advocacia Pro Bono no Brasil: Breve Histórico. In: *Revista Pro Bono*. Edição do Instituto Pro Bono, 2013.

VITA, Luís Washington. *Compêndio de Filosofia*. 2ª ed. São Paulo: Edições Melhoramentos, 1955.

WALD, Arnoldo. A crescente importância da Ética nos contratos e nos negócios societários. In: MARTINS, Ives Gandra. *Ética no Direito e na Economia*. São Paulo: Pioneira, 1999.

______. *Direito das Obrigações* – Teoria geral das obrigações e contratos civis e comerciais. 15ª ed. São Paulo: Malheiros, 2001.

ANEXOS

RESOLUÇÃO N. 02/2015
(DOU, 04.11.2015, S. 1, P. 77)

Aprova o Código de Ética e Disciplina da Ordem dos Advogados do Brasil – OAB.

O CONSELHO FEDERAL DA ORDEM DOS ADVOGADOS DO BRASIL, no uso das atribuições que lhe são conferidas pelos arts. 33 e 54, V, da Lei n. 8.906, de 04 de julho de 1994 - Estatuto da Advocacia e da OAB, e considerando o decidido nos autos da Proposição n. 49.0000.2015.000250-3/COP;

Considerando que a realização das finalidades institucionais da Ordem dos Advogados do Brasil inclui o permanente zelo com a conduta dos profissionais inscritos em seus quadros;

Considerando que o advogado é indispensável à administração da Justiça, devendo guardar atuação compatível com a elevada função social que exerce, velando pela observância dos preceitos éticos e morais no exercício de sua profissão;

Considerando que as mudanças na dinâmica social exigem a inovação na regulamentação das relações entre os indivíduos, especialmente na atuação do advogado em defesa dos direitos do cidadão;

Considerando a necessidade de modernização e atualização das práticas advocatícias, em consonância com a dinamicidade das transformações sociais e das novas exigências para a defesa efetiva dos direitos de seus constituintes e da ordem jurídica do Estado Democrático de Direito;

Considerando que, uma vez aprovado o texto do novo Código de Ética e Disciplina, cumpre publicá-lo para que entre em vigor 180 (cento e oitenta) dias após a data de sua publicação, segundo o disposto no seu Art. 79;

Considerando que, com a publicação, tem-se como editado o Código de Ética e Disciplina da Ordem dos Advogados do Brasil – OAB:

RESOLVE:

Art. 1º Fica aprovado o Código de Ética e Disciplina da Ordem dos Advogados do Brasil – OAB, na forma do Anexo Único da presente Resolução.

Art. 2º Esta Resolução entra em vigor na data da sua publicação, revogadas as disposições em contrário.

Brasília, 19 de outubro de 2015.

MARCUS VINICIUS FURTADO COÊLHO

Presidente Nacional da OAB

ANEXO ÚNICO DA RESOLUÇÃO N. 02/2015 - CFOAB

CÓDIGO DE ÉTICA E DISCIPLINA DA ORDEM DOS ADVOGADOS DO BRASIL - OAB[1]

O CONSELHO FEDERAL DA ORDEM DOS ADVOGADOS DO BRASIL, ao instituir o Código de Ética e Disciplina, norteou-se por princípios que formam a consciência profissional do advogado e representam imperativos de sua conduta, os quais se traduzem nos seguintes mandamentos: lutar sem receio pelo primado da Justiça; pugnar pelo cumprimento da Constituição e pelo respeito à Lei, fazendo com que o ordenamento jurídico seja interpretado com retidão, em perfeita sintonia com os fins sociais a que se dirige e as exigências do bem comum; ser fiel à verdade para poder servir à Justiça como um de seus elementos essenciais; proceder com lealdade e boa-fé em suas relações profissionais e em todos os atos do seu ofício; empenhar-se na defesa das causas confiadas ao seu patrocínio, dando ao constituinte o amparo do Direito, e proporcionando-lhe a realização prática de seus legítimos interesses; comportar-se, nesse mister, com independência e altivez, defendendo com o mesmo denodo humildes e poderosos; exercer a advocacia com o indispensável senso profissional, mas também com desprendimento, jamais permitindo que o anseio de ganho material sobreleve a finalidade social do seu trabalho; aprimorar-se no culto dos princípios éticos e no domínio da ciência jurídica, de modo a tornar-se merecedor da confiança do cliente e da sociedade como um todo, pelos atributos intelectuais e pela probidade pessoal; agir, em suma, com a dignidade e a correção dos profissionais que honram e engrandecem a sua classe.

Inspirado nesses postulados, o Conselho Federal da Ordem dos Advogados do Brasil, no uso das atribuições que lhe são conferidas pelos arts. 33 e 54, V, da Lei n. 8.906, de 04 de julho de 1994, aprova e edita este Código, exortando os advogados brasileiros à sua fiel observância.

TÍTULO I
DA ÉTICA DO ADVOGADO

CAPÍTULO I
DOS PRINCÍPIOS FUNDAMENTAIS

Art. 1º O exercício da advocacia exige conduta compatível com os preceitos deste Código, do Estatuto, do Regulamento Geral, dos Provimentos e com os princípios da moral individual, social e profissional.

---

1 Em vigor a partir de 1º de setembro de 2016. Ver art. 79, com redação aprovada pela Resolução 03/2016 (DOU, 19.04.2016, S. 1, p. 81). Ver Resolução 02/2018-SCA (DEOAB, 31.01.2019, p. 1) – Manual de Procedimentos do processo ético-disciplinar.

Art. 2º O advogado, indispensável à administração da Justiça, é defensor do Estado Democrático de Direito, dos direitos humanos e garantias fundamentais, da cidadania, da moralidade, da Justiça e da paz social, cumprindo-lhe exercer o seu ministério em consonância com a sua elevada função pública e com os valores que lhe são inerentes.

Parágrafo único. São deveres do advogado:

I – preservar, em sua conduta, a honra, a nobreza e a dignidade da profissão, zelando pelo caráter de essencialidade e indispensabilidade da advocacia;

II – atuar com destemor, independência, honestidade, decoro, veracidade, lealdade, dignidade e boa-fé;

III – velar por sua reputação pessoal e profissional;

IV – empenhar-se, permanentemente, no aperfeiçoamento pessoal e profissional;

V – contribuir para o aprimoramento das instituições, do Direito e das leis;

VI – estimular, a qualquer tempo, a conciliação e a mediação entre os litigantes, prevenindo, sempre que possível, a instauração de litígios;

VII – desaconselhar lides temerárias, a partir de um juízo preliminar de viabilidade jurídica;

VIII – abster-se de:

a) utilizar de influência indevida, em seu benefício ou do cliente;

b) vincular seu nome ou nome social a empreendimentos sabidamente escusos; (NR)[2]

c) emprestar concurso aos que atentem contra a ética, a moral, a honestidade e a dignidade da pessoa humana;

d) entender-se diretamente com a parte adversa que tenha patrono constituído, sem o assentimento deste;

e) ingressar ou atuar em pleitos administrativos ou judiciais perante autoridades com as quais tenha vínculos negociais ou familiares;

f) contratar honorários advocatícios em valores aviltantes.

IX – pugnar pela solução dos problemas da cidadania e pela efetivação dos direitos individuais, coletivos e difusos;

X – adotar conduta consentânea com o papel de elemento indispensável à administração da Justiça;

XI – cumprir os encargos assumidos no âmbito da Ordem dos Advogados do Brasil ou na representação da classe;

XII – zelar pelos valores institucionais da OAB e da advocacia;

XIII – ater-se, quando no exercício da função de defensor público, à defesa dos necessitados.

---

2 Alterado pela Resolução 07/2016 (DOU, 05.07.2016, S. 1, p. 52).

Art. 3º O advogado deve ter consciência de que o Direito é um meio de mitigar as desigualdades para o encontro de soluções justas e que a lei é um instrumento para garantir a igualdade de todos.

Art. 4º O advogado, ainda que vinculado ao cliente ou constituinte, mediante relação empregatícia ou por contrato de prestação permanente de serviços, ou como integrante de departamento jurídico, ou de órgão de assessoria jurídica, público ou privado, deve zelar pela sua liberdade e independência.

Parágrafo único. É legítima a recusa, pelo advogado, do patrocínio de causa e de manifestação, no âmbito consultivo, de pretensão concernente a direito que também lhe seja aplicável ou contrarie orientação que tenha manifestado anteriormente.

Art. 5º O exercício da advocacia é incompatível com qualquer procedimento de mercantilização.[3]

Art. 6º É defeso ao advogado expor os fatos em Juízo ou na via administrativa falseando deliberadamente a verdade e utilizando de má-fé.

Art. 7º É vedado o oferecimento de serviços profissionais que implique, direta ou indiretamente, angariar ou captar clientela.

CAPÍTULO II
DA ADVOCACIA PÚBLICA

Art. 8º As disposições deste Código obrigam igualmente os órgãos de advocacia pública, e advogados públicos, incluindo aqueles que ocupem posição de chefia e direção jurídica

§ 1º O advogado público exercerá suas funções com independência técnica, contribuindo para a solução ou redução de litigiosidade, sempre que possível.

§ 2º O advogado público, inclusive o que exerce cargo de chefia ou direção jurídica, observará nas relações com os colegas, autoridades, servidores e o público em geral, o dever de urbanidade, tratando a todos com respeito e consideração, ao mesmo tempo em que preservará suas prerrogativas e o direito de receber igual tratamento das pessoas com as quais se relacione.

CAPÍTULO III
DAS RELAÇÕES COM O CLIENTE

Art. 9º O advogado deve informar o cliente, de modo claro e inequívoco, quanto a eventuais riscos da sua pretensão, e das consequências que poderão advir da demanda. Deve, igualmente, denunciar, desde logo, a quem lhe solicite parecer ou

---

3 Ver Súmula 02/2011-COP (DOU, 25.10.2011, S. 1, p. 89).

patrocínio, qualquer circunstância que possa influir na resolução de submeter-lhe a consulta ou confiar-lhe a causa.

Art. 10. As relações entre advogado e cliente baseiam-se na confiança recíproca. Sentindo o advogado que essa confiança lhe falta, é recomendável que externe ao cliente sua impressão e, não se dissipando as dúvidas existentes, promova, em seguida, o substabelecimento do mandato ou a ele renuncie.

Art. 11. O advogado, no exercício do mandato, atua como patrono da parte, cumprindo-lhe, por isso, imprimir à causa orientação que lhe pareça mais adequada, sem se subordinar a intenções contrárias do cliente, mas, antes, procurando esclarecê-lo quanto à estratégia traçada.

Art. 12. A conclusão ou desistência da causa, tenha havido, ou não, extinção do mandato, obriga o advogado a devolver ao cliente bens, valores e documentos que lhe hajam sido confiados e ainda estejam em seu poder, bem como a prestar-lhe contas, pormenorizadamente, sem prejuízo de esclarecimentos complementares que se mostrem pertinentes e necessários.

Parágrafo único. A parcela dos honorários paga pelos serviços até então prestados não se inclui entre os valores a ser devolvidos.

Art. 13. Concluída a causa ou arquivado o processo, presume-se cumprido e extinto o mandato.

Art. 14. O advogado não deve aceitar procuração de quem já tenha patrono constituído, sem prévio conhecimento deste, salvo por motivo plenamente justificável ou para adoção de medidas judiciais urgentes e inadiáveis.

Art. 15. O advogado não deve deixar ao abandono ou ao desamparo as causas sob seu patrocínio, sendo recomendável que, em face de dificuldades insuperáveis ou inércia do cliente quanto a providências que lhe tenham sido solicitadas, renuncie ao mandato.

Art. 16. A renúncia ao patrocínio deve ser feita sem menção do motivo que a determinou, fazendo cessar a responsabilidade profissional pelo acompanhamento da causa, uma vez decorrido o prazo previsto em lei (EAOAB, Art. 5º, § 3º).

§ 1º A renúncia ao mandato não exclui responsabilidade por danos eventualmente causados ao cliente ou a terceiros.

§ 2º O advogado não será responsabilizado por omissão do cliente quanto a documento ou informação que lhe devesse fornecer para a prática oportuna de ato processual do seu interesse.

Art. 17. A revogação do mandato judicial por vontade do cliente não o desobriga do pagamento das verbas honorárias contratadas, assim como não retira o direito do advogado de receber o quanto lhe seja devido em eventual verba honorária de sucumbência, calculada proporcionalmente em face do serviço efetivamente prestado.

Art. 18. O mandato judicial ou extrajudicial não se extingue pelo decurso de tempo, salvo se o contrário for consignado no respectivo instrumento.

Art. 19. Os advogados integrantes da mesma sociedade profissional, ou reunidos em caráter permanente para cooperação recíproca, não podem representar, em juízo ou fora dele, clientes com interesses opostos.

Art. 20. Sobrevindo conflito de interesses entre seus constituintes e não conseguindo o advogado harmonizá-los, caber-lhe-á optar, com prudência e discrição, por um dos mandatos, renunciando aos demais, resguardado sempre o sigilo profissional.

Art. 21. O advogado, ao postular em nome de terceiros, contra ex-cliente ou ex-empregador, judicial e extrajudicialmente, deve resguardar o sigilo profissional.

Art. 22. Ao advogado cumpre abster-se de patrocinar causa contrária à validade ou legitimidade de ato jurídico em cuja formação haja colaborado ou intervindo de qualquer maneira; da mesma forma, deve declinar seu impedimento ou o da sociedade que integre quando houver conflito de interesses motivado por intervenção anterior no trato de assunto que se prenda ao patrocínio solicitado.

Art. 23. É direito e dever do advogado assumir a defesa criminal, sem considerar sua própria opinião sobre a culpa do acusado.

Parágrafo único. Não há causa criminal indigna de defesa, cumprindo ao advogado agir, como defensor, no sentido de que a todos seja concedido tratamento condizente com a dignidade da pessoa humana, sob a égide das garantias constitucionais.

Art. 24. O advogado não se sujeita à imposição do cliente que pretenda ver com ele atuando outros advogados, nem fica na contingência de aceitar a indicação de outro profissional para com ele trabalhar no processo.

Art. 25. É defeso ao advogado funcionar no mesmo processo, simultaneamente, como patrono e preposto do empregador ou cliente.

Art. 26. O substabelecimento do mandato, com reserva de poderes, é ato pessoal do advogado da causa.

§ 1º O substabelecimento do mandato sem reserva de poderes exige o prévio e inequívoco conhecimento do cliente.

§ 2º O substabelecido com reserva de poderes deve ajustar antecipadamente seus honorários com o substabelecente.

CAPÍTULO IV
DAS RELAÇÕES COM OS COLEGAS, AGENTES POLÍTICOS, AUTORIDADES, SERVIDORES PÚBLICOS E TERCEIROS

Art. 27. O advogado observará, nas suas relações com os colegas de profissão, agentes políticos, autoridades, servidores públicos e terceiros em geral, o dever de urbanidade, tratando a todos com respeito e consideração, ao mesmo tempo em que preservará seus direitos e prerrogativas, devendo exigir igual tratamento de todos com quem se relacione.

§ 1º O dever de urbanidade há de ser observado, da mesma forma, nos atos e manifestações relacionados aos pleitos eleitorais no âmbito da Ordem dos Advogados do Brasil.

§ 2º No caso de ofensa à honra do advogado ou à imagem da instituição, adotar-se-ão as medidas cabíveis, instaurando-se processo ético-disciplinar e dando-se ciência às autoridades competentes para apuração de eventual ilícito penal.

Art. 28. Consideram-se imperativos de uma correta atuação profissional o emprego de linguagem escorreita e polida, bem como a observância da boa técnica jurídica.

Art. 29. O advogado que se valer do concurso de colegas na prestação de serviços advocatícios, seja em caráter individual, seja no âmbito de sociedade de advogados ou de empresa ou entidade em que trabalhe, dispensar-lhes-á tratamento condigno, que não os torne subalternos seus nem lhes avilte os serviços prestados mediante remuneração incompatível com a natureza do trabalho profissional ou inferior ao mínimo fixado pela Tabela de Honorários que for aplicável.

Parágrafo único. Quando o aviltamento de honorários for praticado por empresas ou entidades públicas ou privadas, os advogados responsáveis pelo respectivo departamento ou gerência jurídica serão instados a corrigir o abuso, inclusive intervindo junto aos demais órgãos competentes e com poder de decisão da pessoa jurídica de que se trate, sem prejuízo das providências que a Ordem dos Advogados do Brasil possa adotar com o mesmo objetivo.

CAPÍTULO V
DA ADVOCACIA *PRO BONO*

Art. 30. No exercício da advocacia *pro bono*, e ao atuar como defensor nomeado, conveniado ou dativo, o advogado empregará o zelo e a dedicação habituais, de forma que a parte por ele assistida se sinta amparada e confie no seu patrocínio.

§ 1º Considera-se advocacia *pro bono* a prestação gratuita, eventual e voluntária de serviços jurídicos em favor de instituições sociais sem fins econômicos e aos seus assistidos, sempre que os beneficiários não dispuserem de recursos para a contratação de profissional.

§ 2º A advocacia *pro bono* pode ser exercida em favor de pessoas naturais que, igualmente, não dispuserem de recursos para, sem prejuízo do próprio sustento, contratar advogado.

§ 3º A advocacia *pro bono* não pode ser utilizada para fins político-partidários ou eleitorais, nem beneficiar instituições que visem a tais objetivos, ou como instrumento de publicidade para captação de clientela.

CAPÍTULO VI
DO EXERCÍCIO DE CARGOS E FUNÇÕES NA OAB E NA REPRESENTAÇÃO DA CLASSE

Art. 31. O advogado, no exercício de cargos ou funções em órgãos da Ordem dos Advogados do Brasil ou na representação da classe junto a quaisquer instituições, órgãos ou comissões, públicos ou privados, manterá conduta consentânea com as disposições deste Código e que revele plena lealdade aos interesses, direitos e prerrogativas da classe dos advogados que representa.

Art. 32. Não poderá o advogado, enquanto exercer cargos ou funções em órgãos da OAB ou representar a classe junto a quaisquer instituições, órgãos ou comissões, públicos ou privados, firmar contrato oneroso de prestação de serviços ou fornecimento de produtos com tais entidades nem adquirir bens imóveis ou móveis infungíveis de quaisquer órgãos da OAB, ou a estes aliená-los. (NR)[4]

Parágrafo único. Não há impedimento ao exercício remunerado de atividade de magistério na Escola Nacional de Advocacia – ENA, nas Escolas de Advocacia – ESAs e nas Bancas do Exame de Ordem, observados os princípios da moralidade e da modicidade dos valores estabelecidos a título de remuneração. (NR)[5]

Art. 33. Salvo em causa própria, não poderá o advogado, enquanto exercer cargos ou funções em órgãos da OAB ou tiver assento, em qualquer condição, nos seus Conselhos, atuar em processos que tramitem perante a entidade nem oferecer pareceres destinados a instruí-los.[6]

Parágrafo único. A vedação estabelecida neste artigo não se aplica aos dirigentes de Seccionais quando atuem, nessa qualidade, como legitimados a recorrer nos processos em trâmite perante os órgãos da OAB.

Art. 34. Ao submeter seu nome à apreciação do Conselho Federal ou dos Conselhos Seccionais com vistas à inclusão em listas destinadas ao provimento de vagas reservadas à classe nos tribunais, no Conselho Nacional de Justiça, no Conselho Nacional do Ministério Público e em outros colegiados, o candidato assumirá o compromisso de respeitar os direitos e prerrogativas do advogado, não praticar nepotismo nem agir em desacordo com a moralidade administrativa e com os princípios deste Código, no exercício de seu mister.

---

4 Alterado pela Resolução 04/2016 (DOU, 20.06.2016, S. 1, p. 103-104).

5 Alterado pela Resolução 04/2016 (DOU, 20.06.2016, S. 1, p. 103-104).

6 Ver Provimento 138/2009 (DJ, 17.12.2009, p. 108).

CAPÍTULO VII
DO SIGILO PROFISSIONAL[7]

Art. 35. O advogado tem o dever de guardar sigilo dos fatos de que tome conhecimento no exercício da profissão.

Parágrafo único. O sigilo profissional abrange os fatos de que o advogado tenha tido conhecimento em virtude de funções desempenhadas na Ordem dos Advogados do Brasil.

Art. 36. O sigilo profissional é de ordem pública, independendo de solicitação de reserva que lhe seja feita pelo cliente.

§ 1º Presumem-se confidenciais as comunicações de qualquer natureza entre advogado e cliente.

§ 2º O advogado, quando no exercício das funções de mediador, conciliador e árbitro, se submete às regras de sigilo profissional.

Art. 37. O sigilo profissional cederá em face de circunstâncias excepcionais que configurem justa causa, como nos casos de grave ameaça ao direito à vida e à honra ou que envolvam defesa própria.

Art. 38. O advogado não é obrigado a depor, em processo ou procedimento judicial, administrativo ou arbitral, sobre fatos a cujo respeito deva guardar sigilo profissional.

CAPÍTULO VIII
DA PUBLICIDADE PROFISSIONAL[8]

Art. 39. A publicidade profissional do advogado tem caráter meramente informativo e deve primar pela discrição e sobriedade, não podendo configurar captação de clientela ou mercantilização da profissão.

Art. 40. Os meios utilizados para a publicidade profissional hão de ser compatíveis com a diretriz estabelecida no artigo anterior, sendo vedados:

I – a veiculação da publicidade por meio de rádio, cinema e televisão;

II – o uso de outdoors, painéis luminosos ou formas assemelhadas de publicidade;

III – as inscrições em muros, paredes, veículos, elevadores ou em qualquer espaço público;

IV – a divulgação de serviços de advocacia juntamente com a de outras atividades ou a indicação de vínculos entre uns e outras;

---

7 Ver arts. 7º, inciso II e XIX e 34, VII, do Estatuto; e Lei 11.767/2008 (DOU, 06.08.2008, S. 1, p. 1).

8 Ver arts. 1º, § 3º, 14, parágrafo único, 33, parágrafo único e 34, XIII, do Estatuto e Provimento 94/2000 (DJ, 12.09.2000, S. 1, p. 374).

V – o fornecimento de dados de contato, como endereço e telefone, em colunas ou artigos literários, culturais, acadêmicos ou jurídicos, publicados na imprensa, bem assim quando de eventual participação em programas de rádio ou televisão, ou em veiculação de matérias pela internet, sendo permitida a referência a e-mail;

VI – a utilização de mala direta, a distribuição de panfletos ou formas assemelhadas de publicidade, com o intuito de captação de clientela.

Parágrafo único. Exclusivamente para fins de identificação dos escritórios de advocacia, é permitida a utilização de placas, painéis luminosos e inscrições em suas fachadas, desde que respeitadas as diretrizes previstas no artigo 39.

Art. 41. As colunas que o advogado mantiver nos meios de comunicação social ou os textos que por meio deles divulgar não deverão induzir o leitor a litigar nem promover, dessa forma, captação de clientela.

Art. 42. É vedado ao advogado:

I – responder com habitualidade a consulta sobre matéria jurídica, nos meios de comunicação social;

II – debater, em qualquer meio de comunicação, causa sob o patrocínio de outro advogado;

III – abordar tema de modo a comprometer a dignidade da profissão e da instituição que o congrega;

IV – divulgar ou deixar que sejam divulgadas listas de clientes e demandas;

V – insinuar-se para reportagens e declarações públicas.

Art. 43. O advogado que eventualmente participar de programa de televisão ou de rádio, de entrevista na imprensa, de reportagem televisionada ou veiculada por qualquer outro meio, para manifestação profissional, deve visar a objetivos exclusivamente ilustrativos, educacionais e instrutivos, sem propósito de promoção pessoal ou profissional, vedados pronunciamentos sobre métodos de trabalho usados por seus colegas de profissão.

Parágrafo único. Quando convidado para manifestação pública, por qualquer modo e forma, visando ao esclarecimento de tema jurídico de interesse geral, deve o advogado evitar insinuações com o sentido de promoção pessoal ou profissional, bem como o debate de caráter sensacionalista.

Art. 44. Na publicidade profissional que promover ou nos cartões e material de escritório de que se utilizar, o advogado fará constar seu nome, nome social ou o da sociedade de advogados, o número ou os números de inscrição na OAB. (NR)[9]

§ 1º Poderão ser referidos apenas os títulos acadêmicos do advogado e as distinções honoríficas relacionadas à vida profissional, bem como as instituições jurídicas de

---

9 Alterado pela Resolução 07/2016 (DOU, 05.07.2016, S. 1, p. 52).

que faça parte, e as especialidades a que se dedicar, o endereço, e-mail, site, página eletrônica, *QR code*, logotipo e a fotografia do escritório, o horário de atendimento e os idiomas em que o cliente poderá ser atendido.

§ 2º É vedada a inclusão de fotografias pessoais ou de terceiros nos cartões de visitas do advogado, bem como menção a qualquer emprego, cargo ou função ocupado, atual ou pretérito, em qualquer órgão ou instituição, salvo o de professor universitário.

Art. 45. São admissíveis como formas de publicidade o patrocínio de eventos ou publicações de caráter científico ou cultural, assim como a divulgação de boletins, por meio físico ou eletrônico, sobre matéria cultural de interesse dos advogados, desde que sua circulação fique adstrita a clientes e a interessados do meio jurídico.

Art. 46. A publicidade veiculada pela internet ou por outros meios eletrônicos deverá observar as diretrizes estabelecidas neste capítulo.

Parágrafo único. A telefonia e a internet podem ser utilizadas como veículo de publicidade, inclusive para o envio de mensagens a destinatários certos, desde que estas não impliquem o oferecimento de serviços ou representem forma de captação de clientela.

Art. 47. As normas sobre publicidade profissional constantes deste capítulo poderão ser complementadas por outras que o Conselho Federal aprovar, observadas as diretrizes do presente Código.

Art. 47-A. Será admitida a celebração de termo de ajustamento de conduta no âmbito dos Conselhos Seccionais e do Conselho Federal para fazer cessar a publicidade irregular praticada por advogados e estagiários. (NR)[10]

Parágrafo único. O termo previsto neste artigo será regulamentado mediante edição de provimento do Conselho Federal, que estabelecerá seus requisitos e condições. (NR)[11]

CAPÍTULO IX
DOS HONORÁRIOS PROFISSIONAIS[12]

Art. 48. A prestação de serviços profissionais por advogado, individualmente ou integrado em sociedades, será contratada, preferentemente, por escrito.

§ 1º O contrato de prestação de serviços de advocacia não exige forma especial, devendo estabelecer, porém, com clareza e precisão, o seu objeto, os honorários

---

10 Incluído pela Resolução 04/2020 (DEOAB, 03.11.2020, p. 7) e Regulamentado pelo Provimento 200/2020 (DEOAB, 03.11.2020, p. 1).

11 Incluído pela Resolução 04/2020 (DEOAB, 03.11.2020, p. 7) e Regulamentado pelo Provimento 200/2020 (DEOAB, 03.11.2020, p. 1).

12 Ver arts. 21 a 26 e 34, III, do Estatuto e arts. 14 e 111 do Regulamento Geral.

ajustados, a forma de pagamento, a extensão do patrocínio, esclarecendo se este abrangerá todos os atos do processo ou limitar-se-á a determinado grau de jurisdição, além de dispor sobre a hipótese de a causa encerrar-se mediante transação ou acordo.

§ 2º A compensação de créditos, pelo advogado, de importâncias devidas ao cliente, somente será admissível quando o contrato de prestação de serviços a autorizar ou quando houver autorização especial do cliente para esse fim, por este firmada.

§ 3º O contrato de prestação de serviços poderá dispor sobre a forma de contratação de profissionais para serviços auxiliares, bem como sobre o pagamento de custas e emolumentos, os quais, na ausência de disposição em contrário, presumem-se devam ser atendidos pelo cliente. Caso o contrato preveja que o advogado antecipe tais despesas, ser-lhe-á lícito reter o respectivo valor atualizado, no ato de prestação de contas, mediante comprovação documental.

§ 4º As disposições deste capítulo aplicam-se à mediação, à conciliação, à arbitragem ou a qualquer outro método adequado de solução dos conflitos.

§ 5º É vedada, em qualquer hipótese, a diminuição dos honorários contratados em decorrência da solução do litígio por qualquer mecanismo adequado de solução extrajudicial.

§ 6º Deverá o advogado observar o valor mínimo da Tabela de Honorários instituída pelo respectivo Conselho Seccional onde for realizado o serviço, inclusive aquele referente às diligências, sob pena de caracterizar-se aviltamento de honorários.

§ 7º O advogado promoverá, preferentemente, de forma destacada a execução dos honorários contratuais ou sucumbenciais.

Art. 49. Os honorários profissionais devem ser fixados com moderação, atendidos os elementos seguintes:

I – a relevância, o vulto, a complexidade e a dificuldade das questões versadas;

II – o trabalho e o tempo a ser empregados;

III – a possibilidade de ficar o advogado impedido de intervir em outros casos, ou de se desavir com outros clientes ou terceiros;

IV – o valor da causa, a condição econômica do cliente e o proveito para este resultante do serviço profissional;

V – o caráter da intervenção, conforme se trate de serviço a cliente eventual, frequente ou constante;

VI – o lugar da prestação dos serviços, conforme se trate do domicílio do advogado ou de outro;

VII – a competência do profissional;

VIII – a praxe do foro sobre trabalhos análogos.

Art. 50. Na hipótese da adoção de cláusula *quota litis*, os honorários devem ser necessariamente representados por pecúnia e, quando acrescidos dos honorários da sucumbência, não podem ser superiores às vantagens advindas a favor do cliente.

§ 1º A participação do advogado em bens particulares do cliente só é admitida em caráter excepcional, quando esse, comprovadamente, não tiver condições pecuniárias de satisfazer o débito de honorários e ajustar com o seu patrono, em instrumento contratual, tal forma de pagamento.

§ 2º Quando o objeto do serviço jurídico versar sobre prestações vencidas e vincendas, os honorários advocatícios poderão incidir sobre o valor de umas e outras, atendidos os requisitos da moderação e da razoabilidade.

Art. 51. Os honorários da sucumbência e os honorários contratuais, pertencendo ao advogado que houver atuado na causa, poderão ser por ele executados, assistindo-lhe direito autônomo para promover a execução do capítulo da sentença que os estabelecer ou para postular, quando for o caso, a expedição de precatório ou requisição de pequeno valor em seu favor.

§ 1º No caso de substabelecimento, a verba correspondente aos honorários da sucumbência será repartida entre o substabelecente e o substabelecido, proporcionalmente à atuação de cada um no processo ou conforme haja sido entre eles ajustado.

§ 2º Quando for o caso, a Ordem dos Advogados do Brasil ou os seus Tribunais de Ética e Disciplina poderão ser solicitados a indicar mediador que contribua no sentido de que a distribuição dos honorários da sucumbência, entre advogados, se faça segundo o critério estabelecido no § 1º.

§ 3º Nos processos disciplinares que envolverem divergência sobre a percepção de honorários da sucumbência, entre advogados, deverá ser tentada a conciliação destes, preliminarmente, pelo relator.

Art. 52. O crédito por honorários advocatícios, seja do advogado autônomo, seja de sociedade de advogados, não autoriza o saque de duplicatas ou qualquer outro título de crédito de natureza mercantil, podendo, apenas, ser emitida fatura, quando o cliente assim pretender, com fundamento no contrato de prestação de serviços, a qual, porém, não poderá ser levada a protesto.

Parágrafo único. Pode, todavia, ser levado a protesto o cheque ou a nota promissória emitido pelo cliente em favor do advogado, depois de frustrada a tentativa de recebimento amigável.

Art. 53. É lícito ao advogado ou à sociedade de advogados empregar, para o recebimento de honorários, sistema de cartão de crédito, mediante credenciamento junto a empresa operadora do ramo.

Parágrafo único. Eventuais ajustes com a empresa operadora que impliquem pagamento antecipado não afetarão a responsabilidade do advogado perante o cliente, em caso de rescisão do contrato de prestação de serviços, devendo ser observadas as disposições deste quanto à hipótese.

Art. 54. Havendo necessidade de promover arbitramento ou cobrança judicial de honorários, deve o advogado renunciar previamente ao mandato que recebera do cliente em débito.

TÍTULO II
DO PROCESSO DISCIPLINAR[13]

CAPÍTULO I
DOS PROCEDIMENTOS[14]

Art. 55. O processo disciplinar instaura-se de ofício ou mediante representação do interessado.

§ 1º A instauração, de ofício, do processo disciplinar dar-se-á em função do conhecimento do fato, quando obtido por meio de fonte idônea ou em virtude de comunicação da autoridade competente.

§ 2º Não se considera fonte idônea a que consistir em denúncia anônima.

Art. 56. A representação será formulada ao Presidente do Conselho Seccional ou ao Presidente da Subseção, por escrito ou verbalmente, devendo, neste último caso, ser reduzida a termo.

Parágrafo único. Nas Seccionais cujos Regimentos Internos atribuírem competência ao Tribunal de Ética e Disciplina para instaurar o processo ético disciplinar, a representação poderá ser dirigida ao seu Presidente ou será a este encaminhada por qualquer dos dirigentes referidos no *caput* deste artigo que a houver recebido.

Art. 57. A representação deverá conter:

I – a identificação do representante, com a sua qualificação civil e endereço;

II – a narração dos fatos que a motivam, de forma que permita verificar a existência, em tese, de infração disciplinar;

III – os documentos que eventualmente a instruam e a indicação de outras provas a ser produzidas, bem como, se for o caso, o rol de testemunhas, até o máximo de cinco;

IV – a assinatura do representante ou a certificação de quem a tomou por termo, na impossibilidade de obtê-la.

Art. 58. Recebida a representação, o Presidente do Conselho Seccional ou o da Subseção, quando esta dispuser de Conselho, designa relator, por sorteio, um de seus integrantes, para presidir a instrução processual

§ 1º Os atos de instrução processual podem ser delegados ao Tribunal de Ética e Disciplina, conforme dispuser o regimento interno do Conselho Seccional, caso em que caberá ao seu Presidente, por sorteio, designar relator.

---

13 Ver arts. 43, 58, III, 61, parágrafo único, "c", 68 e 70 a 74 do Estatuto; arts. 89, V e VII, 120, § 3º, 137-D e seguintes do Regulamento Geral e Provimento 83/1996 (DJ, 16.07.1996, p. 24.979).

14 Ver Provimento 83/1996 (DJ, 16.07.1996, p. 24.979) e art. 137-D e seguintes do Regulamento Geral.

§ 2º Antes do encaminhamento dos autos ao relator, serão juntadas a ficha cadastral do representado e certidão negativa ou positiva sobre a existência de punições anteriores, com menção das faltas atribuídas. Será providenciada, ainda, certidão sobre a existência ou não de representações em andamento, a qual, se positiva, será acompanhada da informação sobre as faltas imputadas.[15]

§ 3º O relator, atendendo aos critérios de admissibilidade, emitirá parecer propondo a instauração de processo disciplinar ou o arquivamento liminar da representação, no prazo de 30 (trinta) dias, sob pena de redistribuição do feito pelo Presidente do Conselho Seccional ou da Subseção para outro relator, observando-se o mesmo prazo.

§ 4º O Presidente do Conselho competente ou, conforme o caso, o do Tribunal de Ética e Disciplina, proferirá despacho declarando instaurado o processo disciplinar ou determinando o arquivamento da representação, nos termos do parecer do relator ou segundo os fundamentos que adotar.

§ 5º A representação contra membros do Conselho Federal e Presidentes de Conselhos Seccionais é processada e julgada pelo Conselho Federal, sendo competente a Segunda Câmara reunida em sessão plenária. A representação contra membros da diretoria do Conselho Federal, Membros Honorários Vitalícios e detentores da Medalha Rui Barbosa será processada e julgada pelo Conselho Federal, sendo competente o Conselho Pleno.

§ 6º A representação contra dirigente de Subseção é processada e julgada pelo Conselho Seccional.

§ 7º Os Conselhos Seccionais poderão instituir Comissões de Admissibilidade no âmbito dos Tribunais de Ética e Disciplina, compostas por seus membros ou por Conselheiros Seccionais, com atribuição de análise prévia dos pressupostos de admissibilidade das representações ético-disciplinares, podendo propor seu arquivamento liminar. (NR)[16]

Art. 58-A. Nos casos de infração ético-disciplinar punível com censura, será admissível a celebração de termo de ajustamento de conduta, se o fato apurado não tiver gerado repercussão negativa à advocacia. (NR)[17]

Parágrafo único. O termo de ajustamento de conduta previsto neste artigo será regulamentado em provimento do Conselho Federal da OAB. (NR)[18]

---

15 Ver Resolução 01/2016/SCA (DOU, S. 1, 26.02.2016, p. 303).

16 Inserido pela Resolução 04/2016 (DOU, 20.06.2016, S. 1, p. 103-104).

17 Inserido pela Resolução 04/2020 (DEOAB, 03.11.2020, p. 7) e regulamentado pelo Provimento 200/2020 (DEOAB, 03.11.2020, p. 1).

18 Inserido pela Resolução 04/2020 (DEOAB, 03.11.2020, p. 7) e regulamentado pelo Provimento 200/2020 (DEOAB, 03.11.2020, p. 1).

Art. 59. Compete ao relator do processo disciplinar determinar a notificação dos interessados para prestar esclarecimentos ou a do representado para apresentar defesa prévia, no prazo de 15 (quinze) dias, em qualquer caso.

§ 1º A notificação será expedida para o endereço constante do cadastro de inscritos do Conselho Seccional, observando-se, quanto ao mais, o disposto no Regulamento Geral.

§ 2º Se o representado não for encontrado ou ficar revel, o Presidente do Conselho competente ou, conforme o caso, o do Tribunal de Ética e Disciplina designar-lhe-á defensor dativo.

§ 3º Oferecida a defesa prévia, que deve ser acompanhada dos documentos que possam instruí-la e do rol de testemunhas, até o limite de 5 (cinco), será proferido despacho saneador e, ressalvada a hipótese do § 2º do art. 73 do EAOAB, designada, se for o caso, audiência para oitiva do representante, do representado e das testemunhas.

§ 4º O representante e o representado incumbir-se-ão do comparecimento de suas testemunhas, salvo se, ao apresentarem o respectivo rol, requererem, por motivo justificado, sejam elas notificadas a comparecer à audiência de instrução do processo.

§ 5º O relator pode determinar a realização de diligências que julgar convenientes, cumprindo-lhe dar andamento ao processo, de modo que este se desenvolva por impulso oficial.

§ 6º O relator somente indeferirá a produção de determinado meio de prova quando esse for ilícito, impertinente, desnecessário ou protelatório, devendo fazê-lo fundamentadamente.

§ 7º Concluída a instrução, o relator profere parecer preliminar, a ser submetido ao Tribunal de Ética e Disciplina, dando enquadramento legal aos fatos imputados ao representado.

§ 8º Abre-se, em seguida, prazo sucessivo de 15 (quinze) dias, ao interessado e ao representado, para apresentação de razões finais. (NR)[19]

Art. 60. O Presidente do Tribunal de Ética e Disciplina, após o recebimento do processo, devidamente instruído, designa, por sorteio, relator para proferir voto.

§ 1º Se o processo já estiver tramitando perante o Tribunal de Ética e Disciplina ou perante o Conselho competente, o relator não será o mesmo designado na fase de instrução.

§ 2º O processo será incluído em pauta na primeira sessão de julgamentos após a distribuição ao relator. (NR)[20]

§ 3º O representante e o representado são notificados pela Secretaria do Tribunal, com 15 (quinze) dias de antecedência, para comparecerem à sessão de julgamento.

---

19 Alterado pela Resolução 09/2021-COP (DEOAB, 21.02.2022, p. 1).

20 Alterado pela Resolução 01/2016 (DOU, 26.02.2016, S. 1, p. 303).

§ 4º Na sessão de julgamento, após o voto do relator, é facultada a sustentação oral pelo tempo de 15 (quinze) minutos, primeiro pelo representante e, em seguida, pelo representado.

Art. 61. Do julgamento do processo disciplinar lavrar-se-á acórdão, do qual constarão, quando procedente a representação, o enquadramento legal da infração, a sanção aplicada, o quórum de instalação e o de deliberação, a indicação de haver sido esta adotada com base no voto do relator ou em voto divergente, bem como as circunstâncias agravantes ou atenuantes consideradas e as razões determinantes de eventual conversão da censura aplicada em advertência sem registro nos assentamentos do inscrito.

Art. 62. Nos acórdãos serão observadas, ainda, as seguintes regras:

§ 1º O acórdão trará sempre a ementa, contendo a essência da decisão.

§ 2º O autor do voto divergente que tenha prevalecido figurará como redator para o acórdão.

§ 3º O voto condutor da decisão deverá ser lançado nos autos, com os seus fundamentos.

§ 4º O voto divergente, ainda que vencido, deverá ter seus fundamentos lançados nos autos, em voto escrito ou em transcrição na ata de julgamento do voto oral proferido, com seus fundamentos.

§ 5º Será atualizado nos autos o relatório de antecedentes do representado, sempre que o relator o determinar.

Art. 63. Na hipótese prevista no art. 70, § 3º, do EAOAB, em sessão especial designada pelo Presidente do Tribunal, serão facultadas ao representado ou ao seu defensor a apresentação de defesa, a produção de prova e a sustentação oral.

Art. 64. As consultas submetidas ao Tribunal de Ética e Disciplina receberão autuação própria, sendo designado relator, por sorteio, para o seu exame, podendo o Presidente, em face da complexidade da questão, designar, subsequentemente, revisor.

Parágrafo único. O relator e o revisor têm prazo de 10 (dez) dias cada um para elaboração de seus pareceres, apresentando-os na primeira sessão seguinte, para deliberação.

Art. 65. As sessões do Tribunal de Ética e Disciplina obedecerão ao disposto no respectivo Regimento Interno, aplicando-se-lhes, subsidiariamente, o do Conselho Seccional.

Art. 66. A conduta dos interessados, no processo disciplinar, que se revele temerária ou caracterize a intenção de alterar a verdade dos fatos, assim como a interposição de recursos com intuito manifestamente protelatório, contrariam os princípios deste Código, sujeitando os responsáveis à correspondente sanção.

Art. 67. Os recursos contra decisões do Tribunal de Ética e Disciplina, ao Conselho Seccional, regem-se pelas disposições do Estatuto da Advocacia e da Ordem dos Advogados do Brasil, do Regulamento Geral e do Regimento Interno do Conselho Seccional.

Parágrafo único. O Tribunal dará conhecimento de todas as suas decisões ao Conselho Seccional, para que determine periodicamente a publicação de seus julgados.

Art. 68. Cabe revisão do processo disciplinar, na forma prevista no Estatuto da Advocacia e da Ordem dos Advogados do Brasil (art. 73, § 5º).

§ 1º Tem legitimidade para requerer a revisão o advogado punido com a sanção disciplinar.

§ 2º A competência para processar e julgar o processo de revisão é do órgão de que emanou a condenação final.

§ 3º Quando o órgão competente for o Conselho Federal, a revisão processar-se-á perante a Segunda Câmara, reunida em sessão plenária.

§ 4º Observar-se-á, na revisão, o procedimento do processo disciplinar, no que couber.

§ 5º O pedido de revisão terá autuação própria, devendo os autos respectivos ser apensados aos do processo disciplinar a que se refira.

§ 6º O pedido de revisão não suspende os efeitos da decisão condenatória, salvo quando o relator, ante a relevância dos fundamentos e o risco de consequências irreparáveis para o requerente, conceder tutela cautelar para que se suspenda a execução. (NR)[21]

§ 7º A parte representante somente será notificada para integrar o processo de revisão quando o relator entender que deste poderá resultar dano ao interesse jurídico que haja motivado a representação. (NR)[22]

Art. 69. O advogado que tenha sofrido sanção disciplinar poderá requerer reabilitação, no prazo e nas condições previstos no Estatuto da Advocacia e da Ordem dos Advogados do Brasil (art. 41).

§ 1º A competência para processar e julgar o pedido de reabilitação é do Conselho Seccional em que tenha sido aplicada a sanção disciplinar. Nos casos de competência originária do Conselho Federal, perante este tramitará o pedido de reabilitação.

§ 2º Observar-se-á, no pedido de reabilitação, o procedimento do processo disciplinar, no que couber.

§ 3º O pedido de reabilitação terá autuação própria, devendo os autos respectivos ser apensados aos do processo disciplinar a que se refira.

§ 4º O pedido de reabilitação será instruído com provas de bom comportamento, no exercício da advocacia e na vida social, cumprindo à Secretaria do Conselho competente certificar, nos autos, o efetivo cumprimento da sanção disciplinar pelo requerente.

§ 5º Quando o pedido não estiver suficientemente instruído, o relator assinará prazo ao requerente para que complemente a documentação; não cumprida a determinação, o pedido será liminarmente arquivado.

---

21 Inserido pela Resolução 04/2016 (DOU, 20.06.2016, S. 1, p. 103-104).

22 Inserido pela Resolução 04/2016 (DOU, 20.06.2016, S. 1, p. 103-104).

CAPÍTULO II
DOS ÓRGÃOS DISCIPLINARES

SEÇÃO I
DOS TRIBUNAIS DE ÉTICA E DISCIPLINA

Art. 70. O Tribunal de Ética e Disciplina poderá funcionar dividido em órgãos fracionários, de acordo com seu regimento interno.

Art. 71. Compete aos Tribunais de Ética e Disciplina:

I – julgar, em primeiro grau, os processos ético-disciplinares;

II – responder a consultas formuladas, em tese, sobre matéria ético-disciplinar;

III – exercer as competências que lhe sejam conferidas pelo Regimento Interno da Seccional ou por este Código para a instauração, instrução e julgamento de processos ético-disciplinares;

IV – suspender, preventivamente, o acusado, em caso de conduta suscetível de acarretar repercussão prejudicial à advocacia, nos termos do Estatuto da Advocacia e da Ordem dos Advogados do Brasil;

V – organizar, promover e ministrar cursos, palestras, seminários e outros eventos da mesma natureza acerca da ética profissional do advogado ou estabelecer parcerias com as Escolas de Advocacia, com o mesmo objetivo;

VI – atuar como órgão mediador ou conciliador nas questões que envolvam:

a) dúvidas e pendências entre advogados;

b) partilha de honorários contratados em conjunto ou decorrentes de substabelecimento, bem como os que resultem de sucumbência, nas mesmas hipóteses;

c) controvérsias surgidas quando da dissolução de sociedade de advogados.

SEÇÃO II
DAS CORREGEDORIAS-GERAIS

Art. 72. As Corregedorias-Gerais integram o sistema disciplinar da Ordem dos Advogados do Brasil.

§ 1º O Secretário-Geral Adjunto exerce, no âmbito do Conselho Federal, as funções de Corregedor-Geral, cuja competência é definida em Provimento.

§ 2º Nos Conselhos Seccionais, as Corregedorias-Gerais terão atribuições da mesma natureza, observando, no que couber, Provimento do Conselho Federal sobre a matéria.

§ 3º A Corregedoria-Geral do Processo Disciplinar coordenará ações do Conselho Federal e dos Conselhos Seccionais voltadas para o objetivo de reduzir a ocorrência das infrações disciplinares mais frequentes.

TÍTULO III
DAS DISPOSIÇÕES GERAIS E TRANSITÓRIAS

Art. 73. O Conselho Seccional deve oferecer os meios e o suporte de apoio material, logístico, de informática e de pessoal necessários ao pleno funcionamento e ao desenvolvimento das atividades do Tribunal de Ética e Disciplina.

§ 1º Os Conselhos Seccionais divulgarão, trimestralmente, na internet, a quantidade de processos ético-disciplinares em andamento e as punições decididas em caráter definitivo, preservadas as regras de sigilo.

§ 2º A divulgação das punições referidas no parágrafo anterior destacará cada infração tipificada no artigo 34 da Lei n. 8.906/94.

Art. 74. Em até 180 (cento e oitenta) dias após o início da vigência do presente Código de Ética e Disciplina da OAB, os Conselhos Seccionais e os Tribunais de Ética e Disciplina deverão elaborar ou rever seus Regimentos Internos, adaptando-os às novas regras e disposições deste Código. No caso dos Tribunais de Ética e Disciplina, os Regimentos Internos serão submetidos à aprovação do respectivo Conselho Seccional e, subsequentemente, do Conselho Federal.

Art. 75. A pauta de julgamentos do Tribunal é publicada no Diário Eletrônico da OAB e no quadro de avisos gerais, na sede do Conselho Seccional, com antecedência de 15 (quinze) dias, devendo ser dada prioridade, nos julgamentos, aos processos cujos interessados estiverem presentes à respectiva sessão (NR)[23].

Art. 76. As disposições deste Código obrigam igualmente as sociedades de advogados, os consultores e as sociedades consultoras em direito estrangeiro e os estagiários, no que lhes forem aplicáveis.

Art. 77. As disposições deste Código aplicam-se, no que couber, à mediação, à conciliação e à arbitragem, quando exercidas por advogados.

Art. 78. Os autos do processo disciplinar podem ter caráter virtual, mediante adoção de processo eletrônico.

Parágrafo único. O Conselho Federal da OAB regulamentará em Provimento o processo ético-disciplinar por meio eletrônico.[24]

Art. 79. Este Código entra em vigor a 1º de setembro de 2016, cabendo ao Conselho Federal e aos Conselhos Seccionais, bem como às Subseções da OAB, promover-lhe ampla divulgação. (NR)[25]

---

23 Alterado pela Resolução 05/2018-COP (DOU, S. 1, 31.10.2018, p. 126). Ver Provimento 182/2018 (DOU, 31.10.2018, S. 1, p. 126).

24 Ver Provimento 176/2017 (DOU, 04.07.2017, S. 1, p. 238).

25 Alterado pela Resolução 03/2016 (DOU, 19.04.2016, S. 1, p. 81).

Art. 80. Fica revogado o Código de Ética e Disciplina editado em 13 de fevereiro de 1995, bem como as demais disposições em contrário.

Brasília, 19 de outubro de 2015.

MARCUS VINICIUS FURTADO COÊLHO
Presidente Nacional da OAB

PAULO ROBERTO DE GOUVÊA MEDINA
Relator originário e para sistematização final

HUMBERTO HENRIQUE COSTA FERNANDES DO RÊGO
Relator em Plenário

RESOLUÇÃO Nº 3, DE 12 DE ABRIL DE 2016

Altera o art. 79 do Código de Ética e Disciplina da Ordem dos Advogados do Brasil – OAB, aprovado pela Resolução nº 02/2015.

O CONSELHO FEDERAL DA ORDEM DOS ADVOGADOS DO BRASIL, no uso das atribuições que lhe são conferidas pelo art. 54, V, da Lei nº 8.906, de 4 de julho de 1994 – Estatuto da Advocacia e da OAB, considerando o decidido nos autos da Consulta nº 49.0000.2016.001530-4/COP;

Considerando que o período de *vacatio legis* previsto no art. 79 do Código de Ética e Disciplina coincidiu com a transição de mandatos nos Conselhos Seccionais, em decorrência das eleições realizadas em novembro de 2015, o que acarretou, em seguida, a recomposição dos respectivos Tribunais de Ética e Disciplina;

Considerando que é indispensável que se enseje a formação de amplo conhecimento do novo Código, no âmbito dos Conselhos Seccionais e dos Tribunais de Ética e Disciplina, antes que o referido Código entre em vigor, já pela necessidade de pleno domínio de suas disposições por parte dos seus membros, já pela conveniência de que estes possam, desde logo, iniciar os trabalhos de adaptação dos respectivos Regimentos Internos às disposições do Código, como previsto no seu art. 74;

Considerando que, para esse fim, convém dilatar o mencionado prazo de *vacatio legis*, adiando, assim, a entrada em vigor do novo Código de Ética e Disciplina: RESOLVE:

Art. 1º O art. 79 do Código de Ética e Disciplina da Ordem dos Advogados do Brasil – OAB, aprovado pela Resolução nº 02/2015, passa a vigorar com a seguinte redação: "Art. 79. Este Código entra em vigor a 1º de setembro de 2016, cabendo ao Conselho Federal e aos Conselhos Seccionais, bem como às Subseções da OAB, promover-lhe ampla divulgação."

Art. 2º. Esta Resolução entra em vigor na data da sua publicação, revogadas as disposições em contrário.

CLAUDIO PACHECO PRATES LAMACHIA
Presidente

ALESSANDRO DE JESUS UCHÔA DE BRITO
Relator

RESOLUÇÃO Nº 04, DE 07 DE JUNHO DE 2016

O CONSELHO FEDERAL DA ORDEM DOS ADVOGADOS DO BRASIL, no uso das atribuições que lhe são conferidas pelo art. 54, V, da Lei nº 8.906, de 4 de julho de 1994 – Estatuto da Advocacia e da OAB, considerando o decidido nos autos da Consulta nº 49.0000.2016.001530-4/COP, RESOLVE:

Art. 1º O *caput* do art. 32 do Código de Ética e Disciplina da Ordem dos Advogados do Brasil – OAB, aprovado pela Resolução nº 02/2015, passa a vigorar a com a seguinte redação, acrescido do seguinte parágrafo único:

"Art. 32. Não poderá o advogado, enquanto exercer cargos ou funções em órgãos da OAB ou representar a classe junto a quaisquer instituições, órgãos ou comissões, públicos ou privados, firmar contrato oneroso de prestação de serviços ou fornecimento de produtos com tais entidades nem adquirir bens imóveis ou móveis infungíveis de quaisquer órgãos da OAB, ou a estes aliená-los.

Parágrafo único. Não há impedimento ao exercício remunerado de atividade de magistério na Escola Nacional de Advocacia – ENA, nas Escolas de Advocacia – ESAs e nas Bancas do Exame de Ordem, observados os princípios da moralidade e da modicidade dos valores estabelecidos a título de remuneração."

Art. 2º O art. 58 do Código de Ética e Disciplina da Ordem dos Advogados do Brasil – OAB, aprovado pela Resolução nº 02/2015, passa a vigorar acrescido do seguinte § 7º:

"Art. 58..

§ 7º Os Conselhos Seccionais poderão instituir Comissões de Admissibilidade no âmbito dos Tribunais de Ética e Disciplina, compostas por seus membros ou por Conselheiros Seccionais, com atribuição de análise prévia dos pressupostos de admissibilidade das representações ético-disciplinares, podendo propor seu arquivamento liminar."

Art. 3º O art. 68 do Código de Ética e Disciplina da Ordem dos Advogados do Brasil – OAB, aprovado pela Resolução nº 02/2015, passa a vigorar acrescido dos seguintes §§ 6º e 7º:

"Art. 68

§ 6º O pedido de revisão não suspende os efeitos da decisão condenatória, salvo quando o relator, ante a relevância dos fundamentos e o risco de consequências irreparáveis para o requerente, conceder tutela cautelar para que se suspenda a execução.

§ 7º A parte representante somente será notificada para integrar o processo de revisão quando o relator entender que deste poderá resultar dano ao interesse jurídico que haja motivado a representação."

Art. 4º Esta Resolução entra em vigor na data da sua publicação, revogadas as disposições em contrário.

CLAUDIO PACHECO PRATES LAMACHIA

Presidente

ALESSANDRO DE JESUS UCHÔA DE BRITO

Relator

PROVIMENTO Nº 205/2021

Dispõe sobre a publicidade e a informação da advocacia.

O CONSELHO FEDERAL DA ORDEM DOS ADVOGADOS DO BRASIL, no uso das atribuições que lhe são conferidas pelo art. 54, V, da Lei n.º 8.906, de 4 de julho de 1994, e considerando as normas sobre publicidade e informação da advocacia constantes no Código de Ética e Disciplina, no Provimento n.º 94/2000, em resoluções e em assentos dos Tribunais de Ética e Disciplina dos diversos Conselhos Seccionais; considerando a necessidade de ordená-las de forma sistemática e de especificar adequadamente sua compreensão; e considerando o decidido nos autos da Proposição n.º 49.0000.2021.001737-6/COP, **RESOLVE**:

Art. 1º É permitido o marketing jurídico, desde que exercido de forma compatível com os preceitos éticos e respeitadas as limitações impostas pelo Estatuto da Advocacia, Regulamento Geral, Código de Ética e Disciplina e por este Provimento.

§ 1º As informações veiculadas deverão ser objetivas e verdadeiras e são de exclusiva responsabilidade das pessoas físicas identificadas e, quando envolver pessoa jurídica, dos sócios administradores da sociedade de advocacia que responderão pelos excessos perante a Ordem dos Advogados do Brasil, sem excluir a participação de outros inscritos que para ela tenham concorrido.

§ 2º Sempre que solicitado pelos órgãos competentes para a fiscalização da Ordem dos Advogados do Brasil, as pessoas indicadas no parágrafo anterior deverão comprovar a veracidade das informações veiculadas, sob pena de incidir na infração disciplinar prevista no art. 34, inciso XVI, do Estatuto da Advocacia e da OAB, entre outras eventualmente apuradas.

Art. 2º Para fins deste provimento devem ser observados os seguintes conceitos:

I - Marketing jurídico: Especialização do marketing destinada aos profissionais da área jurídica, consistente na utilização de estratégias planejadas para alcançar objetivos do exercício da advocacia;

II - Marketing de conteúdos jurídicos: estratégia de marketing que se utiliza da criação e da divulgação de conteúdos jurídicos, disponibilizados por meio de ferramentas de comunicação, voltada para informar o público e para a consolidação profissional do(a) advogado(a) ou escritório de advocacia;

III - Publicidade: meio pelo qual se tornam públicas as informações a respeito de pessoas, ideias, serviços ou produtos, utilizando os meios de comunicação disponíveis, desde que não vedados pelo Código de Ética e Disciplina da Advocacia;

IV - Publicidade profissional: meio utilizado para tornar pública as informações atinentes ao exercício profissional, bem como os dados do perfil da pessoa física ou jurídica inscrita na Ordem dos Advogados do Brasil, utilizando os meios de comunicação disponíveis, desde que não vedados pelo Código de Ética e Disciplina da Advocacia;

V - Publicidade de conteúdos jurídicos: divulgação destinada a levar ao conhecimento do público conteúdos jurídicos;

VI - Publicidade ativa: divulgação capaz de atingir número indeterminado de pessoas, mesmo que elas não tenham buscado informações acerca do anunciante ou dos temas anunciados;

VII - Publicidade passiva: divulgação capaz de atingir somente público certo que tenha buscado informações acerca do anunciante ou dos temas anunciados, bem como por aqueles que concordem previamente com o recebimento do anúncio;

VIII - Captação de clientela: para fins deste provimento, é a utilização de mecanismos de marketing que, de forma ativa, independentemente do resultado obtido, se destinam a angariar clientes pela indução à contratação dos serviços ou estímulo do litígio, sem prejuízo do estabelecido no Código de Ética e Disciplina e regramentos próprios.

Art. 3º A publicidade profissional deve ter caráter meramente informativo e primar pela discrição e sobriedade, não podendo configurar captação de clientela ou mercantilização da profissão, sendo vedadas as seguintes condutas:

I - referência, direta ou indireta, a valores de honorários, forma de pagamento, gratuidade ou descontos e reduções de preços como forma de captação de clientes;

II - divulgação de informações que possam induzir a erro ou causar dano a clientes, a outros(as) advogados(as) ou à sociedade;

III - anúncio de especialidades para as quais não possua título certificado ou notória especialização, nos termos do parágrafo único do art. 3º-A do Estatuto da Advocacia;

IV - utilização de orações ou expressões persuasivas, de autoengrandecimento ou de comparação;

V - distribuição de brindes, cartões de visita, material impresso e digital, apresentações dos serviços ou afins de maneira indiscriminada em locais públicos, presenciais ou virtuais, salvo em eventos de interesse jurídico.

§ 1º Entende-se por publicidade profissional sóbria, discreta e informativa a divulgação que, sem ostentação, torna público o perfil profissional e as informações atinentes ao exercício profissional, conforme estabelecido pelo § 1º, do art. 44, do Código de Ética e Disciplina, sem incitar diretamente ao litígio judicial, administrativo ou à contratação de serviços, sendo vedada a promoção pessoal.

§ 2º Os consultores e as sociedades de consultores em direito estrangeiro devidamente autorizadas pela Ordem dos Advogados do Brasil, nos termos do Provimento n.º 91/2000, somente poderão realizar o marketing jurídico com relação às suas atividades de consultoria em direito estrangeiro correspondente ao país ou Estado de origem do profissional interessado. Para esse fim, nas peças de caráter publicitário a sociedade acrescentará obrigatoriamente ao nome ou razão social que internacionalmente adote a expressão "Consultores em direito estrangeiro" (art. 4º do Provimento 91/2000).

Art. 4º No marketing de conteúdos jurídicos poderá ser utilizada a publicidade ativa ou passiva, desde que não esteja incutida a mercantilização, a captação de clientela ou o emprego excessivo de recursos financeiros, sendo admitida a utilização de anúncios, pagos ou não, nos meios de comunicação, exceto nos meios vedados pelo art. 40 do Código de Ética e Disciplina e desde que respeitados os limites impostos pelo inciso V do mesmo artigo e pelo Anexo Único deste provimento.

§ 1º Admite-se, na publicidade de conteúdos jurídicos, a identificação profissional com qualificação e títulos, desde que verdadeiros e comprováveis quando solicitados pela Ordem dos Advogados do Brasil, bem como com a indicação da sociedade da qual faz parte.

§ 2º Na divulgação de imagem, vídeo ou áudio contendo atuação profissional, inclusive em audiências e sustentações orais, em processos judiciais ou administrativos, não alcançados por segredo de justiça, serão respeitados o sigilo e a dignidade profissional e vedada a referência ou menção a decisões judiciais e resultados de qualquer natureza obtidos em procedimentos que patrocina ou participa de alguma forma, ressalvada a hipótese de manifestação espontânea em caso coberto pela mídia.

§ 3º Para os fins do previsto no inciso V do art. 40 do Código de Ética e Disciplina, equiparam-se ao e-mail, todos os dados de contato e meios de comunicação do escritório ou advogado(a), inclusive os endereços dos sites, das redes sociais e os aplicativos de mensagens instantâneas, podendo também constar o logotipo, desde que em caráter informativo, respeitados os critérios de sobriedade e discrição.

§ 4º Quando se tratar de venda de bens e eventos (livros, cursos, seminários ou congressos), cujo público-alvo sejam advogados(as), estagiários(as) ou estudantes de direito, poderá ser utilizada a publicidade ativa, observadas as limitações do *caput* deste artigo.

§ 5º É vedada a publicidade a que se refere o *caput* mediante uso de meios ou ferramentas que influam de forma fraudulenta no seu impulsionamento ou alcance.

Art. 5º A publicidade profissional permite a utilização de anúncios, pagos ou não, nos meios de comunicação não vedados pelo art. 40 do Código de Ética e Disciplina.

§ 1º É vedado o pagamento, patrocínio ou efetivação de qualquer outra despesa para viabilizar aparição em rankings, prêmios ou qualquer tipo de recebimento de honrarias em eventos ou publicações, em qualquer mídia, que vise destacar ou eleger profissionais como detentores de destaque.

§ 2º É permitida a utilização de logomarca e imagens, inclusive fotos dos(as) advogados(as) e do escritório, assim como a identidade visual nos meios de comunicação profissional, sendo vedada a utilização de logomarca e símbolos oficiais da Ordem dos Advogados do Brasil.

§ 3º É permitida a participação do advogado ou da advogada em vídeos ao vivo ou gravados, na internet ou nas redes sociais, assim como em debates e palestras virtuais, desde que observadas as regras dos arts. 42 e 43 do CED, sendo vedada a utilização de casos concretos ou apresentação de resultados.

Art. 6º Fica vedada, na publicidade ativa, qualquer informação relativa às dimensões, qualidades ou estrutura física do escritório, assim como a menção à promessa de resultados ou a utilização de casos concretos para oferta de atuação profissional.

Parágrafo único. Fica vedada em qualquer publicidade a ostentação de bens relativos ao exercício ou não da profissão, como uso de veículos, viagens, hospedagens e bens de consumo, bem como a menção à promessa de resultados ou a utilização de casos concretos para oferta de atuação profissional.

Art. 7º Considerando que é indispensável a preservação do prestígio da advocacia, as normas estabelecidas neste provimento também se aplicam à divulgação de conteúdos que, apesar de não se relacionarem com o exercício da advocacia, possam atingir a reputação da classe à qual o profissional pertence.

Art. 8º Não é permitido vincular os serviços advocatícios com outras atividades ou divulgação conjunta de tais atividades, salvo a de magistério, ainda que complementares ou afins.

Parágrafo único. Não caracteriza infração ético-disciplinar o exercício da advocacia em locais compartilhados (*coworking*), sendo vedada a divulgação da atividade de advocacia em conjunto com qualquer outra atividade ou empresa que compartilhem o mesmo espaço, ressalvada a possibilidade de afixação de placa indicativa no espaço físico em que se desenvolve a advocacia e a veiculação da informação de que a atividade profissional é desenvolvida em local de *coworking*.

Art. 9º. Fica criado o Comitê Regulador do Marketing Jurídico, de caráter consultivo, vinculado à Diretoria do Conselho Federal, que nomeará seus membros, com mandato concomitante ao da gestão, e será composto por:

I – 05 (cinco) Conselheiros(as) Federais, um(a) de cada região do país, indicados(as) pela Diretoria do CFOAB;

II – 01 (um) representante do Colégio de Presidentes de Seccionais.

III – 01 (um) representante indicado pelo Colégio de Presidentes dos Tribunais de Ética e Disciplina;

IV – 01 (um) representante indicado pela Coordenação Nacional de Fiscalização da Atividade Profissional da Advocacia; e

V – 01 (um) representante indicado pelo Colégio de Presidentes das Comissões da Jovem Advocacia.

§ 1º O Comitê Regulador do Marketing Jurídico se reunirá periodicamente para acompanhar a evolução dos critérios específicos sobre marketing, publicidade e informação na advocacia constantes do Anexo Único deste provimento, podendo propor ao Conselho Federal a alteração, a supressão ou a inclusão de novos critérios e propostas de alteração do provimento.

§ 2º Com a finalidade de pacificar e unificar a interpretação dos temas pertinentes perante os Tribunais de Ética e Disciplina e Comissões de Fiscalização das Seccionais, o Comitê poderá propor ao Órgão Especial, com base nas disposições do Código de Ética e Disciplina e pelas demais disposições previstas neste provimento, sugestões de interpretação dos dispositivos sobre publicidade e informação.

Art. 10. As Seccionais poderão conceder poderes coercitivos à respectiva Comissão de Fiscalização, permitindo a expedição de notificações com a finalidade de dar efetividade às disposições deste provimento.

Art. 11. Faz parte integrante do presente provimento o Anexo Único, que estabelece os critérios específicos sobre a publicidade e informação da advocacia.

Art. 12. Fica revogado o Provimento n.º 94, de 05 de setembro de 2000, bem como as demais disposições em contrário.

Parágrafo único. Este provimento não se aplica às eleições do sistema OAB, que possui regras próprias quanto à campanha e à publicidade.

Art. 13. Este Provimento entra em vigor no prazo de 30 (trinta) dias a contar da data de sua publicação no Diário Eletrônico da OAB.

Brasília, 15 de julho de 2021.

Felipe de Santa Cruz Oliveira Scaletsky
Presidente do Conselho Federal da OAB

Sandra Krieger Gonçalves
Relatora

ANEXO ÚNICO

Anuários	Somente é possível a participação em publicações que indiquem, de forma clara e precisa, qual a metodologia e os critérios de pesquisa ou de análise que justifiquem a inclusão de determinado escritório de advocacia ou advogado(a) na publicação, ou ainda que indiquem que se trata de mera compilação de escritórios ou advogados(as). É vedado o pagamento, patrocínio ou efetivação de qualquer outra despesa para viabilizar anúncios ou aparição em publicações como contrapartida de premiação ou ranqueamento.
Aplicativos para responder consultas jurídicas	Não é admitida a utilização de aplicativos de forma indiscriminada para responder automaticamente consultas jurídicas a não clientes por suprimir a imagem, o poder decisório e as responsabilidades do profissional, representando mercantilização dos serviços jurídicos.
Aquisição de palavra-chave a exemplo do Google Ads	Permitida a utilização de ferramentas de aquisição de palavra-chave quando responsivo a uma busca iniciada pelo potencial cliente e desde que as palavras selecionadas estejam em consonância com ditames éticos. Proibido o uso de anúncios ostensivos em plataformas de vídeo.
Cartão de visitas	Deve conter nome ou nome social do(a) advogado(a) e o número da inscrição na OAB e o nome da sociedade, se integrante de sociedade. Pode conter número de telefone, endereço físico/eletrônico, QR Code que permita acesso aos dados/site. Pode ser físico e eletrônico.
Chatbot	Permitida a utilização para o fim de facilitar a comunicação ou melhorar a prestação de serviços jurídicos, não podendo afastar a pessoalidade da prestação do serviço jurídico, nem suprimir a imagem, o poder decisório e as responsabilidades do profissional. É possível, por exemplo, a utilização no site para responder as primeiras dúvidas de um potencial cliente ou para encaminhar as primeiras informações sobre a atuação do escritório. Ou ainda, como uma solução para coletar dados, informações ou documentos.
Correspondências e comunicados (mala direta);	O envio de cartas e comunicações a uma coletividade ("mala direta") é expressamente vedado. Somente é possível o envio de cartas e comunicações se destinadas a clientes e pessoas de relacionamento pessoal ou que os solicitem ou os autorizem previamente, desde que não tenham caráter mercantilista, que não representem captação de clientes e que não impliquem oferecimento de serviços.
Criação de conteúdo, palestras, artigos;	Deve ser orientada pelo caráter técnico informativo, sem divulgação de resultados concretos obtidos, clientes, valores ou gratuidade.

Ferramentas Tecnológicas	Podem ser utilizadas com a finalidade de auxiliar os(as) advogados(as) a serem mais eficientes em suas atividades profissionais, sem suprimir a imagem, o poder decisório e as responsabilidades do profissional.
Grupos de "whatsapp",	Permitida a divulgação por meio de grupos de "whatsapp", desde que se trate de grupo de pessoas determinadas, das relações do(a) advogado(a) ou do escritório de advocacia e seu conteúdo respeite as normas do Código de Ética e Disciplina e do presente provimento.
Lives nas redes sociais e Youtube	É permitida a realização de lives nas redes sociais e vídeos no Youtube, desde que seu conteúdo respeite as normas do Código de Ética e Disciplina e do presente provimento.
Patrocínio e impulsionamento nas redes sociais	Permitido, desde que não se trate de publicidade contendo oferta de serviços jurídicos.
Petições, papéis, pastas e materiais de escritório	Pode conter nome e nome social do(a) advogado(a) e da sociedade, endereço físico/eletrônico, número de telefone e logotipo.
Placa de identificação do escritório	Pode ser afixada no escritório ou na residência do(a) advogado(a), não sendo permitido que seja luminosa tal qual a que se costuma ver em farmácias e lojas de conveniência. Suas dimensões não são preestabelecidas, bastando que haja proporcionalidade em relação às dimensões da fachada do escritório ou residência, sempre respeitando os critérios de discrição e moderação.
Redes Sociais	É permitida a presença nas redes sociais, desde que seu conteúdo respeite as normas do Código de Ética e Disciplina e do presente provimento.